U0895112

作者简介

张金宝

财务系统建设专家，金财时代教育科技（北京）有限公司董事长，老板财务精品课程《总裁财税思维》《老板利润管控》《财务体系》《股权财务体系》《资本财务体系》《内控体系》《预算体系》授课导师。

10年大型企业财务总监任职经验，历任央企财务信息化项目组研究员、总会计师协会特聘教授、注册管理会计师协会考试专家组成员、中国财务技术网创始人，“大财务”思想终身推动者。

曾为数万家民企及数百家大型企业提供财务顾问及咨询服务，包括一汽丰田、华为、伊利、邮储银行、华谊兄弟等知名企业。为2万多名总经理、财务总监做过财务教练。

已出版作品：《老板财务管控必修课》《民企财务规范五大系统》《大财商：老板如何掌控财务》《7天让你透过报表看懂公司》《金财财税系统》工具包等。

张金宝老师
个人微信

◇为 1000 位企业家及高管授课《财务体系》

◇携手 30 位财税咨询师授课《财务体系》

◇为居豪置业做财税体系落地辅导

◇携手 500 余位金财干部开启 2020 财年收官战役大会

一本书看透

张金宝 著

辽宁人民出版社

图书在版编目（CIP）数据

一本书看透财务管控 / 张金宝著. —沈阳：辽宁人民出版社，2021.7
ISBN 978-7-205-10182-4

Ⅰ. ①一… Ⅱ. ①张… Ⅲ. ①企业管理－财务管理 Ⅳ. ①F275

中国版本图书馆CIP数据核字（2021）第073858号

出版发行 辽宁人民出版社
地址：沈阳市和平区十一纬路25号 邮编：110003
电话：024-23284321（邮 购） 024-23284324（发行部）
传真：024-23284191（发行部） 024-23284304（办公室）
http://www.lnpph.com.cn
印 刷 河北雪迎世纪印刷有限公司
幅面尺寸 148mm×210mm
印 张 9
字 数 218千字
出版时间 2021年7月第1版
印刷时间 2021年7月第1次印刷
责任编辑 张婷婷
装帧设计 柏拉图
责任校对 刘再升
书 号 ISBN 978-7-205-10182-4

定 价 68.00元

序言

财务的力量

几年前，一些老板来听我的财务课时，经常会问："张老师，您有什么零基础的财务入门的书推荐吗？"我也会推荐一两本，但是效果总是不尽如人意，因此我萌发了为老板写一本财务入门的科普图书的想法。

所幸，花费长达一年时间才出版的《老板财务管控必修课》一书得到了众多读者的好评，再版多次，累计销量达 30 万册，已成为财税领域的畅销书。几乎每天我都能收到读者在微信上发来的嘉许，这也给了我极大的信心，让我更乐意继续创作新的财税图书。

从 2014 年创办"金财控股"以来，我一边研发、讲课，一边经营财税咨询公司，同时还利用休息时间写文章，这已经成了我的一种生活习惯和常态。有人问："金宝老师，你一个月工作 28~29 天，这么多年，不觉得累吗？你的精力如此旺盛，是怎么做到的？"类似问题，金财的咨询老师们也曾经问过我。记得当时我是这么回答的：一个人，在做自己喜欢的事情时，心中会充满快乐和喜悦，是不会觉得累的。而且，不管是讲课还是写书，或者进行咨询辅导，都能得到许多人的表扬、赞赏、感恩！这些在帮助别人的过程中所获得的成就感和快乐，是会让人“上瘾”的。

近年来，中美贸易战争和疫情对国家经济发起了挑战。然而，中国人的勤奋和努力、中国的社会主义政治优势，让我们的经济发展一次又一次地冲在世界前列。有一个经济学家大胆预言，2035年，中国GDP将超越美国，成为全球第一。按照这个预言推测，在2035年之后的至少15年间，也就是2035~2050年，中国应该稳坐全球GDP的头名，短时间内不会跌下来。那么是否可以这样认为，未来30年，中国经济将会持续腾飞——这是一个多么好的时代！

经济的增长，需要匹配企业的增长。

中国经济领先全球，中国企业必然领先全球。

领先全球的企业，必然要匹配领先全球的管理体系与财务体系。

然而看看现实，放眼望去，企业欣欣向荣的背后，财务管理这个短板正制约着企业做大、做强、做久、做成公众公司。

首先，企业要“做大、做强”。

一个营收在3000万元以下的企业，倒闭的风险极大，一点风吹草动就可能让企业夭折，老板关注更多的可能是营销问题。当营收做到3000万元~5000万元时，财务问题开始困扰老板。不管是股权架构、财税风险，还是发票、绩效、精细化核算需要，都可能导致企业的业务无法扩张。财务管理，已成为阻碍许多企业发展的瓶颈。

企业做大做强，不仅要做大营收，更要做大公司的市值。不仅要让公司赚钱，更要让公司值钱。值多少钱，就是公司的市值。

如何让公司市值在5年内增长100倍？我曾经在《老板利润管控》课堂上分享过一个公式：公司市值=净利润×市盈率倍数。例如：净利润200万元×市盈率1倍=公司市值200万元。

根据上面的公式，我们进一步细化，变成：（年收入×净利润率）×市盈率=公司市值。

那么，年收入增长5倍，净利润率增长2倍，市盈率增长10倍，公司市值就能增长100倍。也就是：（5倍年收入×2倍净利润率）×10倍市盈率=100倍公司市值。原来公司市值为1000万元，增长100倍以后就值10亿元了。5年以内完成100倍的公司市值增长，这就可以作为我们经营企业的努力方向。

具体如何实现增长？

收入如何增长5倍？通过数字化管控：战略绩效、预算体系、数智企业、管理报表。

利润率如何增长2倍？通过精细化管控：精细核算、节税规划、成本控制、内控体系。

市盈率如何增长10倍？通过资本化管控：治理结构、并购重组、体系构建、财务包装。

其次，企业要“做久、做长寿”。

曾有人问我：“张老师，如果有办法让金财公司的营收迅速增长到15亿元、20亿元，你愿意吗？”我的回答是：我想要稳定的持续的增长，不要过山车式的增长。也就是宁可增长慢一点，也不想营收做上去了再跌下来。

忽高忽低的暴利，不如每年有3000万元的利润，持续30年。

试问，是企业寿命长，还是老板寿命长？

一个优秀的企业家，可能至少工作到75岁才退休。

清华大学体育馆曾经有一句标语：“为祖国奉献50年。”

也就是说，25 岁研究生毕业，工作 50 年，也就是 75 岁退休，是一个非常正常的情况。

老板现在多少岁，离 75 岁退休还有多少年？希望自己的企业活多少年？要想活得长寿，必须清除风险，完善风控，建立预算体系。

企业财税风险大，原罪多：两套账、公私不分、个人卡流水过大，虚开发票、商业回扣、内账发钱、存货账实不符、资金回流（其他应付款余额比较大）、股东借款（其他应收款余额比较大）、账外资产、社保异常、未给员工代扣代缴个人所得税……

内部控制体系不完善，流程混乱或缺失，一方面会造成利润损失，另一方面可能“千里之堤，毁于蚁穴”，导致企业破产倒闭。世界反舞弊协会统计，内控舞弊损失约占年销售收入的 5% 左右。也就是说，一年 1 亿元的营收，有 500 万元左右损失于内控体系不完善。

未建立全面预算体系的民营企业，始终像一个手工作坊。只有真正建立了全面预算体系的企业，才是现代化管理的企业。预算是保障战略执行和资源调配的工具，是彩排，是预演，也是导航和指南针。

最后，企业要做成“公众的、大家的”。

小公司是老板自己的（老板 100% 控股）。公司做大了，就成了众多高管和员工的（股权激励）。再做大一点，就成了公众的、大家的，甚至全国人民的（上市公众公司）。

老板自己的公司——公司由老板一个人或夫妻控股，也没什么正式的股东会、董事会，治理结构基本谈不上。夫妻俩睡前在枕边商量的几句话，可能就是股东会的“口头决议”。这种公司绝对集权，但容易导致“人格混同”，公私不分，也没有集体决策的防错纠错机制。一言堂、绝对集权、“家公司”的风险是极大的，不做审计和定期财务诊断，许多风险都隐藏在企业里。

我们的公司——只靠老板一个人的脑袋来思考公司的所有决策，是不可能把公司做大的。一列火车，光火车头有动力，很难持续高速前进。只有每一节车厢都有动力，才能持续高速行驶。为了有更多的动力，让更多的高管参与思考公司的运营，企业往往会进行股权激励。给高管分股份，能体现老板的格局，但更要有控制的智慧和设计。也就是股份给得出去，还能要得回来。给出股权了，如何保持创始人的控制权？如何保证更优秀的人才进入时，还能有股份给予？如何设计章程？

大家的公司——公司上市了，或者达到了一定的规模，成了公众公司，承担着社会责任和使命，企业的每一个脚步或决策都会影响众多利益相关方。企业不再是老板能够轻易说了算的，要有社会和相关部门的监管，有消费者或群众的监督，不能信息造假，披露虚假信息，粉饰报表。如何设计股权架构？如何融资？如何投资？如何财务包装？如何IPO上市或并购？这些慢慢都会成为老板的思考重点。

用一本书看透财务管控，看透之后，逐渐成长为一个以财务管控为核心的企业管理者。毕竟，一个优秀的企业家，一定是半个财务专家。然而，看透何其难哉。我用线下16天的财务课程，才勉强让老板掌握财务这个管控工具。

无论如何，我们会一直在路上，走在老板的身边，陪伴民企成长。

用革命般的意志，奋斗30年！

张金宝

于北京清华园

目录

导言

用财税思维经营企业

我在上财务课时，常常会问老板："为什么出现在金财课堂上的老板越来越多？为什么我一个财务人员创办的公司，短短几年的营业额就能达到7个亿？是金宝老师能力强，还是社会需要？"许多老板认为是社会需要，也有情商高的老板说："都有！"

经济转型、企业变革、网络时代、征税技术升级……每一次的社会趋势变化，都对企业提出了新的转型、升级与变革要求。像20世纪80年代、90年代那样野蛮赚钱、胆大赚钱的机会，早已一去不返。

并不是赚钱越来越不容易了，而是赚钱方式需要升级了。就像用10年前的杀毒软件，杀不了今天的病毒；用20年前的手机，也装不了今天的APP。社会在变，企业在变，人在变，税务征管手段在变……企业的经营方式，自然也需要相应的变革。

同时，"80后""90后"开始创业或逐步接班，他们也绝对接受不了"60后"或"70后"父辈们"简单粗暴"的财务管理方式，更会给他们之后的经营管理带来很多隐患。

做两套账、买卖发票、公私不分、私户横行等，已无法在“金税四期”这个时代存活。精细化管控、税务筹划、管理会计升级、财务体系完善等，成了今天企业财务管理的“主旋律”。

因此，财务思维、利润管控、财务体系，成了当今最受老板欢迎的课程。

很多企业都想进行税务筹划，因为在不进行税务筹划的情况下，企业的税负一般都比较高。更何况，节税 100 万元远比创收 100 万元来得容易。企业应当在合法纳税的同时，享受应有的优惠。

如何进行税务筹划?

税是交易产生的，不同的交易，纳税不同。所以，税务筹划的本质就是对交易进行筹划，我们需要用财税的思维，重新梳理企业的经营与模式。比如，大家都知道公司存在不同的性质，我们可以对其进行选择。选择有限责任公司还是无限责任企业；选择一般纳税人还是小规模纳税人；选择建立子公司还是建立分公司；选择查账征收还是核定征收；公司注册什么名字，在哪里注册等。这些都可以进行选择，不同的选择会导致不同的税率，而这个选择的过程就是我们税务筹划的过程。

1.企业组织形式

注册公司时，是选有限责任公司还是选无限责任企业，除了从风险的角度来考虑，还需要考虑税收的问题。那么，两者的差别是什么呢？有限责任公司需要缴纳三种税，即流转税（货物与劳务税）、企业所得税和个人所得税。但是无限责任企业只需要缴纳流转税和个人所得税，没有企业所得税。

假如我们公司的年利润是 500 万元，这个利润是指扣掉成本、流转税和其他费用的利润。公司需要先缴纳 25% 的企业所得税，即 125 万元，扣掉企业所得税剩下的部分，还要缴纳 20%

的个人所得税，即（500万元-125万元）×20%=75万元。这两个税加起来是200万元。

所以，假如我们是有限责任公司、年利润是500万元，我们需要缴纳200万元的税。但如果我们是无限责任企业的话，就不需要缴纳25%的企业所得税。通过对比我们可以发现，假设我们公司的年利润是500万元，选择无限责任企业，要比选择有限责任公司少缴纳一部分税款。

然而，如果我们公司的年利润是100万元，选择无限责任企业，虽不需要缴纳企业所得税，却需要按5%~35%的累进税率（一般都达到了最高的35%一档）来缴纳个人所得税；而如果是有限责任公司，按小微企业优惠政策，只需要缴纳2.5%的企业所得税，再加上20%的个人所得税。

因此，我们是选择有限责任公司，还是选择无限责任企业，不仅要考虑是否承担连带责任，还要考虑缴纳税种的不同。

当然，有些企业之所以不选无限责任企业，还有其他原因。比如想要上市，想要银行贷款，想做大，想投标，不希望承担无限连带责任等。在选择企业组织形式时，不能只考虑纳税金额这一个因素。

2.企业性质

在企业性质上，我们是选择做一般纳税人合适，还是选择做小规模纳税人更合适？首要原则是选择对自己有利的一个。比如我们金财公司，就是一般纳税人。我们特别想成为小规模纳税人，但我们企业的年咨询服务费就远远超过了500万元。

按照国家规定，小规模纳税人的年销售额必须在500万元及以下。因此，如果你的企业的年销售额在500万元以下，就可以选择做小规模纳税人或一般纳税人。

大家都知道，一般纳税人的优点是可以进行进项抵扣的，而小规模纳税人不能。举个简单的例子，假如一个产品，进价是 90 元，我卖 100 元。假设我们的税率是 13%的话，如果你是一般纳税人，90 元是可以进行进项抵扣的，此时的应纳税款=（100 元-90 元）×13%=1.3 元。但是如果你是小规模纳税人的话，不能进行进项抵扣，假设税率是 3%，此时的应纳税款=100 元×3%=3 元。

再举个例子，假如我是一般纳税人，如果我这个 90 元的进项发票是没有的，换句话说这个进项是拿不到发票的，此时的应纳税款=（100 元-0）×13%=13 元。所以在我们拿不到进项发票的情况下，可以选择做小规模纳税人。

所以，到底是选择做一般纳税人还是小规模纳税人，要考虑两个问题：第一，你能不能拿到进项的发票；第二，你的差额有多高。比如我能拿到进项的发票，但是我的产品成本只有 10 元。此时的应纳税款=（100 元-10 元）×13%=11.7 元。要缴纳的税还是比较多的，不如选择做小规模纳税人。

3.公司间关系

假如我们现在已经有一家公司了，想要再成立一家，是做分公司还是做子公司，就值得商榷了。

分公司有分公司的好处，子公司有子公司的好处。子公司的好处是什么呢？子公司可以独立享受税收优惠政策。而分公司相当于总公司的一个部门，出了任何问题都由总公司来承担责任，所以分公司与总公司是合并缴纳企业所得税的。

举个简单的例子，总公司盈利了，利润是 500 万元，分公司亏损了 500 万元，将总公司的利润和分公司的亏损进行汇总，汇总之后变成了 0，公司就不必缴纳企业所得税。所以，如果你在全国各地建立了很多分公司，尤其是有很多新成立的分公司，一般新公司都是亏损的。此时，你就可以选择分公司的模式，将总公司的利润和分公司的亏损汇总在一起，达到税务筹划的目的。

如果你要建立子公司，在法律上，子公司是独立的法人，独立的民事行为主体，能够独立承担责任和风险。所以一旦子公司出现问题，它需要自己承担责任，和母公司没有关系。子公司的经营活动受母公司间接控制，与母公司拥有的股权比例正相关。财产责任上，子公司和母公司各以自己所有财产为限承担各自的财产责任，互不连带。

此时，如果母公司盈利了500万元，子公司亏损了500万元，两者的利润不能进行合并汇总。母公司应纳税额=500万元×25%=125万元。而子公司的亏损，只能留到以后进行弥补。

从弥补亏损、汇总纳税的角度来说，成立分公司更合适。但子公司可独立享受税收优惠政策，分公司就不行。比如，我们的子公司，注册在某个税收洼地或注册在有税收优惠政策的地方，此时子公司就可以独立享受税收优惠政策。但是，如果分公司注册在有税收优惠政策的地方，就不能享受优惠政策。

总的来说，如果从税收优惠政策的角度考虑，成立子公司更为合适。

4.征税方式

什么叫核定征收呢？核定征收是指由税务机关根据纳税人情况，在正常生产经营条件下，对其生产的应税产品查实核定产量和销售额，然后依照税法规定的税率征收税款的征收方式。

核定征收企业所得税方法分为核定其应税所得率和核定其应纳所得税额两种，应纳所得税额计算公式如下：

应纳所得税额=应纳税所得额×适用税率

应纳税所得额=应税收入额×应税所得率=成本（费用）支出额÷（1-应税所得率）×应税所得率

应税所得率按表导-1规定幅度标准确定。

表导-1 各行业税率表

行业	应税所得率（%）
交通运输业	7~15
建筑业	8~20
饮食业	8~25
娱乐业	15~30
其他行业	10~30

一般来说，核定征税要比查账征收的税率低，如果核定高的话，你也可以申请重新核定。对于我们的企业来说，如果有选择的话，我们可以想尽办法去把企业变成想要选择的种类。

举个例子，某市有一两百家经营医疗器械的医药公司，他们之前都是核定征税的。利润=收入-成本，这些医药公司需要按利润的25%缴纳企业所得税。有的公司为了少缴税，就会想尽办法去提高成本，从而降低利润。于是，他们违法买进成本发票，用这种方式把公司的成本提高上去，利润才会相应减少。

比如，公司的销售收入是1000万元，想要把利润做成10万元，那么成本就必须是990万元。这时，公司就要去找990万元的成本发票。这对于很多企业来说比较困难，意味着他需要去买发票。所以，这些企业就可以想办法去申请核定征税。

根据公司的销售收入，税务机关核定公司的利润率是10%，此时公司需缴纳的企业所得税为10万元×25%=2.5万元。这样的话，即使这个医药公司对外开具了很多销售发票，而自己没有太多的成本发票，他也不用去买发票了，按照企业销售收入的25%缴纳企业所得税就可以了。

当然，企业不能因为是核定征收，就不做账或一张成本票都没有。如果990万元的收入当中，有100万元~200万元是有发票的，剩下的都是白条或收据，有一些票据不齐全，这是正常的。但切记，不能一张票都没有。只是，现在可以申请核定征收的地方越来越少了，尤其是有限责任公司的核定。

值得注意的是，如果企业的利润率不足10%，税务局给核定为20%，那就要多缴税了，这不是更麻烦吗？所以，有的企业选择查账征收，真实地报送数据。

5.行业性质

大家都知道，我们有一些行业是国家鼓励的行业，比如高新技术、软件、集成电路、动漫、节能环保等。既然是国家鼓励的行业，相对来说，就会有很多的税收优惠政策。所以，企业也可以去选择行业的性质。

举个简单的例子，我们做培训咨询行业的，是不是可以考虑把自己的公司改成软件行业呢？通过这种方式，改变自己公司的行业性质，向有税收优惠政策的行业靠近，这样就可以享受税收优惠政策。这就是行业性质的选择。

6.注册地点

公司的注册地点有不同的选择，有的人喜欢注册在老板所在地，有的人喜欢注册在原料产地。不同的注册地点，所征收的税也是不一样的。中国有一些税收洼地，比如西藏、新疆等。

有人可能会说："张老师，我不想注册到税收洼地去，我想在大城市注册公司。"大城市也可以，北京、上海、广州、深圳这几个城市，尤其是它们的市中心，税源是非常充足的。你把企业注册在税源充足的地方，这些地方的税务局很容易就完成任务了。比如，你的企业在北京海淀或朝阳，年利润是1亿元，税务局压根都没时间理你。为什么？因为金额太小。所以，除了注册在税收洼地，还可以注册在税源比较充足的地方。这个要根据我们的实际情况。

当然，税收洼地远远不只西藏、新疆这些地方，还有江西的新余、樟树、上饶、共青城等。但是大家要记住，有些税收洼地是有时间限制的，可能这段时间吸引了很多企业进来，但是过段时间，就都封闭了。

7.公司名称

曾经有一个上海的公司，它注册的名字叫××设备销售有限公司。光看名字，税务局认为这家公司经营设备销售，理应按收入的13%纳税。结果，税务局去企业一看，这家公司并不是卖设备的，而是做服务行业的，根据规定服务行业需按收入的6%缴纳增值税。

所以，如果你从事的是服务行业，就不应该叫××设备销售公司，而是应该叫××技术服务有限公司，或者××科技有限公司。

总之，如果公司想要进行税收筹划，用财税思维来经营企业，必须要提前进行一系列的综合设计。

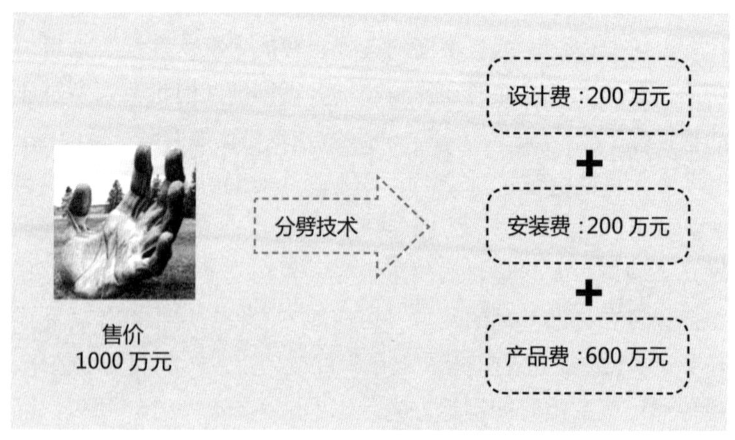

图导-1　雕塑销售分劈技术

之前，有一位老板带着他的财务总监来听我的课，课上我讲了利用“分劈技术”帮助企业进行税务筹划的知识。听完课之后，他的公司就做了一个方案，其中就用到了“分劈技术”。采用“分劈技术”后，他兴奋地对我说：“张老师，我大概算了一下，采用这个技术以后，我一年大概能节省的税，仅增值税一项就能达两三千万元。”

“分劈技术”是什么意思呢？我们可以简单地把它理解成将企业的一项业务拆分成两项，通过业务拆分把企业的税负降低，因为不同的商品或服务所要缴纳的税率不同。比如，我们在卖产品的过程中，可能会一边卖产品，一边给客户提供安装、技术指导等服务，这时，我们就可以把产品和服务分开进行销售。

有一位浙江的客户来上我的课，他是做大型雕塑的。

这种大型雕塑的价格一般都非常昂贵，动辄几百万元，甚至上千万元。按照国家的纳税标准，这位浙江的老板需要按销售收入的13%缴纳增值税，他也一直是这么做的。经过交谈，我发现，从设计到生产，再到最后的安装，这一系列的环节都是该企业自己负责。我建议他采用“分劈技术”，对纳税额进行拆分。具体操作方式如下。

假如某个大型雕塑售价1000万元，这时我们就可以提前和客户谈好，对费用进行切割，分为200万元的设计费、200万元的安装费和600万元的产品费，总售价还是1000万元。

产品还是要按照收入的13%缴纳增值税，设计费按照6%缴纳增值税。虽然安装和设计没有什么进项，但是我们把它拆分以后，它的税率降下来了。拆分前，这200万元的设计费按13%的税率缴纳增值税，也就是26万元；拆分之后，这200万元的设计费按6%缴纳增值税，只需缴纳12万元。

也有人问：“张老师，我的产品可能不大好拆分。我是卖空调的，我可以给客户提供免费的上门安装服务。”大家都知道，你买空调，人家免费给你提供上门安装的服务，实际上安装费已经包含在产品里了。我们同样可以采用“分劈技术”。比如，一部空调售价 3500 元，我们可以把空调价格改为 3300 元，然后再加上 200 元的安装费，总售价还是 3500 元。对于客户来说，我们的报价是一样的，但实际上费用是两笔，可开两张发票，安装的费用就可以按照比 13%低的税率进行缴税了。

所以，通过采用“分劈技术”，不管是卖产品，还是附带服务，都可将费用进行拆分，把其中的一部分税率比较低的业务拆分出来，单独去缴税，不要都混在一起缴纳。这种模式是税务局提倡的节税方法。

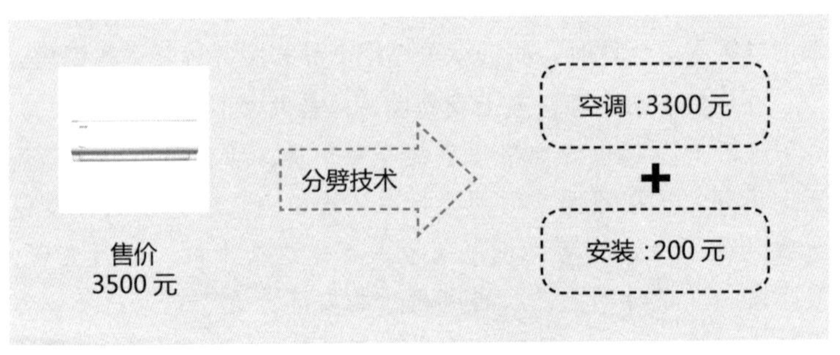

图导-2　空调销售分劈技术

我们经常会谈论商业模式，大家都知道不同的商业模式需要缴纳的税是不一样的。很多老师在教企业商业盈利模式时，都没有考虑到税对企业的影响。有的时候，一个商业模式的转变，可能会使税率降低。但有时候，商业模式的调整反而会使实际缴纳的税款增多。

有一家山东的企业主营仪表销售，虽然企业规模不大，一年销售额也就几千万元左右，但是利润率非常高，因此企业增值税也非常高。我询问原因后得知，一个仪表的进价也就 100 元~200 元，但销售价格在 2000 元左右，所以毛利很高。仪表销售出去后，厂家还需要给客户提供 3 年的售后服务，因此要按2000元给客户开发票。也就是说，老板对外卖的是产品，实际上真正收费的是服务。

我就建议老板调整一下他的商业模式，由卖产品改为专门卖服务，与客户签订服务合同，需要缴纳的增值税就会少很多。

因为他的客户有很多是机关单位的，而这些单位不需要进行增值税进项抵扣，可以直接按照服务来跟对方进行合作。卖服务所适用的税率是3%~6%。3%适用于小规模纳税人，6%适用于一般纳税人。现在我们按照一般纳税人来算，也就是6%的税率。转变商业模式前，这个企业需缴纳增值税=2000万元×13%=260万元；转变商业模式后，这个企业需缴纳增值税=2000万元×6%=120万元，前后相差140万元。相对来说，我们的进项没有变，但是销项税降下来了。

改变一种商业模式，改变一下经营方式，就会把税率降低，从而减少缴纳的增值税金额。

很多老板都问我："张老师，缺少增值税进项发票怎么办呢？"其实，缺少增值税进项发票的实质是进销的差价过高。进价和销售价差额较大，导致我们缺少增值税进项发票。当然也有另外一种情况，我们在购买原材料的时候人家不给发票，这又是另外一回事了。这时我们可以去塑造我们的供应商，塑造我们的供应链。如果经过对供应商的管理之后，供应商已经给我们开发票了，可我们还是缺少增值税进项发票，这时候我们该怎么办呢？

我先给大家讲一个关于服装企业的案例。

有一个服装企业，我们假设它一年的销售收入是20亿元，这20亿元的进项收入是固定的。我们现在先不管它的进项，主要考虑它的销项。销售收入需要缴纳13%的税，即2.6亿元。这是非常高的。我们现在想要把它的增值税降下来，怎么降呢？

这个企业是一个上市公司，为了降低增值税，它使用的是改变商业模式的方法。企业不直接把商品服装卖给经销商，而是把所有想要做企业经销商的人，变成它的旗舰会员，并且只和旗舰会员合作。

大家现在再来看看它的销售模式，它先把服装卖给经销商，再由经销商将服装批发给具体的门店。而这些门店大都是个体户，来门店购买东西的客户基本上不向门店索要发票，因此，这些门店是不需要发票的。而经销商因为销项方面不需要提供发票，所以也并不是非要有多少进项发票。

这个服装企业把公司改成会员制销售，有什么作用呢？比如，原来一个经销商一年要进1000万元的货。现在，这个经销商成为公司的旗舰会员，会员费是200万元，只有交了200万元的会员费才有资格成为公司的经销商。当然了，公司收了200万元的会员费，要给经销商相应的好处，好处是什么呢？经销商现在来进1000万元货的时候，打8折。也就是说原先1000万元的货款，被拆分成了800万元的货款和200万元的会员费。经销商还是付给服装企业1000万元，企业也还是收了1000万元。但是这种不同的商业模式，所需缴纳的税款就完全不一样了。

大家看清楚，800万元是卖商品的钱，销售收入需要缴纳13%的税。200万元是会员费，会员买的是服务，只需要缴纳6%的税。

这个企业的年销售额是20亿元，现在分割出来20%作为服务费也就是会员费，那就意味着会员费收入一年是4亿元。这4亿元只需要缴纳增值税=4亿元×6%=0.24亿元。另外的80%也就是16亿元，需要缴纳增值税=16亿元×13%=2.08亿元。

相对比商业模式转变之前，这个企业每年可以少缴纳增值税2800万元，这是一笔不小的金额，这就是利用改变企业的商业模式来进行税务筹划。

利用改变企业商业模式少缴税款的企业，除了这个做服装的企业，还有一个企业。这个企业主要是进行房屋出租的。房屋租金需要缴纳12%的房产税，比如我收一个客户300万元的租金，需要缴纳300万元×12%=36万元的房产税，如果租金再高一点，需要缴纳的税款就更多了。假如我们的房屋是自用的话，那交的税就要少得多了。自用厂房应纳税额=房产原值×(1-30%)×税率(1.2%)，具体到本案例也就是2.52万元。

通过对比我们可以发现，用出租的方式比自用所需缴纳的税款要多得多。但是我们的厂房不可能都用来自用，如何减少增值税呢？

我们可以考虑换一种商业模式。比如原来是把房子整体出租出去，对方租去是用来做仓库的。现在，我们不出租房子了，改成提供仓储服务，这时企业的性质就变了，由收取房租改为收取仓储服务费，按自用来缴纳房产税，能够节省很大一笔钱。

关于通过商业模式的调整达到税务筹划的目的，还有一个典型的行业，就是房地产行业。大家想一下，为什么很多房地产公司都喜欢去卖精装修的房子，而不愿意卖毛坯房？那是因为卖精装修的房子和卖毛坯房子相比，在增值税上有巨大的差异。

房地产行业有一个非常重要的税——土地增值税。税率范围在30%~60%，具体税额根据土地的买卖之间的差额，包括不动产的差额确定。差额越高，土地增值税也越高；差额越低，土地增值税也越低。要想把土地增值税降低，就要想办法让这个土地增值不要太高，增值率不要太高。

假如房地产公司原来土地的所有成本是每平方米8000元，出售价格是每平方米12000元。大家算一下，它的增值率是多少呢？增值率=（12000元-8000元）÷8000元=50%，这个增值率是比较高的了，相应的土地增值税也比较高。

房地产公司为了把增值率降下来，就把房子进行精装修。房地产公司是批量装修，它的装修费用比各家各户去装修的费用要低得多。但是房地产公司并不赚这个装修的钱，他花了多少钱装修，就在卖房子的时候把装修成本加在售房价格上。假设房地产公司的精装修成本是每平方米 2000 元，这时的售房价格是每平方米 14000 元。大家算一下增值率是多少呢？增值率=（14000 元-10000 元）÷10000 元=40%，原来是 50%的增值率，现在只有 40%，增值率就降下来了。

所以，房地产公司更喜欢卖精装修的房子，因为通过精装修，可以把增值率给降下来，相应的土地增值税也就降低了。通过转换商业模式，房地产商达到了减税的目的。

不同的商业模式，适用的税率不一样。所以，如果想要合理降低税负，一定要综合考虑各方面因素，争取选择税负最低的商业模式。

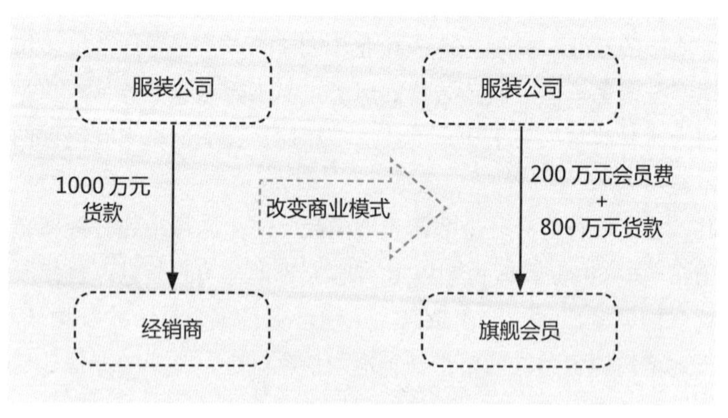

图导-3　改变商业模式

前一段时间，我在杭州飞北京的飞机上遇到了一个学员，这个学员是一个企业的财务总监。他说："张老师，我利用你给我们分享的税务筹划的方法，我们企业一年大概节省的企业所得税就有几千万元。"我非常好奇，就问："你是怎么做到的？用的什么方法？"他说："张老师，你记得吗？原来你谈过一个利用购买基金分红进行税务筹划的方法。我们公司就是用的这个方法。"

对于我们购买的基金，国家是有税收减免的优惠政策的。假如我们买了2.2亿元的基金，面值是2000万元，2.2亿元里面含有2亿元的红利，也就是它的利润红利。

假如，在基金即将分红之前，我们花2.2亿元把基金买回来了，不久之后，基金就开始进行分红。根据我们现行的税收优惠政策，我们可以免税分得2亿元现金。就相当于我们花了2.2亿元买基金，最后我们获得的2亿元的分红都是免税的。

然后，我们的基金的面值只剩下2000万元了，分完红以后，我们再把这个基金卖掉。这时大家要知道这中间有个很重要的问题，我们的基金是2.2亿元买过来的，现在我们卖多少钱呢？卖2000万元。从表面上看，我们亏掉了2亿元，但本质上是没有亏的。我们在作财务处理的时候，它是亏损2亿元的，只剩下2000万元了。假如我们公司今年正好赚了2亿元的利润，这2亿元的利润，跟这2亿元的亏损一抵扣，利润就变成了0，企业所得税也就是0。按照25%的企业所得税计算，相当于省了5000万元的企业所得税。

通过这个操作，把公司的企业所得税直接降到了0。但是国家也注意到了这个情况，《中国基金报》曾发表文章，建议取消分红免税这个政策。因为现在有企业在利用基金分红免税的政策逃避企业所得税。也许未来有一天，政府会颁布相关的文件，对允许分红免税的基金的持有时间做出规定，导致企业不愿意用这个方法进行税务筹划。

大家还需要知道，我们购买基金是有一些成本的，如申购费、赎回费、管理费等。赎回费用有可能是千分之几，与持有基金的时间长短有关，持有时间超过 12 个月就没有赎回费用。另外，有一个管理费用，可能是千分之三或千分之一。

我再来给大家分享另外一个进行税务筹划的方法，就是利用购买专利技术投资。根据我们国家的相关政策，对于投资人利用专利技术成果投资到公司作为股份是有税收优惠的。

比如我花 10 万元申请或购买了一个专利技术，评估了一下至少价值 1000 万元，我把我的专利技术投资到公司，成为这个公司的无形资产，并占公司相应的股份。

10 万元买过来的专利，评估成 1000 万元，最后投资到公司占公司股份。这个公司可以用来干什么呢？可以进行摊销。1000 万元的无形资产进行摊销的话，算到成本费用中，可以抵掉多少税呢？企业所得税的税率按 25%算，应纳税额=1000 万元×25%=250 万元，等于省掉了 250 万元的企业所得税。当然，税法里面有一个规定，你用 10 万元钱买回来的专利，评估成 1000 万元投资到公司去，这中间溢价了 990 万元。这溢价的 990 万元是不是个人的？如果是个人的，还需要交个人所得税。

目前的税收法律规定个人所得税可以进行递延，递延到什么时候呢？到你把这个股份卖掉的时候，个人所得税的税率按 20%计算，应纳个人所得税=990 万元×20%=198 万元。这个税还是蛮高的，但是税法上的规定是，你什么时候把公司的股份卖掉，什么时候才交税。假如股份一直不卖，你一直留着股份，那这个税就不用交了。

这就是利用专利技术进行税务筹划，这个专利技术其实也没有大家想的那么复杂，实用型专利技术也是可以的。

假如专利技术评估的不是 1000 万元，是 1 亿元呢？是不是就可以省掉2500万元的企业所得税？国家在2016年出台了一个公告，这个公告上是这么写的：评估不能明显不合理。我国税法规定，如果专利技术成果评估价格明显不合理，税务机关有权做出调整。

我曾经在贵阳碰到一个经营连锁超市的老板，他说他最近收购了一家房地产公司，但是我给他算了一下，他交的税比他赚的钱还多，明显亏了。

这个老板收购的房地产公司有一座大楼，他在这座楼上租了一个店面，装修花了大概500万元，租期也快到了。现在这个房地产公司要把这座大楼卖掉，如果老板不把大楼买下来，就意味着他500万元的装修费会打水漂。所以，他又花了差不多2亿元的资金把整个房地产公司给买下来了。由于当时没有那么多的资金，所以这个老板是贷款买的。但是他在贷款的时候又犯了很多错误。

银行把钱贷给了老板所经营的A公司。A公司准确地说有四个老板，其实就是两对夫妻，我们暂且称为甲夫妻俩和乙夫妻俩。甲、乙两对夫妻各占50%的股份。

甲夫妻俩管财务，乙夫妻俩没管财务。甲老板的老婆就认为，反正她是管财务的，银行打到公司的钱，就是我的钱了。于是，她把这1亿元的资金，分了几次打到了他们个人的卡上，去买房地产公司的股份，然后房地产公司的老板再把公司的工商注册过户到他们名下去。钱还没有给完，甲夫妻俩来听我的课，我发现他们面临的问题已经很严重了。

问题出在什么地方呢？我给大家讲一个我在北京碰到的案例，听完这个案例，再回头去看这个老板，问题一模一样。

北京三环边上，原来有一个国有性质的宾馆招待所，这个宾馆的前面有一大块空地，地价在这个宾馆招待所账上的价值是2亿元，但是当时市场的评估价已经是5亿元了。有一家房地产公司A看上了这块地。A公司的老板找宾馆招待所的负责人谈论收购这块地的相关事宜，但是宾馆负责人说："收购我的地有两种方法。第一种是直接给我5亿元的现金；另一种方法是我直接把这家公司卖给你，这样地也就归你了，你只要给我2亿元现金，再承担3亿元的债务就可以了。而且债务你当下不用还，所以你只要给我2亿元的现金，然后我就把这个公司的股份给你，地就在这个公司名下，也就归你了。"

老板听完之后认为这笔生意很划算，就把这个公司买过来了。地买了以后本来准备自己开发和使用的，结果碰到了2008年北京奥运会，因为要保证奥运会期间的空气质量，提前一年多的时间，就不允许四环、五环以内进行建设施工。然后又碰上了2008年的金融危机，房地产行业大跌，所以这个房地产公司资金紧张，老板就不想开发了，想把这个地再卖了。

正好，有一家外资企业看上了这块地。虽然这个房地产公司没开发成功这块地，但是这块地的价格已经涨到7亿元了。外资企业认可这个价格，现在这个房地产公司又有两种选择：一是直接把地卖7亿元；二是直接卖公司，索要4亿元的现金，然后让对方承担3亿元的债务。这个房地产公司因为资金紧缺希望一次性拿到7亿元的现金，这样的话就解决了资金紧张的问题。这个公司3亿元的债务，自己来还。外资企业也希望用这种方式。

我们来看一下，这个房地产公司面临的问题是什么呢？这块地根据当时宾馆账上的成本是2亿元，但是房地产公司买的时候价值5亿元。因此，这个房地产公司支付了2亿元的现金，然后承担了3亿元的债务，但是这个地一直在原公司名下。根据原公司账上这个地的成本只有2亿元，现在房地产公司卖了7亿元，大家算一下，仅这块地的溢价是多少呢？5亿元。我们在土地不动产交易的过程当中，除了增值税和企业所得税，还有一个非常重要的税，就是土地增值税。土地增值税的税率是30%~60%。增值越大，税率就越高。而这块地由原来的2亿元，涨到现在的7亿元，增值了5亿元，需要交60%的税。此时，应交的土地增值税为3亿元。

这个房地产公司花了2亿元，加上承担的3亿元债务，实际上是5亿元买过来的这块地。现在卖7亿元，按理来说，是赚了2亿元，但是现在这么一算，仅交税就需要3亿元，倒赔了1亿元。所以这时如果没有一个妥善的处理方法，会导致这个房地产公司交的税比他赚的钱还要多。

这就是为什么外商投资企业，愿意花7亿元现金直接买土地，而不愿意去承担3亿元的债务。这个房地产公司如何做利润才最大呢？

第一种做法是买公司，卖土地。这个上面已经算过了，这样会导致他交的税比自己赚的利润还要多。

第二种做法是买公司，卖公司。这个房地产公司买宾馆招待所隶属的公司花了2亿元的现金，承担了3亿元的债务。现在卖这个公司可以卖4亿元的现金，让对方再承担3亿元的债务。因为买卖的是股权，所以房地产公司的利润是2亿元。因为不涉及土地买卖，所以就不用交土地增值税了，只需要交25%的企业所得税，即5000万元。

第三种做法是买土地、卖土地。以5亿元的现金直接买了土地。此时就不用承担债务了，因为买公司才需要承担债务。5亿元现金买的地，现在卖7亿元，利润是2亿元。这2亿元是需要交土地增值税的，差不多要交1亿元左右的税。

通过计算我们发现：第一种方法房地产公司要交3亿元的税，最后亏损1亿元；第二种方法利润是2亿元，需要交5000万元的税；第三种方法利润是2亿元，但需要交1亿元左右的税。相对来说，选择第二种方法——买公司，卖公司，需要交的税是最少的。绝对不能选择的是——买公司，卖土地，这个是赔钱的。

我们再来看一下对于外商企业来说，哪种方法是最划算的呢？当然是直接买土地最合适了，如果买公司的话，土地的价格才 2 亿元，到时候他交的税也就多了。

我把这个案例给贵阳的那个老板讲完以后，这个老板当时一拍大腿：“哎呀！张老师，我面临的就是这个问题啊！”我说：“你给房地产公司老板的钱，不是还没有付完嘛，你可以说因为涉及这个合同里面没有约定的税的问题，需要重新签补充条款。”因为这个老板是经营超市的，所以对土地买卖涉及的税不太了解，从他们直接把买公司的钱打到个人卡上就可以看出来，而那个房地产公司肯定对土地增值税有一定的研究。

股权买卖、土地买卖、公司分立、企业合并、债务重组、投资、融资、非货币出资、股改、大额未分配利润处置、重大战略与投资……企业在做这些重大决策之前，一定要提前做好税务规划，否则就很可能会造成巨大的损失。

用财税思维经营企业，企业才能做大，做强，做长寿！

第一章

企业财税风险防范

三大政策倒逼企业改革

经营企业面临着很多的风险，其中最大的风险就是财税风险。所以有的老板就说，经营企业最大的风险不是亏损，不是赚不到钱，而是财税风险。财税风险控制不好的话，不仅仅是补税、罚款，甚至有可能失去人身自由。

如果把财富和安全做个比喻的话，安全是“1”，财富是“0”。那么你选安全，还是选财富？当然，有人觉得“0”重要，有人觉得“1”重要。

当人们口袋里只有10元钱的时候，会想尽办法来增加财富，也就是增加“1”后面的“0”。同理，很多老板在创业初期

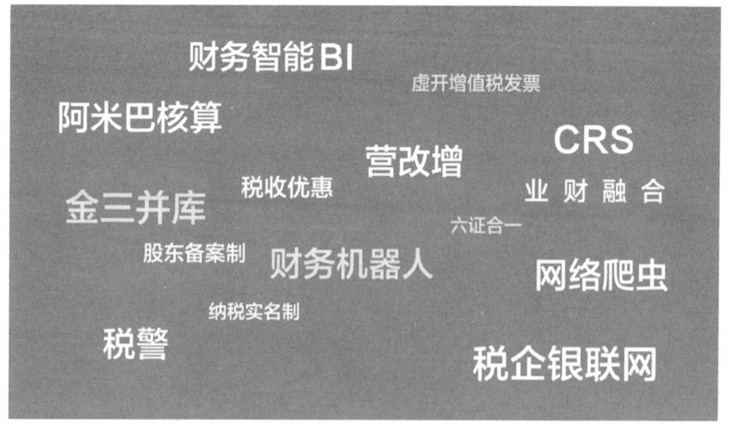

图1-1　大环境风险图

赚第一桶金的时候，即使承担再大的风险也敢去做。随着财富的增加，“1”就会变得越来越重要。所以，当企业的财富越来越多，个人的财富也越来越多时，安全就变得越来越重要。

在经营企业的过程当中，不仅要考虑财富，还要考虑安全，合理平衡财富与安全之间的关系。

1.营改增

经营企业需要了解国家的整体经济环境。经济全球化是资本在全球范围内新一轮的扩张，中国倡导的“开放、包容、普惠、平衡、共赢”的经济全球化，是各国“共商、共建、共享”的经济全球化，受到国际社会广泛欢迎。在此基础上，中国不断地进行工业化建设，推动我国经济的发展。在这个过程当中，我们国家需要大量的钱。国家要用钱，除了印人民币外，最重要的一个财政收入来源是税收。

虽然中国经济在高速地往前奔跑，并且成了世界第二大经济体，但我们仍面临着一个问题，经济增长的速度在逐渐放缓，GDP的增长率已经低于7%。所以，我们的经济面临着转型、产能过剩的问题。尤其是生产制造业的经济转型，这就意味着很多企业都面临被淘汰，尤其是经济实力较弱的民营企业。

在这个过程中，有很多问题值得我们去探讨。

我简单地把我国企业分为两类：一类是国有企业和上市公司；一类是民营企业。那么，民营企业在整个国家当中的地位如何？

国有企业一般都不涉及偷税的问题，因为它本身就属于国家，偷税没有必要。上市公司也不愿意偷税，因为利润高就意味着市值大，股价就会上涨。如果故意降低利润去偷税，对市值会有很大的负面影响。所以，有些上市公司不仅不偷税，反而有可能为了拉高股票价格而多交税。

国有企业和上市公司不偷税，并不代表他们税负不重。相反，他们的税负比较重，重到什么程度呢？现在一些上市公司，一年利润才几百万元，以至于有的上市公司老板，需要卖掉自己的私人房产来保住上市公司不被摘牌。国家通过宏观经济数据分析，发现这些问题后，要给国有企业和上市公司“减税降费”。

据历年《政府工作报告》披露，2016 年，为企业降低税负 5700 多亿元；2017 年，为企业减税降费超过 1 万亿元；2018 年，全年为企业和个人减税降费超过 1.3 万亿元；2019 年，减税降费 2.36 万亿元，占GDP比重超过 2%；2020 年，为了应对疫情影响，全年新增减税减费规模超过 2.5 万亿元。

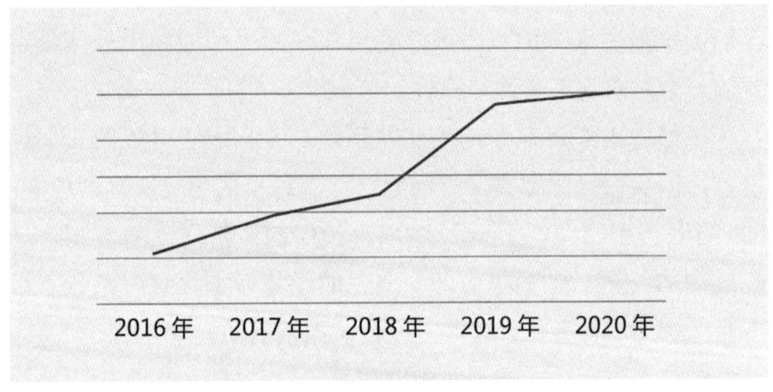

图 1–2　企业减税降费成效趋势图

“减税”是减了民营企业的税，还是减了国有企业和上市公司的税呢？毫无疑问，基本上减的是国有企业和上市公司的税。因为他们的财务本身就比较规范。

举个例子，“营改增”过程中有一个政策，购买不动产的增值率是 9%，并且可以进项抵扣。假如你买了 1 亿元的房子，就相当于有了 900 多万元的进项税用来抵扣。对于财务规范的企业，就可以减掉很大一部分税。

国家财政收入大部分来自税收。国家减了国有企业和上市公司的税负，又需要用钱。如何解决这个问题呢？通过民营企业来解决这个问题。

最近几年，我们国家做了很多变革，比如“营改增”。什么是营改增呢？就是将原来收的营业税，改为增值税。营业税针对很多缺进项票的行业，比如餐饮行业、服务行业等。这些行业本身是没有什么进项税发票的，改成增值税的好处是什么呢？成本可以抵扣，比如，买材料。这样交税的话，税率就降低了。

但是，对于有些企业来说，原来征收营业税时，很多税是没交的，但改为增值税后就不得不交了。为什么呢？因为以前只有税务局来找企业收税，改成增值税后，所有的客户，都来找企业要发票，就是间接逼着企业交税。所以，“营改增”对整个中国企业产生了巨大的影响，尤其是工程建筑行业。

2.金税三期

除了“营改增”之外，国家又做了第二件事情，就是金税三期。金税三期就是国家用一套ERP网络系统，来解决税务机关的纳税征管问题，包括数据分析等。

我们经常说传统企业跟互联网相结合，就产生了一个新的东西。比如，旅行社和互联网相结合，就变成了“携程”；出租车和互联网相结合，就变成了“滴滴”；税务局和互联网相结合，就是我们的金税三期。

企业的任何事项均会留下记录，金税三期的大数据，也会追踪企业的资金流、票据流等。只要大数据系统将企业纳税人识别号作为起点，追查同一税号下进项发票与销项发票，企业是否虚开发票，以及是否购买假发票入账，通过系统查询后，都一目了然。

举个例子。北京有一家做空调的企业，行政人员买了一套乐高玩具，放在前台的桌子上，大概也就1000元。他是在电商平台上买的，开了一张增值税专票后拿去报销了。这个行为，引起了税务局的关注！一个做空调的企业，为什么会买乐高的玩具？这个玩具能做进项税抵扣吗？连这个都能被查出来了，可想而知，金税三期对企业造成了多大的影响。

为了配合金税三期，国家还做了很多相对应的工作。比如，医疗器械和医药行业实行“两票制”。“两票制”是什么意思呢？药厂把药卖给经销商，开一张发票。经销商再把药卖给医院，再开一张发票。

除了两票制，还有银行账户分级。银行账户可以分成一类账户、二类账户、三类账户。取现金的只能是一类账户，这实际上也是在为金税三期及后期的财税改革做很多的准备。

3.税银联网

当税务机关都能够拿到我们的银行个人卡流水数据信息的时候，我想问大家一个问题：如果以后别人不要发票的收入，我们把钱放哪里？

随着电子支付方式越来越普及，大部分时候，我们都用支付宝和微信支付，或者是刷信用卡，这就意味着现金支付会越来越少。随着金税三期的进一步升级，税务机关能够拿到我们所有交易记录，我们再想要偷税，几乎是不太可能了。

此外，还有税务公安联合执法。税务局去企业查账，如果没有搜查证，就只能看企业提供的资料。但是如果税务跟公安进行联合执法，一个带有搜查证，一个直接翻账本，企业的财务资料将无处可藏。

联合稽查、六证合一、跨国间金融数据信息交换、报税实名制、财务机器人、网络爬虫等手段会导致国家的税收环境发生一个巨大的变化，让税务违规的可能性越来越小，之前财务、税务风险极大的混乱局面，即将会成为历史，未来将会成为财务人员的春天。

民企犯罪的三个摇篮

我们再从税收风险的角度，讨论民企需要缴纳的三层税。

1. 流转税

第一层税是流转税。流转税不是单独的一层税，而是税的一个类别，它包括三种：第一种是增值税；第二种是消费税；第三种是关税。

针对不同的对象，增值税的税率也是不同的：货物主要是13%，现代服务业是6%，交通运输业是11%，小规模纳税人是3%。

消费税，又叫特种货物及劳务税，是对特定的消费品和消费行为在特定的环节征收的一种间接税。现行消费税的征收范围主要包括烟、酒、高档化妆品、成品油、小汽车、电池等。

关税是由海关对进出国境或关境的货物、物品征收的一种税。征收关税不仅可以筹集国家财政收入，还可以维护国家主权和经济利益，保护和促进我国工农业生产的发展。

2008年下半年，国家税务总局机构改革，组建货物和劳务税司，将流转税管理司、进出口税收管理司的职能，整合划入货物和劳务税司，不再保留流转税管理司和进出口税收管理司。

2. 企业所得税

第二层税是企业所得税，基本税率为25%，国家重点扶持的高新技术企业的税率是15%。

我们买来的产品进价是100元，销售价格是200元，利润为100元。在这100元的利润当中，要交13%的增值税。交完13%的增值税，再去掉房租费用、员工工资等其他运营开销的费用，假如还剩下50元，这50元还要交25%的企业所得税。

交完企业所得税以后，还剩了一些，叫“税后的未分配利润”。这时如果你想要把钱拿走，还要交第三层税——个人所得税。

3.个人所得税

第三层税是个人所得税，税率为20%。

现在，我们来算一下，民营企业的利润先要交13%的流转税，接下来要交25%的企业所得税。最后剩下的一些利润，想要拿回家的话还要交20%的个人所得税。

有些民营企业家觉得这个税太高了，企业承受不了，于是就想了各种各样的办法偷税。偷税的手段也非常多，针对不同的税种用不同的方法。以企业所得税为例，我们知道利润=收入-成本，有的民营企业为了把企业所得税降下来，怎么做呢？第一，隐藏收入。收入少了，利润也就少了，交的企业所得税也就少了。第二，如果动不了收入的话，就动成本，找一堆非本公司的发票进行报销。比如说，老板自己家里装修的费用。有的企业甚至去买一些假发票来提高成本，成本提高，利润就降低了。还有一些民营企业竟然能把利润做成零，在现在这个财税大环境下，老板简直是自己往火坑里跳！现在很多民企最常用的方法就是做“两套账”，还有的企业通过出口贸易骗税。甚至有的企业每到月底或年底时，财务人员跑去问老板:“老板，我们今年打算盈利多少啊？不能再做亏损了，再亏损税务局可能就要上门了！”

我几乎每个月都会接到老板因被查、被罚、被抓而打来的求救电话，但为时已晚。所以，作为一个民营企业家，在关注财富的时候，必须也要关注自身安全。

民企的三大原罪自省及24字警言

1.虚开发票

增值税是国家的命脉，2018年占国家总税收的比例为48.7%，2019年为40%。因此可以说，“增值税是财政收入的一条红线”。触碰增值税这条红线，很有可能会赔上“身家性命”。关于增值税的问题，企业老板要格外谨慎！

我们有一个来自广东的客户，是做空调销售的。他的经销商大多是街边卖电器的门店，几乎都不需要发票。但这个客户的供应商都是些家电企业，只要从供应商那里购买空调，就肯定会收到发票。因此，他一年有大概2亿元的进项，却没有多少销项。

但是他的实际利润可能只有6%左右，也就是1200万元。因为大量客户都不索要发票，所以这个老板就想把发票卖掉。我们按返5个点来算，2亿元可以返1000万元。

也就是说，通过买卖发票，这个老板可以获取的利润从1200万元变成了2000万元，接近翻倍。但是，他的这种想法遭到了老板娘的强烈反对，因为老板娘听过我的课程，知道买卖发票的严重性。

还有一个浙江义乌的老板给我打电话说：“张老师，我打算买300多万元的发票。因为我一个月的进项只有100多万元，但是销项有500多万元。”

这两个企业，一个是有进项，发票很多，但销项少；另一个是进项少，销项多，需要发票。因此，一个想卖发票，一个想买发票。但我们都知道，增值税发票虚开是一种违法行为！

（1）虚开发票罪量刑标准

虚开发票罪，是指为了牟取非法经济利益，违反国家发票管理规定，虚开增值税发票和用于骗取出口退税、抵扣税款发票以外的发票的行为。主要包括三个罪名：虚开增值税专用发票罪、伪造或出售伪造增值税专用发票罪和骗取出口退税罪。其中，虚开增值税专用发票罪最为普遍，涉税 5 万元以上就会被判刑。

对于增值税发票的虚开，国家是如何处罚呢？下面，我来和大家分享一下增值税发票虚开的判刑标准。

虚开增值税发票数额在 5 万元以上 50 万元以下，处 3 年以下有期徒刑或者拘役，并处罚金；虚开增值税发票数额在 50 万元以上 250 万元以下，处 3 年以上 10 年以下有期徒刑，并处罚金；虚开增值税发票数额在 250 万元以上，处 10 年以上有期徒刑或者无期徒刑，并处罚金或者没收财产。

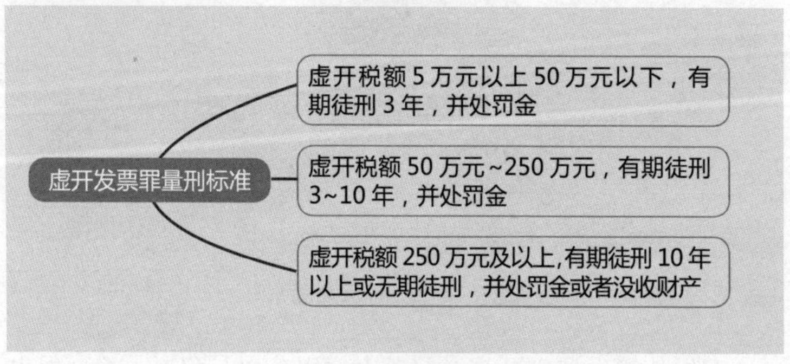

图 1–3 虚开发票罪量刑标准

有一次，我在杭州讲课，讲课中途，一个老板就走出了教室。课间休息时，我发现他在走廊抽烟，他颤抖地对我说："张老师，我昨天刚买卖了8400万元的发票。"8400万元的虚开税额，已经达到了无期徒刑的量刑标准。

这个老板应该庆幸的是，国家已经取消了增值税死刑，保留了无期徒刑。

（2）什么行为涉嫌虚开发票

涉嫌增值税发票虚开的判定标准是什么呢？目前，主要的判定标准是"四流"是否一致。"四流"分别是指合同流、资金流、货物流（也叫服务流）、票流。如果"四流一致"，基本上就不涉嫌虚开；如果"四流"不一致，可能就涉嫌虚开增值税专用发票。

乙公司从甲公司购买了500万元的钢材，丙公司从甲公司买了300万元的钢材，合计共800万元。丙公司不要发票，乙公司和甲公司合作了很多年，于是提出将丙公司不要的发票一起开给乙公司。甲公司同意了，就给乙公司开具了一张800万元的发票。

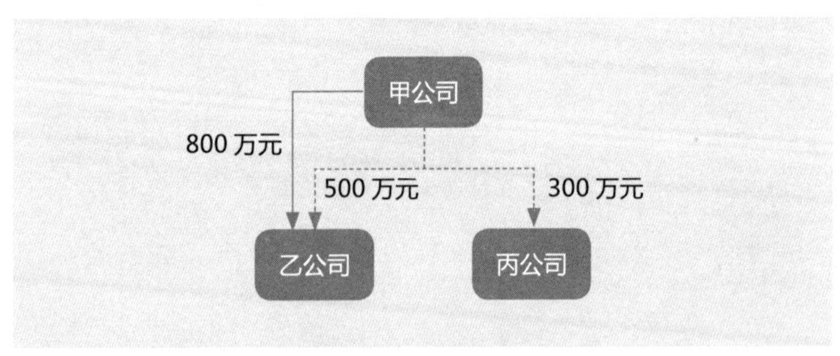

图1–4　交易示意图

在增值税发票虚开这个问题上，甲公司是犯罪，乙公司也是犯罪。丙公司虽然不涉嫌增值税发票虚开，但是他不索要发票的问题也需要处理。

那么，具体该如何量刑呢？虽然乙公司的确找甲公司买了500万元的钢材，但是甲公司开具的发票是800万元的，因此增值税发票虚开的量刑就要按800万元进行处理。如果乙公司在向甲公司索要发票的时候，分成两张，一张是300万元的，一张是500万元的，因为500万元是真实发生的，只有300万元是虚开的，那么，判刑的时候按300万元判刑。

增值税发票虚开还有另外一种常见的情况。

A公司是一个财务比较规范的大公司，他将货物卖给了B公司，B公司又把货物卖给了C公司。B公司是核定征收的小公司，C公司相当于它的经销商，C公司需要发票，就向B公司索要，但是B公司无法提供发票，只能让A公司直接为C公司开具。

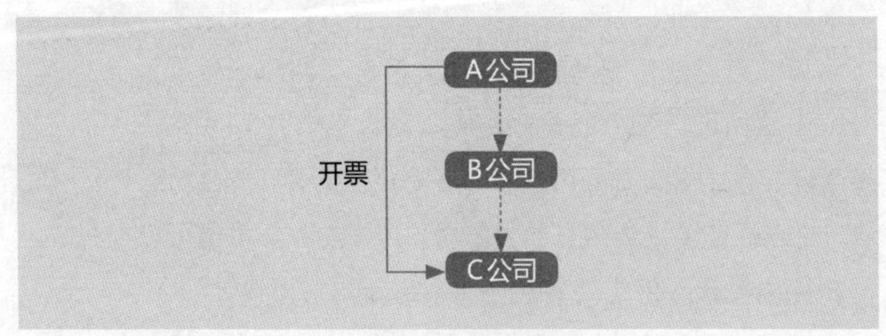

图1–5 交易示意图

在上述案例中，A公司本来是应该给B公司开票的，但是B公司让A公司直接把票开给C公司，不符合“四流一致”的规定。

总的来说，增值税发票虚开有以下四种情况：

第一种，我为他人虚开。

第二种，我让他人为我虚开。

第三种，介绍他人虚开。

第四种，我为自己虚开。

这么说来，A、B、C三家公司正好对应三种情况：A公司是为他人虚开；B公司是介绍他人虚开；C公司是让他人为自己虚开。无论是哪家公司，都触犯了法律，都要受到处罚。

如果现在我们的企业还存在增值税发票虚开的行为，我的建议是，“君子有所为，有所不为”。冒着坐牢的风险，通过虚开增值税发票来降低税款，这种冒险实在不值得！

一个老板说过一句话，我觉得非常有道理，他说：“只要涉嫌增值税发票虚开，你的一只脚已经踏进监狱了！”

（3）四点避开发票虚开雷区

关于增值税发票虚开，给大家提四点建议。

第一点，停止增值税发票虚开的行为。根据增值税发票的管理条例，企业的资金流、货物流、票流、合同流要一致。

第二点，改变交易对象，使之符合“四流一致”。

企业如果遇到上述案例中A、B、C三个公司的情况，可以选择改变交易对象。C公司直接找A公司签合同，A公司给C公司发货，C公司直接将货款打给A公司。当然，A公司也可以委托B公司发货和收款，但需要签署三方协议。

第三点，如果资金流不一致的话，有三种方式进行处理：第一种是要有三方抵债协议；第二种是要有委托收款协议；第三种是直接收现金，并且对收取的现金开具现金收据。

第四点，如果是真实的客户或供应商，就要有真实的现金流和发票，可以是合作多年的公司。当然，这种方法也存在风险。

毫无疑问，最重要的建议是终止买卖增值税发票，要学习一些增值税节税知识，通过合法合理的行为，进行税务筹划。

2.公私不分

很多中小型民营企业的老板没有清晰的财务思维，也没有经过系统的财务知识培训。因此，他们经常公私不分，认为公司是我的，公司的钱都是我的，我的钱也是公司的。

我们有一个客户，买了一栋价值2000万元的别墅，是用公司的钱付的首付，每个月的月供也是用公司的钱还。因为相较于以公司的名义办贷款，以个人名义办贷款相对容易一点。所以，这个老板当初是以个人名义买的这栋别墅。

那么，在这种情况下，这栋别墅是属于个人的，还是属于公司的？有的人认为是属于公司的，因为购买别墅的钱是公司出的；有的人认为是属于个人的，因为房产证上写的是老板个人的名字。

根据我国法律的规定，房屋所有权以房产证上登记的名字为准，因此这个房子就是老板个人的。

用公司的钱买房，房产证上是个人的名字，这种情况下，税法怎么认定呢？税法的认定方式是，老板从公司分红2000万元，拿着分红来的2000万元的资金买的别墅。

因此，分红的2000万元，需要缴纳20%的个人所得税，即2000万元×20%=400万元。这就是公私不分导致的。

河北衡水有一家企业，直接用老板个人卡上的8000万元盖了一栋厂房。厂房盖好后，财务告诉老板厂房要计入固定资产，进行竣工决算，做到公司账上去。老板找工程公司索要发票时，工程公司说合同上没有约定，所以如果老板想要发票的话，需要返工程公司5个点，也就是400万元。老板不愿意多花这一笔钱，所以这8000万元的厂房一直没有入账。税务局来查的时候发现固定资产账上没有厂房，因此将其认定为盘盈。此时，企业需要做齐全的纳税调整，或者按营业外收入处理。也就是说，企业的利润平白无故地多了8000万元，按25%的税率算，应缴纳企业所得税=8000万元×25%=2000万元。

如果这个老板懂得一些财务知识的话，当初可以通过增资、扩股投资或其他借款形式，把8000万元的资金转移到公司账上。由公司去花钱盖厂房和收取发票，就不会有后面的问题了。

老板的收入也不仅仅只有年终的利润分红或是内账收入，一个财务规范的企业的老板的收入结构是多层的。现在有些老板按个人所得税的起征点给自己发工资，只发5000元~6000元，因为他们不愿意缴纳个人所得税。但是，因为工资没发，导致企业的利润就高了。高出的这一部分，就要交25%的企业所得税。如果在交完企业所得税以后，老板想要把钱拿走，还要再交20%的个人所得税。总的来说，老板为了省掉个人所得税，却付出了更大的代价。

所以，老板要适当地给自己发工资，还可以把自己的房子租给公司使用，给自己支付房租，最后再进行年终的分红。

3.存货账实不符

存货账实不符具体来说有两种情况：一种是“亏库”，即账上显示有货，但实际上仓库里没有或少了。另一种是“胀库”，即账上没有，但是仓库里有。

不管是“亏库”还是“胀库”，首先要排除流程、管理问题。比如，该报废产品没有及时做账，或者说仓库里已经报废了，但是财务账上没有做调整。排除这些情况后，如果还是出现存货账实不符的情况，很有可能是企业有意为之。

（1）存货账实不符的两大原因

除了流程、管理的问题，导致“胀库”的第一种原因是“AB账”，也就是“两套账”。比如，A公司把货卖给了B公司，但是B公司不需要发票，于是A公司就让B公司把钱打到老板的个人卡上。这时，货卖出去了，仓库里存货少了，但是A公司的账上并没有少，因为他没有报税。

第二种原因是买发票导致的。比如，A公司找B公司买发票，A公司给B公司打了100万元的资金，B公司给A公司开了张100万元的发票，但是B公司并没有给A公司货物。A公司做账的时候做的是进货处理，于是它的账上就有了100万元的货，但实际上仓库里没有。这就是亏库的两个原因。

有一个服装企业，进了100匹布，做了100套衣服。其中50套客户是不要发票的，就把钱打到了老板的个人卡上。另外50套衣服客户是要发票，记到了公司的账上。公司要结算成本，收入是50套衣服的钱，成本要计100匹布还是计50匹布？要计50匹布的话，成本有点少。计100匹布可能成本比收入还高。人家做一套衣服只要一匹布，你做一套衣服需要两匹布，你的废品损失率，是不是有点太高了？

这个企业就把成本做成60匹布，比正常使用的50匹布多了10匹，废品损失率就能低一点。

那么现在，在公司账上，买原材料时100匹布全部进账了，现在卖掉了50套衣服，按成本是60匹布算，账上显示还有40匹布。这个月剩40匹布，下个月剩40匹布。冰冻三尺，非一日之寒，最后导致存货越来越多。

有些财务人员在老板的逼迫之下降税，财务人员也没有更好的方法，就通过多结转成本的方法，表面上是把税降下来了，其实用的是偷税的方法，风险都在库存里面了。所以，财务人员相当于是自己挖了一个坑，挖完坑以后，他可以跑，由下一个财务人员填这个坑，填不了的时候，下一个财务人员也走了。财务人员可以拍拍屁股走人，老板能吗？所以，我们很多的老板，是被自己的财务人员坑了。

（2）消除账实不符的六个建议

针对存货账实不符问题，我给大家提六个建议：

第一个建议，停止使用“两套账”，避免产生新的问题。如果你还在不断地用“两套账”的方法去隐藏收入，总有一天会藏不住的。你可以直接把公司拆分成两个，一个是个体户，一个是有限公司。要票的找有限公司，不要票的找个体户。当然，制造业相对来说麻烦一点。

第二个建议，降低毛利，消化库存。以上面提到的服装企业为例，下一次我再卖 50 套衣服的时候，把成本变成 65 匹布。再卖下一批 50 套衣服的时候，又结转 65 匹布。慢慢降低毛利，消化库存。当然，这个方法也存在风险。

第三个建议，增加业务量，掩盖矛盾，逐渐消化。比如，把收入进一步增大，把企业的库存也进一步增大。因为收入大了，问题就不那么明显了。然后在掩盖矛盾的基础上，再逐渐地去消化库存。

第四个建议，适当地做一些报废。比如，我们账上库存太多，实际上仓库里并没有，我们就可以把账上的存货做一些报废，在报废的过程中，做一些进项税转出，增加税负。当然，如果你是真实的损耗，进行备案还可以抵企业所得税。这边进项转出，那边企业所得税减少，也是值得的。

第五个建议，“胀库”部分，也就是说，账上没有了但仓库里还有的部分，另行处理。比如，汽车 4S 店，有很多多余的零配件，可以把配件拿到其他的维修点。当然，那个维修点需要核定征收。

第六个建议，非正常注销。实在是存货对不上了，老板只能想办法把公司注销掉。这也是一种处理方法。

关于存货账实不符问题，我们争取做到当年的问题，当年消化完，一定不要积累到下一年去。在每年的 12 月 31 日，及时盘点存货，该报废的报废，该处理的处理。很多企业的财务问题都是存货账实不符导致的，希望大家能够把存货管得更好。

归根结底，我们要规范财务，避免存货账实不符的现象出现。

4.税务局的24字警言

税务局对待企业的偷税行为总结起来有24个字:“四面埋伏，引蛇出洞，关门打狗，守株待兔，放水养鱼，秋后算账。”

（1）秋后算账

青岛有一个经营钢材贸易企业的老板来上我课的时候，问了我一个问题。他说:“张老师，13年前我们公司卖了一笔价值2000万元的货，但是因为客户不要发票，因此货款就打到了个人的银行卡上。”这种情况在中小型民营企业很常见。但是这个老板在今年6月份遭到了12年前离职的一个员工的勒索，他拿着13年前卖货的送货单、报价单、出库单等相关的资料，勒索100万元。

现在这个老板是13年前那个老板的儿子，他了解到这个员工在离职后创业失败，随后迷恋上了赌博。所以，即使给他100万元，他赌博赌输了，还可能会来继续要钱。

所以这个老板就问:“如果这个员工举报了我们公司的话，会是什么结果？”我们先不谈他触犯了什么法律，只看一下他在经济上的损失。首先，他要补缴的增值税数额为2000万元×17%=340万元。增值税补完了，还要补缴企业所得税。13年前，企业所得税的税率是33%，2008年以后才改成25%，所以应补缴的企业所得税的数额为2000万元×33%=660万元，也就是仅补税这一项就有1000万元。补完税以后，这个老板还要交罚款。按现行的法律规定，罚款数额是不缴或少缴税款的50%以上，5倍以下。也就是说最高罚款5000万元，最低罚款500万元。除了补税、罚款，还需缴纳滞纳金。滞纳金是多少呢？按照现在的税法规定是，要从滞纳之日起，按日加收滞纳税款万分之五的滞纳金。应纳滞纳金的数额为1000万元×0.5‰×365天×13年=2372.5万元。

大家看一下，补税、罚款、滞纳金三项加起来至少要4000万元。这就是典型的“辛辛苦苦几十年，一夜回到开放前”，也就是“秋后算账”。

(2) 守株待兔

其实税务局的工作人员也知道，自己想方设法主动去查企业的话，企业把该隐藏的都隐藏起来了，查起来很费劲，不如就看企业报送上来的材料。如果这个材料的勾稽关系有问题，企业也解释不清楚的话，就只能自己补税、交罚款了。金税三期就是让企业主动去补税、交罚款的一个ERP系统。

企业在经营过程中的财务报表要符合逻辑。有一句话大家一定要记清楚:“把一个不安全的报表报给税务局，就等于自己举报自己！”

北京市海淀区有一家企业的老板，为了少缴税款，让员工找发票来抵扣成本和个人所得税。那个时候，开具办公用品类发票还不像现在要写明细，所以员工去超市买东西开的发票都是办公用品，导致公司账上办公用品金额高达好几百万元。一个二三十人的公司，用了好几百万元的办公用品。虽然税法在办公用品这个科目上并没有限额，但是税法上也有一个规定叫合理性原则。也就是说，费用的发生要合理。如果费用不合理的话，税务局是可以让你进行调整的。

税务局来查他们公司，看到公司账上这么多办公用品，就说了一句，用了什么办公用品，你给我列个清单。这个财务经理，他真的拿着笔，跑到会议室去列。买了墨盒、笔、纸、打印硒鼓、装订机等，列了半个小时后，财务经理把笔一扔，不列了。为什么呢？因为他列完以后发现，平均到每一个人身上，每人每天要用掉5个打印机墨盒、40支圆珠笔和好几本打印纸，这明显不符合实际。即使一个员工从早上8点上班开始打印，打印到天黑也用不了这么多！

财务上的很多数据都有勾稽关系，是有逻辑的。你把不符合逻辑的报表报给税务局，税务局只需坐在那里“守株待兔”，很容易就查到你的违法行为了。

（3）放水养鱼

有的企业抱着侥幸心理，继续采取偷税的行为。其实税务局有两大收税工具：一个工具是发票；一个工具是监狱。发票是让你主动交税，监狱是起到威慑力，让你不敢偷税漏税。

“放水养鱼”的案例中，最典型的行业就是电商。电商行业刚刚开始发展时，国家对于他们的税收管理并不严格。国家加强对电商行业的税收管理最先是从武汉开始的，结果一些电商企业直接从武汉搬走了。这件事情引起了非常大的轰动。最后，国家只能暂缓对电商企业的税收管理。我们也知道，电商企业非常复杂，公司在哪里注册、纳税地点在哪里、纳税时间怎么确认，这些问题都需要有规范性的条文规定。

电商企业不交税，国家其实用的是“放水养鱼”的政策。就像我们去钓鱼一样，钓到一条很小的鱼，要不要呢？不要了，太小了。又把它扔到河塘里面去，等它养肥了再钓。

2020 年，有公司收到通知称：“通过大数据分析比对，发现你单位 2017 年 1 月 1 日至 2019 年 12 月 31 日申报的销售收入与电商平台统计的销售收入差异较大，存在少计销售收入的风险，请自查自纠，补缴税款及滞纳金。”

简而言之，就是税务部门发现电商商家实际申报的销售收入和电商平台显示的收入不符，要求商家补缴近三年来的税款，给了商家一个自查自纠的机会。

事实上，早在 2019 年 1 月《中华人民共和国电子商务法》就开始正式实行，将税收问题纳入管理范畴，明确了税收范围、缴纳主体等，规定所有电子商务经营者都需要依法缴税，为税务机关进行税务稽查提供了法律依据。

长期以来，在虚拟经济发展过程中，税收征管制度并未及时跟进，税收政策制定者及执行者在有意无意间实施“放水养鱼”策略，在间接上成就了虚拟经济的火爆，不规范的行业操作也生成了不少税收灰色空间，以致形成纳税法律风险，集中补税清欠，或将恶化数字经济的营商环境。

此次补税，可以说是电商行业的大风暴。短期来看，以前通过钻空子来创造营收、用刷单来获得竞争优势的商家要面临惨重的教训。但长期来看，税收是真金白银的评价标准，也是行业告别草莽走向规范的开端。

工具 税务风险调查表

序号	调查项目（第一类）	结果
1	您是否认真测算过公司的主要税种的税负率？	
2	公司在招聘会计人员时，是否测试其办税能力？	
3	您是否了解所从事行业的相关税收优惠政策？	
4	公司是否对采购人员索要发票事项进行过培训？	
5	对外签订相关经济合同是否考虑过对纳税的影响？	
6	租赁、融资、购房或投资是否考虑过纳税的事项？	
7	新业务发生时是否系统地咨询过相关财税专家？	
8	是否在30日内学习掌握新颁布的税收政策法规？	
9	您是否了解税务局的评估、约谈或稽查的意图？	
10	是否聘请过财税专家定期进行财税风险的诊断？	
序号	调查项目（第二类）	结果
1	您公司是否存在抽逃资本的情况？	
2	您公司是否存在货币资金账实不符的现象？	
3	您公司是否存在存货账实严重不符的现象？	
4	您公司是否存在大量非经营性往来？	
5	您公司是否按开票时间计税、确认收入？	
6	购销业务中是否存在经常性或较大金额的“票流”“物流”“资金流”不一致？	
7	您公司是否存在大金额的现金支付费用？	
8	您公司是否存在较大金额的应付账款长期挂账问题？	
9	您公司“资本公积”科目是否经常变动？	
10	您公司是否存在较大金额或比例的现金销售？	

调查结果分析：

第一类指标回答3~6个否定时，公司可能存在安全隐患；6个以上否定时，公司可能存在较大税务风险。

第二类指标回答3~6个肯定时，公司存在较大税务风险；6个以上肯定时，公司可能存在很大税务风险。

第二章

公司架构设计战略

公司形态设计的四个要点

如果我们要新成立一家公司，到底是注册成有限责任公司，还是注册成无限责任公司呢？其实，很多老板并不清楚这两种公司之间的区别，于是默认注册了有限责任公司。

我在讲课时，经常会问一些老板：是有限责任公司好，还是无限责任公司好？大部分老板都认为有限责任公司好，但是问他们好在什么地方，为什么好，他们却回答不出来。

所以，在公司形态的设计过程中，到底是注册成有限责任公司，还是注册成无限责任公司，值得我们去分析和探讨。

1.看种类——有限责任公司

公司可以分为有限责任公司和无限责任公司两种，有限责任公司又可以细分为四种。

第一种，一人有限责任公司。一人有限责任公司是指只有一个自然人股东或一个法人股东的有限责任公司，在 2006 年《中华人民共和国公司法》改革后出现。

由于一人有限公司缺少其他股东的外在监督，投资者虽规避了过大的投资风险，但公司经营资产随意减少的概率、股东的投资和个人资产混同的风险程度以及公司股东为逃脱对外债务而有意抽走资金的可能性却大大增加。基于以上不利因素的客观存在，国家在 2006 年修订新公司法时，虽然为一人有限公司的设立排除了限制，却在设立条件上增加了审核的条件。

第二种，多人有限责任公司。多人有限责任公司的注册资本金已经变成认缴制，对注册资金也没有明确要求。市场监督局的营业执照只登记公司所有股东认缴的注册资本总额，不强制要求提交验资报告，关于出资的时间，让股东在章程中约定，10 年、20 年都是可以的。多人有限责任公司的股东是 2~50 人，如果没有太多的股东，也可以不设立股东会，直接设立一个执行董事。所以，多人有限责任公司是目前我们采用得最多的公司形式。

第三种，股份有限公司。股份有限公司是指公司资本为股份所组成的公司，股东以其认购的股份为限对公司承担责任。《中华人民共和国公司法》规定，设立股份有限公司，应当有 2 人以上 200 人以下为发起人。如果企业确定要上市，或者是计划上市，那么，就必须是股份有限公司。

第四种，国有独资公司。国有独资公司是指国家单独出资、由国务院或地方人民政府授权本级人民政府国有资产监督管理机构履行出资人职责的有限责任公司。

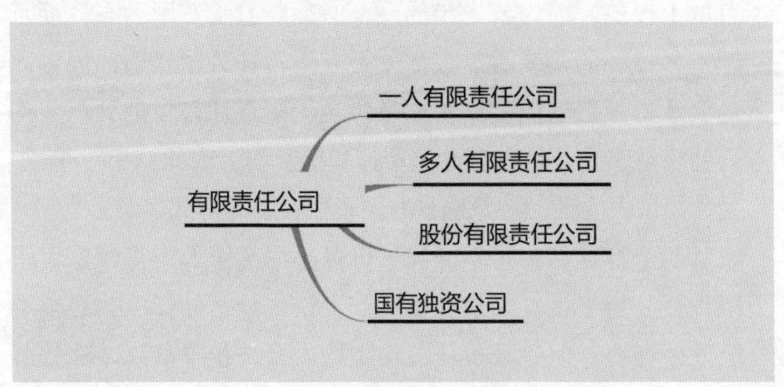

图 2-1 有限责任公司的分类

我们来总结一下，有限责任公司总共可以分为一人有限责任公司、多人有限责任公司、股份有限公司和国有独资公司四种。一人有限责任公司只不过是普通的有限责任公司当中的一种特殊的形式，我们这里把它单独划分开了。

2.看特点——有限责任公司

有限责任公司的第一个特点是股东的责任是有限的。如果公司经营不善或资不抵债时，有限责任公司是以公司的全部资产作抵押来承担赔偿责任，债权人不得以个人财产让债务人偿还。无限责任公司，如果公司经营不善或资不抵债时，一旦进行赔偿，无限责任公司是用公司和个人财产作抵押，直到把全部债务还清为止。

第二个特点，有限责任公司可以取名为“××公司”，而承担无限责任的企业是不能冠以“公司”的字样的。根据我国法律规定，有限责任公司必须在公司名称中，标明有限责任公司或有限公司字样。比如，“××中医保健院”，这个就不属于有限责任公司。而“××中医保健院有限公司”，就属于有限责任公司了。

第三个特点，有限责任公司可以上市，而无限责任公司是不可以上市的。因为要上市的话，必须是股份有限公司。而且从融资和投标的角度看，也需要是有限责任公司性质。因为人家是要承担一定的风险的，如果你是无限责任公司的话，你的家产到底是多少，是没有办法审计和衡量的。因此，相对来说，如果你想做大的话，最好选择有限责任公司的形式。

第四个特点，年终不分红，可以不用交个人所得税。对于无限责任公司来说，如果有盈利，不论你分不分红，都必须得交个人所得税。但有限责任公司不同，只要我不分红，那我就不用交税。可能有人会问，如果我100年不分红，我就100年都不用交个人所得税？按常理来说是可以的，只要股东决议通过，100年不分红就可以。

3.看种类——无限责任公司

第一种，个人独资企业。个人独资企业，是指依法在中国境内设立，由一个自然人投资，财产为投资人个人所有，投资人以其个人财产对企业债务承担无限责任的经营实体。我把个人独资企业与上面提到的一人有限责任公司做一个对比，帮助大家理解。一人有限责任公司的投资主体可以是自然人，也可以是法人；个人独资企业的投资主体只能是自然人。一人有限责任公司属于法定的民事主体，具有法人资格；而个人独资企业属于非法人组织，不具有法人资格。一人有限责任公司的名称应该带有“有限责任公司”字样，而个人独资企业的名称则不能称公司。

第二种，普通合伙企业。普通合伙企业是指由各合伙人订立合伙协议，共同出资，共同经营，共享收益，共担风险，并对企业债务承担无限连带责任的营利性组织。无限连带责任，是指投资人除承担分到自己名下的企业债务份额外，还需对企业其他投资人名下的债务份额承担连带性义务，即其他投资人名下的债务份额自己有义务代其偿还。

第三种，有限合伙企业。有限合伙企业由普通合伙人（GP）和有限合伙人（LP）组成：普通合伙人对合伙企业债务承担无限连带责任，负责经营管理；而有限合伙人以其认缴的出资额为限对合伙企业债务承担有限责任，不参与经营管理。相较于普通合伙企业，有限合伙企业允许投资者以承担有限责任的方式参加合伙成为有限合伙人，有利于刺激投资者的积极性。并且可以使资本与智力实现有效的结合，即拥有财力的人作为有限合伙人，拥有专业知识和技能的人作为普通合伙人，使资源得到整合，对市场经济的发展起到积极的促进作用。

第四种，个体工商户。个体工商户指公民在法律允许的范围内，依法经核准登记，从事工商业经营的家庭或户。它们的债务，在个人经营的情况下，以个人财产承担；在家庭经营的情况下，以家庭财产承担。

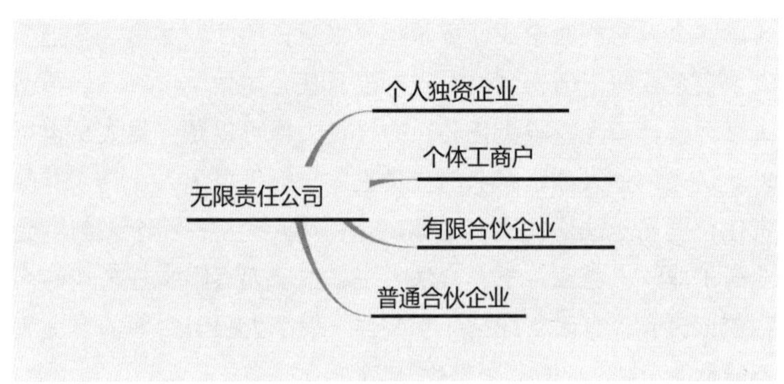

图 2-2　无限责任公司的分类

4.看特点——无限责任公司

无限责任公司又有什么特点呢？

第一个特点是风险比较大。公司一旦出事，债务人不仅要拿整个企业的资产来偿债，还要赔上家里所有的财产。就是因为风险比较大，很多人都不愿意注册无限责任公司。

举例来说，一个人对A企业出资 10000 元，而企业债务分摊到他身上的份额为 15000 元，如果是有限责任公司，他只以 10000 元来承担债务责任就行了，其他债务不用承担；但如果是无限责任公司，这个人除了用出资的 10000 元来承担债务，还需要另外拿出自己的 5000 元来清偿债务，其他所有财产不足以清偿债务，就只能申请破产保护，让法院来判定是免除债务还是推迟偿还债务。

值得高兴的是，现在浙江、深圳等地开始探索和试行《个人破产制度条例》，有朝一日，个人破产法可能会在全国普及，这是众多中小企业老板的福音。

第二个特点是不需要缴纳企业所得税。有限责任公司需要交三轮税：第一轮是流转税；第二轮是企业所得税；如果股东是自然人，第三轮是个人所得税。无限责任公司只需要交两轮税：第一轮是流转税；第二轮是个人所得税。无限责任公司与有限责任公司的个人所得税比例存在区别，一般是5%~35%。如果从税负考虑，无限责任公司的税负成本相对较低。

第三个特点是承担无限责任的企业取名时不能冠以“公司”的字样，只能取名为××信息服务部、××会计服务部、××技术服务中心、××研究院、××工厂、××工作室等。

第四个特点是无限责任公司比有限责任公司更容易申请核定征收。核定征收税款，是指由于纳税人的会计账簿不健全，资料残缺难以查账，或者其他原因难以准确确定纳税人应纳税额时，由税务机关采用合理的方法，依法核定纳税人应纳税款的一种征收方式，简称“核定征收”。

简单来说，“核定征收”就是税务局告诉企业要交多少税。一般情况下，核定征收的税额要比查账征收低。如果核定率高，企业可以主动找税务机关重新核定。

但税法里面也有要求，如果企业实际的业务额已经超过企业核定金额的30%，就要主动去税务部门申请重新核定。虽然国家这么规定了，但在现实生活中，很少有企业主动去申请重新核定的，当然被税务机关查到，也会涉及罚款、补税的问题。

如果老板掌握了有限责任公司和无限责任公司的区别，就可以利用我们上面提到的无限责任公司的特点，设立一个无限责任公司，想办法申请核定征收，实现税务筹划的目的。希望大家能够逐步实现两账合一，这也是在金税三期不断升级的过程中，民营企业的必然选择。

我在跟很多老板讲完有限责任公司与无限责任公司后，他们得出的结论是，不同的时候用不同的公司性质，各有各的用处。希望大家能够充分利用各类公司的特点。

顶层架构设计经典案例分析

1. Z公司的设计

什么是Z公司？Z公司也叫卫星公司，是为了解决主体公司某些特殊问题而成立的或私下专门成立的周边的公司。比如，房地产公司周边的建筑公司、物业公司、园林绿化公司；为了解决商业回扣而成立的代理公司、经纪公司、广告公司；为了解决银行贷款而成立的财务公司。

Z公司最常见的一个用途是转嫁风险，替别人承担一些无法规避的风险。但Z公司不只可以用来风险外包，它还有其他用途，我们来举个例子。

山东某高铁设备供应商，一年的进项是2亿元，销项是4亿元，毛利非常高，税负也很重。老板问我，自己还想要发展，现在进销差这么大，税负怎么才能降下来？我建议他把公司的采购部独立出去，成立一家供应公司，作为这家设备公司的上游供应商，但要注意的是，这家供应公司需要注册在税收洼地。这时，对于供应公司来说，进项是2亿元，销项是3.5亿元，而且在税收洼地，一般会有特定的税收优惠，例如，供应公司可以申请财政扶持，一般会返还地方政府增值税留存部分的30%~40%。对于设备公司来说，进项是3.5亿元，销项就是4亿元。

请问，在这个方案中，哪一个是Z公司？供应公司。上述方案不仅可以解决缺进项的问题，还能很大程度地降低税负。

但是有一点值得大家注意，税收洼地的政策不稳定，一些地区的税后优惠政策具有时效性。还有就是使用税收洼地我们要有完整的证据链，否则一不小心就被送来“奖励”通知书和免费“招待所”。所以，我建议大家在选择税收洼地时要有严谨的态度、综合的判断，否则就是对自己的不负责任。

上述提到的很多问题，如果处理不好，都会涉及发票虚开。前文我们提到过发票虚开的量刑标准，这里不再赘述。

在新修订的《中华人民共和国证券法》实施之前，最高罚金为60万元，于是一些老板为了谋取更多的利益，选择铤而走险。国家最近加强了对上市公司的处罚力度。2020年12月26日，第十三届全国人民代表大会常务委员会第二十四次会议审议通过了《刑法修正案（十一）》（简称《修正案》），2021年3月1日起正式施行。《修正案》大幅提高了欺诈发行、信息披露造假等犯罪的处罚力度，强化对控股股东等“关键少数”人的刑事责任追究，并明确将保荐人作为犯罪主体适用该罪追究刑事责任。

下面，我来教大家如何成立Z公司。Z公司是老板持股，还是别人持股？别人持股的话，要怎么做呢？

老板每年想从公司拿400万元年薪，如何少交个人所得税？400万元的年薪正常要按45%的税率交税，到手钱要少一半。那我们如何做呢？现在是不是有很多专利、软件著作权、商标？软件著作权还有外观、实用型分类。我建议老板在上海投资一家公司，这家公司专门属于知识产权，股东是老板，然后把专利软件、著作权等全部装到这家公司。同时这家公司可以和A公司签个合同，如A公司每卖100元钱产品，必须付给这家公司5%的知识产权费，也就是5元钱，当然，也可以按1%、2%。那如果A公司做1个亿的营业额，要给这个公司付多少钱？500万元。这个公司要给A公司开专利授权使用费、品牌使用费、商标使用费等。

合同拟定、专利申请都可以找一些专业的人，这样，一年就可以拿出三四百万元的钱出来。因为这个企业是小规模的，属于核定征收，税点一般控制在3%~5%，这个负责专利的公司就叫Z公司。当然，前提条件是你不打算上市，如果想上市，相关资产还是要放在主体公司名下的。所以，还是要根据具体需要来设计。

某工厂年营业额1亿元，有30%的客户不要发票。于是这家企业就做两套账，把不要发票的收入放到个人卡上。但是他的账越做，风险越大。采购10000个商品是有进项的，卖掉了7000个，账上应该还有3000个，但实际上，剩下的3000个已经被他卖掉，收入放进个人卡了。账面库存3000个，实际仓库为0。3年后，账面库存9000个，实际仓库为0。存货账实严重不符！

如何解决这种情况呢？我们可以利用Z公司。假设原来一件产品卖100元，现在以65元的价格卖给自己的销售公司，销售公司再对外卖100元……销售公司再对外卖100元，要发票的客户找销售公司买。对于销售公司来说，进销环节都有发票。对于工厂来说，进货环节有发票，销售环节并非全部有发票，不要发票的直接找个人独资企业买，个人独资企业是不做账的。工厂卖给个人独资企业多少钱？也是65元。但是个人独资企业不需要工厂给他开发票，工厂卖给个人独资企业是无票的。那工厂的无票销售交税吗？比如，工厂卖了6500万元的货，其中，5000万元是有票的，1500万元是无票的。请问，工厂按多少来交税？6500万元，1500万元属于无票收入，可以不开票，但是要交税。

所以，工厂是一套账，销售公司也是一套账，个人独资企业是核定的。个人独资企业有35元的毛利，销售公司有35元的毛利，工厂从原来的40元毛利降低到现在的5元毛利。那么，销售公司每件产品的增值税就是35元×13%=4.55元。

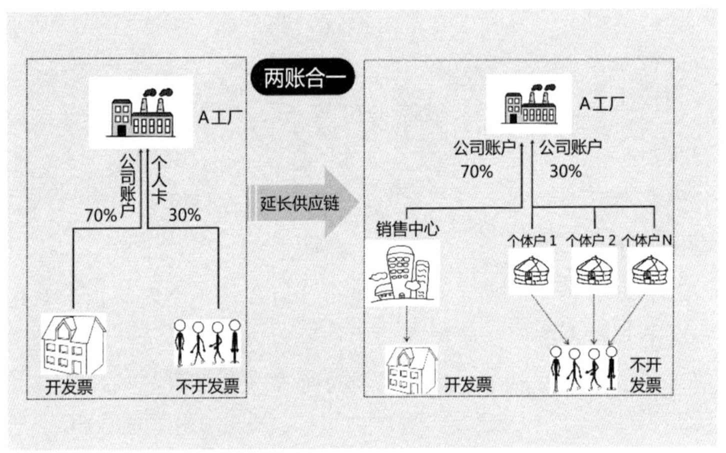

图 2-3　两账合一示意图

以上就是部分关于Z公司的介绍，如果各位老板想要在企业经营过程中使用，一定要注意一些实际情况的处理。

2. X公司的设计

嘉兴某建材公司，账上有1000万元未分配利润，老板想拿出来，再投资一家工程公司（平级，兄弟关系）。那么，他该如何把钱从公户上拿出来呢?

方案一：直接股东分红，如果使用这种方法，老板需要缴纳20%的个人所得税，即1000万元×20%=200万元。

方案二：股东借款，老板直接把钱转到个人卡，财务只能进行账务处理，其他应收款——1000万元，老板再补一个借条。但是已经出台了视同分红政策：超过12月31日未还，视同分红，老板还是要交20%的个人所得税。

而且，方案二只是在表面上缓解，实际上问题根本没解决。我们继续来看看方案三，这是老板们最常用的方法。

方案三：买票套现，虚增成本，减少利润。

收入1亿元，成本8000万元，费用1000万元，利润1000

万元。如果现在想把利润变成0，是把成本增加到9000万元，还是把费用增加到2000万元？成本增加10%就变成9000万元了，但费用要翻一倍。所以很多人愿意去买成本票。

买成本票：增值税专票，判刑标准前文已经讲过，这里不再赘述。

买费用票：增值税普票，最高可判7年。

现在有越来越多的老板意识到虚开发票是要坐牢的，但是依然有一些老板，上完我们的课程后，会问我一个问题："张老师，发票怎么买才安全一点儿呢？"我们做生意要有底线，什么是底线？在我看来，不买卖发票就是底线。如果一笔生意必须要买卖发票才能做，我的建议就是，最好不要做。

我们前面讲过，有限责任公司可以100年不分红，是不是就可以一直不交税？下面我们就开始做调整，最上面是老板，下面一个建材公司，一个工程公司。假如建材公司有1000万元利润，给老板分红就要交20%的个人所得税了，这个架构就叫自然人直接控股。我们把这个架构调整下，增加一层公司。上面是老板，老板中间控制一个公司，叫X公司。X公司控制下面的A、B、C公司，A公司就是建材公司，B公司就是工程公司，C公司是节能环保材料公司，也就是未来用来上市的公司。

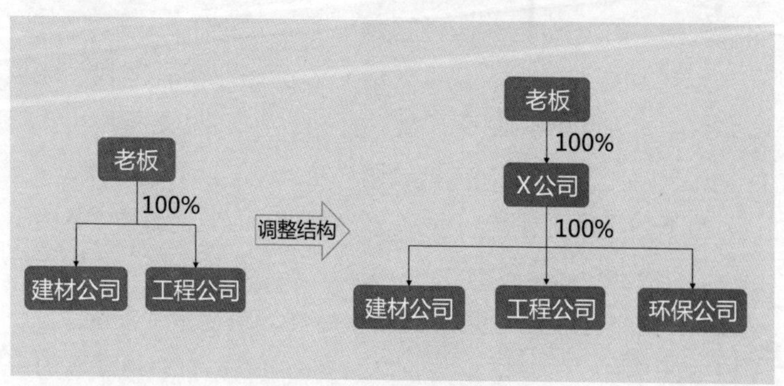

图2–4 公司架构调整示意图

现在A公司有1000万元利润，是给老板分红，还是给X公司分红？分红给X公司要不要交税？根据我国税法规定，居民企业之间分红免税。1000万元分红给X公司，X公司再投到B公司，B公司又产生了1个亿的利润，1个亿的利润分给X公司，X公司还不用交税，X公司拿到1个亿又去投资C公司，C公司最后成了一个上市公司，B公司也成了一个集团公司。A公司未来可能要被注销。然后，X公司再拿着钱去投资D公司、E公司、F公司……所以，X公司就相当于老板的钱包。老板的钱从此放进两个口袋，一个叫左口袋，一个叫右口袋，左边的口袋用来消费，右边的口袋用来投资。我们赚100万元的时候，这100万元，可以专门放在左口袋，用来消费。而我赚了1000万元呢？200万元放在左口袋用来消费，800万元放在X公司，用来投资。

但是，如果建材公司有兄弟姐妹，X公司就不能放在一起。比如，A公司有两个股东，大哥占60%的股份，二弟占40%的股份。那么，X公司要怎么组建呢？大哥持有X1的100%，弟弟持有X2的100%，X1和X2共同持有X公司，分别是60%和40%。现在如果有1000万元的利润，分给大哥600万元，弟弟400万元，都不用交税。如果弟弟只占20%的股份呢？直接分红给他个人，并且交40万元的个税。所以如果我是一个集团公司，集团公司下面有很多的A、B、C、D、E，他上面的股东是自然人，那就要改。原来是老板持有100%，现在改成X公司持有90%，老板、老板娘持有X公司100%的股份。剩下的10%给谁呢？是预留给高管的，这个叫什么呢？这个叫Y公司，也就是有限合伙企业。

接下来，我们看看X公司有多少好处。一、能节省20%的个税；二、有利于财富传承；三、增加一道防火墙；四、有利于低调赚钱；五、打通公司间的资金通道；六、有利于个人财富与公司财富的切割；七、防止控股权的丧失；八、自留地思维的应用；九、增加一道融资主体；十、未来可以用X公司单独上市，做市值管理。因为篇幅有限，上文仅从税负和资金通道的角度给大家介绍了X公司，以后有机会，我们可以再多分享一些。

3. Y公司的设计

企业扩张有两种方式，内生式扩张和外延式扩张。内生式扩张是自己研发产品、自己建团队，提高营业额。外延式扩张是通过收购别的产品、公司、团队来完成产品布局、市场布局。一个是靠自己来发展研发产品去扩张，一个是不断地去收购扩张。这两种扩张方式对于企业的侧重点不同，内生式扩张需要提升财务系统、内控系统和预算系统，外延式扩张需要提升股权财务系统和资本财务系统。我们建议这两种方法企业都要用。

再接着往下讲，投资有两种方式，财务投资和职业投资。财务投资是不控股、不参与经营、不打算长期干、捞一票就走人，主要是为了赚钱。职业投资是控股、参与经营、打算长期干，当作事业、老板的标签、安身立命之所。

举个例子，我们给陈总公司做咨询，跟他接触了一年，觉得他能力特别棒，项目也很好。我现在投资500万元，占3%的股份。对于我来说，这是什么投资？财务投资。因为我肯定不会陪陈总干一辈子，我一有机会就会把股份卖掉。职业投资建议用X公司当股东，财务投资建议用自然人或Y公司当股东。自然人做股东的最大好处是股权溢价转让时没有企业所得税，无限责任也没有企业所得税，所以，我们经常使用Y公司，也就是有限合伙企业，来替代自然人做财务投资的股东。

我们先介绍一下Y公司（有限合伙企业）。它的特点是：承担无限责任；遵从税收穿透法则；股东分为两种，普通合伙人（GP，承担无限责任，有表决权）和有限合伙人（LP，承担有限责任，无表决权），GP即使只有0.1%的股份，也可以有100%的表决权；有限合伙企业，没有章程，只有合伙协议，一切在于合伙协议的约定，这个内容一般是在我们的股权系统课上讲解；被用于员工持股平台、税收洼地、股权投资基金公司等特殊用处。

如何应用Y公司呢？

A公司老板想拿10%的股份分给10个高管，该如何做？切记不要用自然人做股东！有一个山东聊城的公司，有52个股东，但公司注册时只有40多个。后来有十几个股东辞职了，其中的七八个跟着老板弟弟出去创业，甚至有的人都出国了，已经联系不上了。所以，注册时，假设要拿出10%的股份，分给10个股东，可以在主体公司上面成立一个Y公司，让它来持有10%的股份。我的建议是，GP让X公司担任，要么让老板或者老板娘担任，GP只占0.1%的股份，剩下的99.9%给到这10个人。我们一定要注意，给这10个人的，一定是Y公司层面的注册股，而不是主体公司的股份。即使到时候有员工离职了，不管他来不来办这个股权转让的手续，所有的签字都可以由GP来签。如果你给的是主体公司的股份，一旦有一个人不签字，你有好多事都办不了。我们还要注意一个问题，这10个人的股份，平均下来才1%，拿到手也没什么感觉，但如果你是阿里巴巴，那就不一样了。

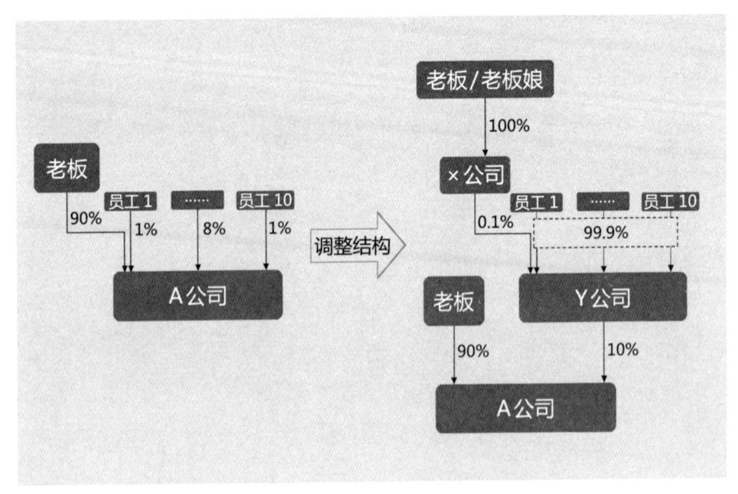

图2–5　公司架构调整示意图

那么，我们如何让员工拿1%，还能得到满足？其实，分钱是理性层面，感到满足是感性层面，如果不能进入感性层面的话，分钱是没有意义的。我的建议是，不要给1%，直接把公司划分成1亿股，1%就是100万股，所以不要跟他提1%的事，就说公司给他100万股。这里面还有一个逻辑，你给他1%，等到有一个人投资1个亿进来稀释了股份，这时1%就被稀释到0.5%了，这时员工就会认为老板说话不算数。但是如果你分成股数，即使有人投资1个亿，总股本变成2亿，他的100万股还是100万股，只是总股本变了。

上面给大家分享了几个关于Y公司的案例，除了财务投资、股权激励，我们还可以利用Y公司保留创始人的控制权，以后有机会我会继续给大家分享。

公司关系设计的两大方面

了解了公司的顶层架构设计，我们再从底层架构的角度来看看如何设计公司关系。很多老板都会问一个问题，如果我有两家公司或三家公司，这几家公司相互之间的关系如何处理？绝大部分人对这方面是不了解的，因为在公司关系的处理当中，会涉及很多专业领域，比如法律、财务、人力资源管理等。

1.关系不同，差别很大

我们在设计多家公司关系时，最常用的有三种：第一种叫母子关系；第二种叫总分关系；第三种叫兄弟关系。

第一种，母子关系，也就是我们常说的母公司和子公司。

母公司对子公司的重大事项拥有实际决定权，能够决定子公司董事会的组成，可以直接行使权力，任命董事会董事。子公司虽然处于受母公司实际控制的地位，在许多方面受到母公司的制约和管理，但在法律上，子公司属于独立的法人，以自己的名义从事经营活动，独立承担民事责任。子公司有自己的公司章程，有董事会等公司经营决策机构。子公司有自己的独立财产，其实际占有、使用的财产属于子公司，有自己的资产负债表。子公司和母公司，各以自己全部财产为限承担各自的责任，互不连带。母公司作为子公司的最大股东，仅以其对子公司的出资额为限，对子公司在经营活动中的债务承担有限责任。

第二种关系，总分关系，也就是我们常说的总公司与分公司。

分公司由总公司依法设立，只是公司的一个分支机构，不具备企业法人资格，没有独立的名称，其名称应冠以总公司的名称。分公司作为总公司的分支机构，其业务的执行、资金的调动完全受制于总公司。分公司在其经营活动中的负债由总公司负责清偿，即总公司以其全部资产为限对分公司在经营中形成的债务承担责任。分公司就相当于老板的四肢，如果手偷了东西，是需要整个人负责的。

第三种关系，兄弟关系，即投资人相同的企业。比如，甲投资成立了A公司，又投资成立了B公司。对于A、B两家公司，甲都是控股股份，那么，A公司和B公司就是兄弟公司，因为它的投资人是相同的，它们的关系也是平级的。当然，甲可以是个人，也可以是公司。

2.公司关系选择秘诀

以我的公司为例，假设我的公司最初只是给民营企业的老板做财务咨询辅导的，后来我又成立了一个公司，专门给企业做投资，那么后来的公司跟我现有的咨询公司有没有关系？它们是放在一起，还是分成两个公司呢？如果分成两个公司的话，是总分关系、母子关系，还是兄弟关系呢？

我最初创办金财公司，是针对老板的咨询辅导，一直做面授。如果我想单独成立一个专门做在线财务咨询辅导的公司，那在线咨询辅导公司跟面授咨询公司是什么关系比较好呢？

一个老板一生当中，可能会创办很多家公司，那么，这几家公司到底要保持什么关系比较好呢？这需要老板好好斟酌。

我给大家的建议是，如果两个公司是同行业或同模式，尽量用总分。如果两个公司是上下游，尽量用母子。如果两个公司是多元化的，比如原来是做服装的公司，现在想做教育了，就建议用兄弟关系。

不同的公司之间的特点不一样，我们建议公司之间使用的关系也不一样。当然，这也不是绝对的。比如我是房地产公司，在外地又有一个项目，这个项目也是房地产方面的，这时它不采用总分关系，而用母子关系，采用项目子公司制，所以，同行业用总分，这也不是绝对的。

一般来说，同行业的话，管理、制度、人才、考核等基本相同，这时用总分比较好管理。而且还有一个明显的好处，可以合并纳税。

同行业在什么样的情况下用总分呢？公司在全国范围内快速扩张时期成立的新公司，初期往往会发生亏损，过一段时间才会盈利，这时利用总分模式，可以合并纳税。

上下游之间用母子关系是什么意思呢？如果我把产品卖给你，或者说，我是你的原材料供应商，那我就是你的上游，你是我的下游，这时，就可以成立子公司。母子公司有一个特点，子公司是可以独立享受税收优惠政策的，而分公司是不行的。这就意味着，你可以把子公司注册在有税收优惠政策的地方。

在上下游产业链当中，定价是可以做调整的。但是，价格要符合市场价。如果你要利用上下游的关系实现利润的转移而提高产品的价格时，你需要改变原有产品的商标、包装等，用来证明价格高的产品并不是原先市场上的产品。总之，产品的价格需要得到税务机关的认可，你不能空口无凭地就给产品定一个价格。

多元化为什么要采用兄弟关系呢？公司是多元化的，就意味着两个公司的管理团队、人员、制度等都是不一样的。比如，原来主要是做服装生意的，现在要涉足IT行业，这完全是两个领域，甚至是两套人马来经营，这时就没有必要是母子关系或总分关系了。

比如，A股东投资B公司，又投资C公司，也就是说，B和C是同一个股东。B公司是做制造的，C公司是做房地产的，B与C属于完全不同的行业。那A公司可以称为集团公司或投资公司，它投资的两家公司，采用了兄弟公司的形式。但这需要注意一个问题，成本分摊。比如，总裁、财务总监等，需要负责两家公司的事务，由此产生的工资、办公费等，就需要在这几家公司之间分摊。但是如果分摊得不合理，就会涉嫌利用关联交易来进行避税。

我们需要关注一个问题，B、C两家公司的资金通道如何打通？比如，B公司的钱，能不能免利息给C公司？这是不行的。一旦被查到，就要面临罚款。如果C公司想要从B公司借钱，一定要签订借款协议，并支付一定的利息，利息可以低一点，但必须要去税务局代开发票。

在设计公司关系时，大家要记住一个重要的秘诀：同行业，用总分；上下游，用母子；多元化，用兄弟。

工具　5V价值管理表

5V公司价值管理关键指标

	上年全年	当年至报告日	目标值
现金创造 → 赚钱			
税后经营利润率			
利润含金量			
营运资金对营业收入比重			
经营净现金流对战略性资本支出比率			
现金管理 → 管钱			
最佳现金保有量对营业收入比率			
多余现金对现金余额比率			
资金筹集 → 借鸡生蛋			
带息欠款的平均利率			
带息欠款的平均剩余还款期			
资本结构 → 财务杠杆			
带息欠款占比			
带息欠款对利润的倍数			
加权平均资本成本			
资金配置 → 钱生钱			
投资回报率			
收入增长率			

指标说明：

税后经营利润率：毛利 − 管理及销售费用 − 所得税

利润含金量：经营净现金流 ÷ 净利润

营运资金对营业收入比重：反映运营资金在现金创造过程的使用效率

经营净现金流对战略性资本支出比率：反映通过日常经营获得现金流支撑战略性投入的能力

带息欠款占比：需要付利息的各种借款占总资产的比重

带息欠款对利润的倍数：带息欠款 ÷（税前利润 + 折旧摊销），反映赚钱还款的能力

加权平均资本成本：（自有资本 × 期望回报率 + 借入资本 × 利息率）÷（自有资本 + 借入资本）

投资回报率：净利润 ÷ 总资产

收入增长率：公司主要业务的营业收入比上年的增长率

第三章

股权架构设计方法

成也在股权，败也在股权

近几年，国家一直在号召“大众创业，万众创新”。“股权”虽算不上是家喻户晓，但也算得上是商业市场追捧的热潮。“股权”的话题伴随着企业的生死，可以说，有些企业成也在股权，败也在股权。

我国中小型企业的典型特征是企业寿命短，新旧更新较快。从一腔热血到破产倒闭，市场和商业模式虽然是一方面原因，但企业自身才是根本。在我几十年的咨询生涯中，我和不少老板聊过天，他们都会自我反思，但往往不得要点。

我们根据调查和研究发现，大部分中小型民营企业走向失败的最大原因在于忽视股权设计或股权设计不当。换句话说，是因为企业内部不规范，老板不具备财税思维。

甲公司与乙公司共同出资 1000 万元设立了A公司。甲公司投了 400 万元，占比 40%；乙公司投了 600 万元，占比 60%。经营了一段时间以后，公司的财务报表上显示有 1000 万元的投资成本款、500 万元的盈余公积、500 万元的未分配利润。

因甲公司和乙公司在A公司今后的发展战略上分歧较大，甲公司打算把他的 40% 的股份以 1200 万元的价格卖给乙公司，即股权转让。股权转让的话就会涉及纳税的问题，那么在股权转让过程中，甲、乙两个公司分别要交多少税呢？

第一种方法，直接转让。乙公司以 1200 万元收购甲公司 40% 的股份，甲公司的投资款是 400 万元，根据我国税法规

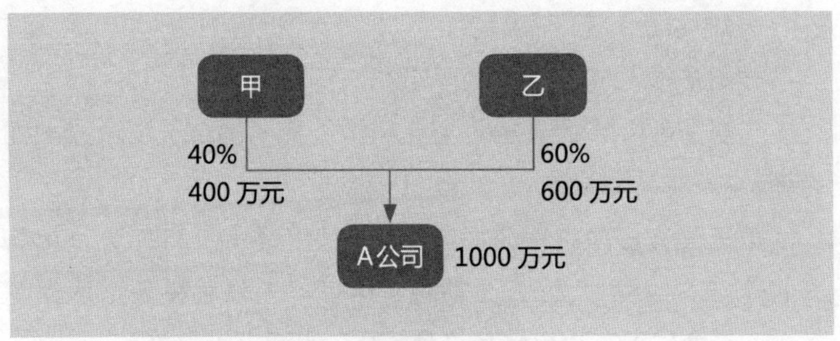

图 3-1 股权架构图

定，直接并购，股权溢价部分就是股权转让所得，需要交 25% 的企业所得税。甲公司应交企业所得税为（1200 万元-400 万元）×25%=200 万元。

第二种方法，先分红，再转让。A 公司的报表上未分配利润是 500 万元。根据我国税法规定，符合条件的居民、企业之间的股息、红利等收益性投资收入属于免税收入，因为这部分收入已经交过 25% 的企业所得税了。具体计算如下：

分红 =500 万元 ×40%=200 万元。

分红分到 200 万元以后，转让费用就可以是 1000 万元了，此时，应交企业所得税为（1000 万元-400 万元）×25%=150 万元。

第三种方法，先分红，再转增资本，再转让。准确地说是利用盈余公积转增资本。根据报表显示，A 公司有实收资本 1000 万元，盈余公积 500 万元，未分配利润 500 万元。根据我国税法规定，盈余公积转增资本是不需要交税的。有的人就说那我直接把这 500 万元的盈余公积全部转增资本。在这里，我要告诉大家，这是行不通的。我国公司法规定，盈余公积必须保留注册资本金的 25%。A 公司的注册资本金是 1000 万元，保留 25%，也就是 250 万元。这就意味着盈余公积转增资本，最多只能转 250 万元。甲公司所占的比例是 40%，所以可转增资本是 100 万元，具体计算如下：

分红=500万元×40%=200万元。

转增资本=250万元×40%=100万元。

应交企业所得税=（1000万元-400万元-100万元）×25%=125万元。

第三种方法中，甲公司需要交企业所得税125万元，比第二种方法又少交了25万元的税。所以，当你对税务了解得越多，就越会发现节税招法和自身的财务水平有很大关系。

第四种方法，直接撤资。甲公司在A公司占40%的股份，乙公司占60%的股份。如果甲公司决定撤出，股东就只剩下了乙公司。此时，乙公司就占有100%的股份了，这种方法和股权转让的目的是一致的。撤资可以将被投资企业累计“未分配利润”和累计“盈余公积”按减少实收资本比例计算的部分，确认为“股息所得”，增加免税收入，具体计算如下：

甲公司应交企业所得税=［（1200万元-400万元）-（500万元×40%）-（500万元×40%）］×25%=100万元。

此外，企业还可以通过聘请咨询专家，结合企业的实际情况与周边资源，在综合考虑之后进行税务筹划。

在这里，我给大家分享一个由咨询专家给甲公司做的股权设计案例。首先，在甲公司和乙公司之外找到一个亏损了1000万元的企业X。甲先通过分红拿走了200万元，然后再通过盈余公积转增资本，转增100万元。这时投资成本是多少呢？注册资本金是400万元，转增了100万元，加起来成本就是500万元。这时，甲公司把它拥有的40%的股份按最低的价格卖给X公司。根据我国税法的规定，只要不低于自己所有的净资产的价格就没有什么大问题。假设将股权以最低成本价500万元卖给X公司后，X公司再把股份以1000万元的价格卖给乙公司。X公司买股份的时候花了500万元，卖了1000万元，相当于X公司赚了500万元。此时他赚的500万元，跟原来亏损的1000万元进行对抵，X公司应交的企业所得税是0，即不用交税。乙公司最后也是以1000万元的成本，拿到了这个40%的股份。

这里需要注意一个问题，甲公司把股份以净资产的价格卖给了X公司，X公司以500万元的价格买下来，再以1000万元的价格卖给乙公司，这中间的操作不能太频繁。也就是说，X公司买完股份以后，最好等一个月或两个月的时间，然后再把股份卖给乙公司，以避免故意操纵X公司的嫌疑。

上述案例仅仅是从税务筹划的角度考虑股权设计的重要性，除此之外，法律、财务、管理也是股权设计必须考虑的三个关键因素。企业如果想要引进外部投资、IPO上市，股权是否合理是老板必须考虑的一个环节。

在我们给中小企业做股权辅导的十几年时间里，帮助过的客户林林总总：有的公司A股上市了；有的公司登陆新三板了；有的公司被并购，拿到一个好价格；还有的公司因为老板不具备财税思维，不看重企业管理，因为种种财务问题，最终倒闭了。在这个过程中，我发现了一个奇怪的现象：挣的越多，倒得越快。这是什么原因？有不少老板是在创业失败后来学习“老板利润管控”课程的，他们发现企业想要发展，成也财务，败也财务。课上我对这部分老板做了一些调查，发现他们失败的主要原因是股权问题。在创业前期，老板爱面子顾感情，所以不愿意做小人；发展后期，控制权丧失、利益分配不均、权责利不明晰等种种问题让老板不得不小人。股权设计和分配不当也成了老板创业失败的通病。

民企中还有一种奇怪的现象：除非企业的股权是由一人“独掌大权”，否则，股东之间发生矛盾的概率极大，创始人之间亲人变仇人的例子数不胜数。如果中小企业的老板能在创建企业之初就对股权多一点思考和设计，具备股权设计的财税思维，企业发展就会多出很多种可能。

关于股权的五个扫盲点

1.什么是股权

股权在国内兴起的时间不长，很多人对股权的理解很不到位。股权并不是上市公司仅有的概念，只要是公司，就有股权的存在。首先，我们先看一下《公司法》是怎么定义股权的：股权是股东在初创公司中的投资份额，即股权比例，股权比例的大小，直接影响股东对公司的话语权和控制权，也是股东从公司获得经济利益，并参与公司经营管理的权利以及分红比例的依据。即公司股东依法享有资产收益、参与重大决策和选择管理者等权利。

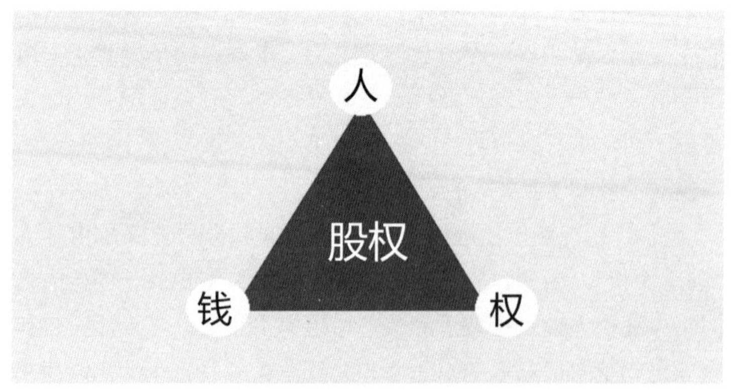

图 3–2　股权三角模型

如果把这个官方定义说得再通俗一点，那么股权就是“权、钱、人”的总和。“权”就是股东在公司的权利，例如决策权、管理权；“钱”就是股东可以从公司利润中获得分红，也就是说，只要公司赚钱了，股东就有钱拿；“人”就是股东的身份，也就是证明了股东是这个企业的主人。

2.股权三步走

简单来说，只有我国《公司法》规定的股权才是股权，也就是说，有限责任公司的“股权”和股份有限公司的“股份”。

那么，如何才能获得真正的股权？我为大家总结了股权三步走。

第一步，你可以选择出资获得，或者受让（购买）公司的股权。第二步，公司向你出具出资证明书或股权证，并把你的名字写在了公司内部的股东花名册里，切忌和交易者口头承诺。第三步，要到市场监督管理局登记。以上三个条件必须全部具备，否则，你的股权全都是泡沫。

安徽某地杨总投资100万元到朋友李总的公司，占股5%，但未进行工商登记，只是私下与李总签订了一份《股权代持协议》，协议约定杨总将所持有的股权交由李总代持。

一年后，李总因为个人用款的问题，将公司所有股权都转让给了周总，并签订了《股权转让协议》，进行了工商登记。杨总发现后，随即向法院起诉，认为李总和周总之间的《股权转让协议》无效。

法院最后的审理认为，周总作为第三人，并不知悉杨总和李总之间的《股权代持协议》，而且杨总也不在公司的股东名单里，应当认定周总符合善意取得情形。因此，依法驳回杨总的诉讼请求，认为周总取得了该公司股权。

整个案件中，杨总因为没有进行工商登记，最终造成的损失只能自身承担。因此，股权三步走对股东能否取得真正的股权的重要性显而易见。

3.股东有哪些权利

《中华人民共和国公司法》第四条规定：公司股东依法享有资产收益、参与重大决策与选择管理者等权利。

我们可以简单归纳一下，股东拥有身份权、财产权和公司治理权这三大权利。

第一大权利——身份权，也就是我们上述所提及的“人”，这是证明股东资格的。股东和公司到底是什么关系？没有股东就没有公司，没有公司就没有股东。股东出资成立了公司，但是等到公司成立后，股东与公司就必须要财产分离，人格独立。

公司具有独立的法人财产权，并对外独立承担责任。总的来说，股东是股东，公司是公司，但是股东因为出了钱，所以才有了现在的股东身份。尤其值得注意的是，身份权是其他一切的基础，没有股东身份权，其他的权利自然不存在。

第二大权利——财产权，也就是我们上述提及的“钱”。提到钱，大家都很关心，因为这涉及股东的切实利益。股东之所以投资公司，无非就是金钱和梦想。

如果再对财产权进行细分，还可以划分为分红权、资本利得权和剩余财产索取权。

分红权就是在公司盈利的情况下，股东可以从公司取得按股权比例分配利润的权利。资本利得权，就是股权的增益收益权，和你在二级市场购买股票上涨获利是一个道理。剩余财产索取权，如果公司破产清算了，还完债权人之后还有剩余资产的话，股东可以根据自己的份额获得剩余财产。但值得注意的是，《公司法》规定，股东按照实缴出资比例分红。

比如，A和B合伙开了一家公司，注册资金100万元，A认缴60万元，实际出资10万元，占股60%。B认缴40万元，实际出资10万元，占股40%。2020年底，这家公司盈利50万元，A和B之间就要按照1∶1比例进行分红，每人各取得25万元的红利。

但也有例外，有限责任公司可以事先约定不按出资比例进行分红。前提是，必须全体股东同意。如果公司有这种约定，可以将其写进章程，以免后顾之忧。

股权的第三大权利——公司治理权，这是我们上述所提及的“权”。一般情况下，公司成立后，会有股东会、董事会、监事会、管理层，也就是我们常说的“三会一层”。有一句话说得好，公司治理就是针对CEO以上的，公司管理就是针对CEO以下的。股东的治理权，也就是通过这“三会一层”来参与公司的管理。

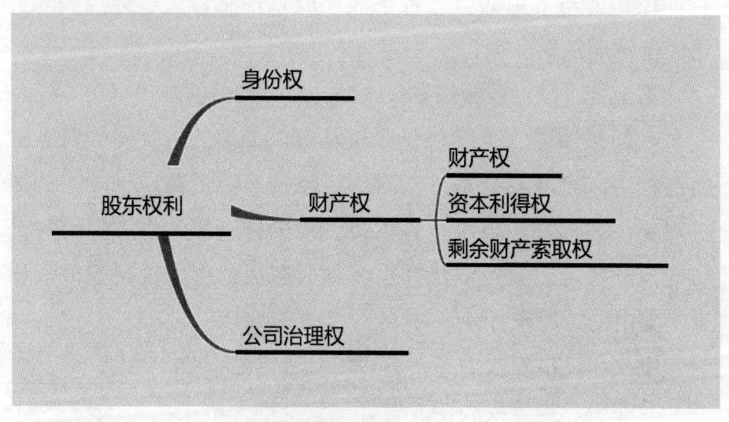

图3–3 股东权利

4.创始人如何保持控制权

股权不一定等于控制权，股权是股东在公司持有的股权比例，而控制权就是要在公司掌握权力，说话能算话。如果创始人想有话语权，就必须掌握控制权，因为控制权是企业的根本权利。

美国世达律师事务所创始人约瑟夫·弗洛姆曾说：“如果有

一项权利企业家非争不可的话，我想只能是控制权了。”

企业家天不怕地不怕，就怕两件事：一是怕税务局找上门；二是怕控制权丧失。前者有牢狱之灾的风险；后者有“辛苦几十年，一下回到解放前”的窘境。

企业在发展的过程中，难免会出现人才、钱财、资源的迫切需求，如果老板拥有大格局、高定位，一般都会选择利用股权从外部引入资源。但这同时也意味着，企业的控制权会因为股权的转让而逐渐被稀释。

经常有老板问，如果我的股权比例设计得不太好，或者自己的股权比例太小了，要如何去控制公司呢？

控制公司常用的有三种手段：股权控制、董事会控制和公司经营管理控制。

第一种手段，股权控制。

我们都知道，股权和投票权是可以分离的。实际经营企业的过程中，企业需要从外部融人、融资、融资源，创始人的股权难免会被稀释，很难一直保持绝对的控制权。为了保持对公司的控制权，企业可以选择将其他股东股权中的投票权分离出来，交由创始股东行使。

股权和表决权的分离，有以下几种方法：

方法一，投票权委托或签订一致行动人协议。

比如，5~6 个创始人持有公司股份比例，总计 40%，现在为了融资，公司可能需要引入风险投资公司或其他投资人，这些外部投资者将会占有公司一定的股份。此时，为了保证创始人在公司拥有控制权，于是，几个创始人签订一致行动人协议或委托协议，将小股东的表决权都委托给一个人，使其他股东的投票权变相地集中在这个股东身上。在公司股东之中，40%的表决权还会具有相对优势。

从法律层面上来说，民营企业可以允许同股不同权。比如，虽然我只有60%的股份，但能拥有80%的表决权，这个操作的前提是，要在公司章程里写清楚。

方法二，有限合伙持股。

利用持股平台，也就是上面所提到的有限合伙企业。

有限合伙企业的合伙人分为普通合伙人（GP）和有限合伙人（LP）。普通合伙人才能执行合伙事务，承担管理职能，而有限合伙人只是作为出资方，不参与企业管理。所以，可以让股东不直接持有公司股权，而是把股东都放在一个有限合伙企业里面，让这个有限合伙持有公司股权，这样股东就间接持有公司股权。同时，让核心创始人担任GP，控制整个有限合伙。

方法三，AB股计划。

这种方法本质上也属于同股不同权，被称作“AB股制度”，它是很多在海外上市的公司常用的方法。2018年4月30日，香港开始允许实行AB股制度的公司在港所上市。2019年初，我国科创板和创业板也陆续放开政策，允许合规“同股不同权”制度安排的企业在科创板、创业板首发上市；但是上市公司不得在首发上市后以任何方式设置“同股不同权”的安排。国内资本市场的这种表决权差异主要是为了保护创始人团队的权益不受损害，这对于我们大多数民企来说也是一个利好消息。

“AB股制度”具体是什么意思呢？简单来说，A序列股，每股拥有一个表决权；而B序列股，每股拥有10个表决权。我们熟悉的百度、Facebook、谷歌、京东、陌陌、聚美优品、阿里巴巴等，都采用的是这种方式。创始人持有B序列股，其他的投资人持有A序列股。这样的话，哪怕创始人的股份比例稀释到只有10%，但是因为其他人一股只有一个表决权，所以创始人的表决权还是最多的。通过这种方式来防止创始人股权比例下滑，导致失去对公司的控制权。

第二种手段，董事会控制。

控制董事会最重要的手段就是控制董事的任免权。如果创始人以外的股东没有任免董事的权利，这些股东也就很难插手争夺公司的控制权。

根据《公司法》第111条的规定，股份有限公司董事会决议必须经全体董事过半数通过。但《公司法》未对有限责任公司董事会决议的通过规则做统一要求，授权公司章程自行决定。

所以，我的建议是，创始团队在公司初期控制三分之二的董事人数，而在后期最好能控制二分之一以上的董事席位。

第三种手段，公司经营管理控制。

创始人通过法定代表人职位、公章、营业执照牢牢抓住公司的控制权。通常情况下，法定代表人在合同上代表公司签字，就和盖公司公章一样有法律效力了，就代表公司同意了。公章相当于玉玺，没有加盖公章的文件，不具有法律效力。而营业执照就是企业的身份证，到哪儿办事都需要。

举个例子，2012年，在美国上市的某教育公司的前董事长兼首席执行官与控股股东发生冲突，宣布离职。之后，美国投资者取得了董事会的控制权。令人吃惊的是，该前董事长在2011年7~12月，从教育公司下属的两家主要盈利来源公司的账户划走了12笔资金，总额5.1亿元人民币。即使在被免除职务后，他还是卷走了这两家公司的工商执照、公章和财务账册。此外，教育公司的两家投资企业被该前董事长私自转让给了他人，但该集团董事并不知情。

天使投资人徐小平先生说过："如果一开始就把主权让出去，60%给出去，再伟大的企业也做不下去；我只要把事情做起来，这个股份多少不重要，这是错误的，凡是不以股份为目的的创业都是耍流氓。"

可见，控制权对创始人和企业的发展有多重要。以上是我

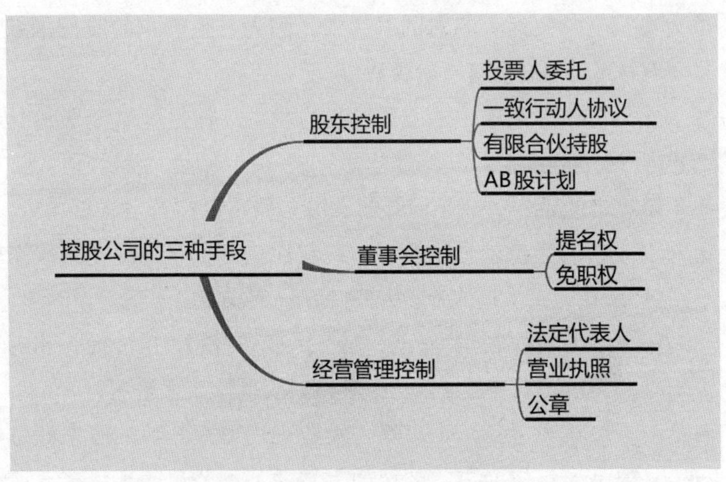

图 3–4 控制公司的三种手段

对股权设计的一些简单介绍，其实，股权设计还大有文章，在实际操作中，大家还需要具体情况具体分析。

5.公司控制权的七大生命线

知道了什么是股权、控制权之后，我们还应该了解《公司法》中的几个关键数字，因为这与股东的权利息息相关。

第一，完全控股线，100%。这个股权比例就不用说了，老板能控制100%的股份，说明老板不差钱。而且，如果一个老板在经营企业的过程当中，能够在100%控股的情况下把公司做大，说明其能力极强，强到下面的所有高管难以望其项背。

但很多老板觉得，要把公司做大，自己并不是全才，在很多地方需要其他合伙人的支持和帮助。而这些合伙人的支持和帮助，仅仅用钱是解决不了的。这时老板就会用股份来吸引优秀的人才加入。另外，随着企业的发展，资金需求也会越来越大，所以老板需要拿出其中一部分股份来吸纳资金。

第二，完全控股线，67%。第一大股东控股67%，在企业的重大决策上，依然有绝对的发言权，因为其他股东的股份加起来才有33%，他们没有一票否决权。

如果有一个股东占有公司30%的股份，但是他拿着股份什么也不干，甚至做了一些对公司有破坏的事情，想要赶他走，他不愿意走的话，大股东应该怎么办？他可以往公司进行增资，这样小股东的股份就被稀释了，股权比例降低（前提是小股东不增资）。这也是大股东制约小股东的一种方式。

第三，相对控制线，51%。第一大股东控股51%，拥有相对控制权，其他股东控股49%。相对控制权是什么意思呢？就是小事第一大股东说了算，大事第一大股东需要跟其他的股东商量一下。但是，相较而言，公司的大事并不如公司的小事多。所以，基本上可以这样说，持有51%股份的股东就是老板，而持剩下的49%股份的股东，就是给老板打工的。

第四，一票否决线，也可以称为"捣蛋线"，34%。为什么这么说呢？因为一旦持有34%股份的股东在第一大股东做重大决策的时候投反对票，对大股东来说是很头疼的一件事。比如，你要增资，他反对；你要变更公司章程，他反对。因为他持有一票否决权，所以很多事情，大股东可能都进行不下去。

第五，卡位线，10%。什么叫卡位线呢？举个例子，公司股东为了公司的发展，引进了风险投资公司（VC），风险投资公司（VC）持股10%。在这种股权结构下，如果这个公司还想要吸纳资金，别人就不愿意了。因为已经有10%的风投比例了，如果继续引进投资，就会造成创始人的股权被稀释，新的投资人就不愿意进来了。后来的投资人可能会认为，创始人的利益得不到保证，这对于自己很不利。因此，我们把这个10%的股权比例叫作卡位线。

也有人把10%的股权比例称为申请临时会议的召开权。比如，一个股东占股10%的话，如果他认为第一大股东做的很多

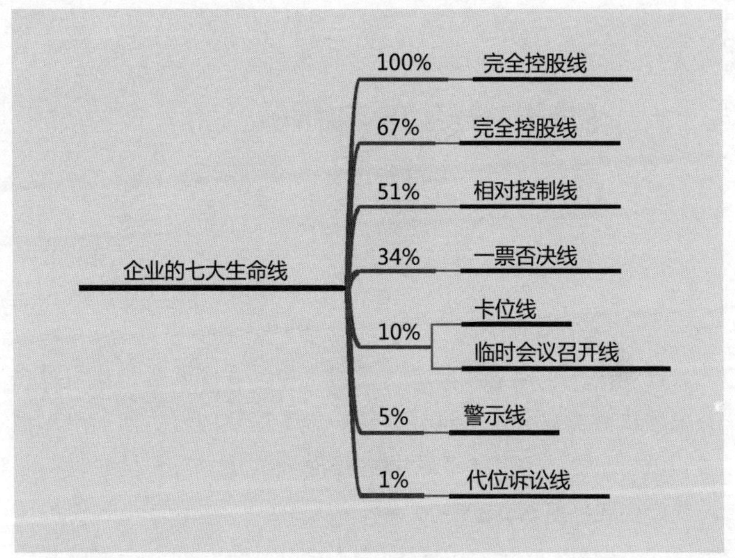

图 3–5 企业的七大生命线

事情不对，他就可以申请召开临时股东会议。

第六，警示线，5%。对于上市公司来说，5%的表决权是重大股东变动的警示线。只要当持有股权比例达到5%及以上的股东有大的变更的时候，就属于重大事件，上市公司需要向社会做出公开披露。

第七，代位诉讼线，1%。1%的股权比例是可以提起诉讼的。假如，我在公司占1%的股份，如果你要进行股权转让，我有优先受让权。

以上就是我们股权架构设计当中应该注意的几个关键点。这几个关键点弄清楚了，在设计股权架构的时候，就能避免很多问题。

创业者要避开的股权三大坑

在和一些企业老板聊天的过程当中，我经常听到他们说在分配股权时会碰到很多问题，还会因为股权的增资问题引起很多纠纷。那么，我们有两个或三个合伙人成立公司的时候，股份比例到底该怎么分配呢？

我们经常会看到，如果两个人合伙成立公司，会将股权比例五五开，各占 50%。但实际情况是，因为该股权比例相对来说不合理，会导致很多问题。

1.股权分配——两人合伙公司

我们先来看一下，两个人合伙成立的公司如何设计股份才合理。

第一，我们应该避免五五分，也就是均分。

均分的话，会出现一个问题，到底谁是第一大股东，谁说了才算数？如果两人的股份相当，一旦出现问题，两个人意见存在分歧，就没有办法进行决策。所以，这种股权结构是最容易出现问题的。

可能有些企业的股权比例已经是五五分了，还有改进的办法吗？

答案是肯定的。两个合伙人可以坐下来，在双方同意的情况下，其中一个人买另一个人 1% 的股份，结果就是其中一个人占51%的股份，另一个人占49%的股份。这种情况通常会有一个前提条件，占股份较多者需要在分红方面让步，股份占51%，但分红只分49%。

第二，避免某一个小股东占股大于34%。

根据公司法规定，股东会议做出修改公司章程、增加或者减少注册资本的决议，以及公司合并、分立、解散或者变更公司形式的决议，必须经代表三分之二以上表决权的股东通过。而某个小股东占的比例大于了三分之一，相当于有了一票否决权。但如果这个小股东占的股份是33%，一旦出现重大意见不一致的时候，大股东可以直接进行股权的增资。

举个例子，公司原来的注册资本金是100万元，第一大股东的股份占67%，也就是67万元。小股东占33%的股份，也就是33万元。如果小股东对于第一大股东的一些决策有质疑的时候，第一大股东就可以直接增资900万元，看这个小股东要不要跟进，如果这个小股东不跟进的话，第一大股东就把他的33%的股份直接稀释到3.3%了。

第三，避免创始人吃独食。

比如公司的股权比例是98%：2%。这2%的股份给合伙人，基本上属于象征性分配，其实这个合伙人就是在给第一大股东打工，在第一大股东吃肉的时候，分一口汤。

当然，这种股权结构并非绝对不好，如果你的公司实力足够强的话，别说2%了，能拿到0.2%也是很不错的。

总之，对于大多数的两人合伙公司，比较合理的股权比例就是70%：30%或是80%：20%。在这样的股权结构中，谁是第一大股东就比较清晰，也能快速决策，为避免很多纠纷提供一种保证。

2.股权分配——三人合伙公司

我们再来看一下三个人合伙成立公司时，股权比例架构应该怎么设计。

第一，避免均分，任何时候将股权进行均分都是不合理的。

比如33.4%：33.3%：33.3%。安徽某公司就是这种股权比例，在一段时间的经营之后，三人之间出现了矛盾。第三位股东没有参与管理，而公司在短期内实现了业绩的翻番，从年销售额几千万元，增长到几亿元。三位股东都是按照出资金额比例入股，第一位股东是先行成立公司，第二位股东随后加入，并参与管理与运营，第三位股东则没有。第一位股东表示不满，他认为第三位股东不干活，却拿和大家一样多的股份比例。出现矛盾之后，该公司找到专业人士，对公司的股权比例进行重新设计，并得到三位股东的一致认可，但此时，大股东也已经为此付出了一定的成本，因为此时的股权，已经非常值钱了。

第二，避免创始人吃独食。

比如95%：3%：2%，这个股权架构和上面提到的98%：2%类似，这里就不赘述了。

第三，避免绑架式的股权比例。

比如49%：47%：4%，这个股权结构就很有意思了。因为这种股权比例会导致公司的决策权飘忽不定，4%的持股者将成为另外两位股东的拉拢对象，不利于公司决策权的稳定性。如果4%的股东没有大局观，认为谁给我的好处多，谁对我的支持大，我就站到谁的一边，极有可能造成小股东掌控大股东的闹剧。

第四，避免博弈式的股权比例。

比如40%：30%：30%，这是典型的博弈式。第一大股东占股40%，两个小股东各30%，如果两个小股东合起来的话，大股东也就没有决策权了，三个人合作起来也不会轻松。

因此，三个人成立公司的话，比较合理的股权架构是70%：20%：10%或60%：30%：10%，这两个股权比例第一大股东的地位都是比较清晰的，虽然第二个股权比例中，老二、老三的股权加起来超过34%了，但是第一大股东在股份上还是有绝对优势的。

3.股权分配——多人合伙公司

有人问，假如四个人或四个人以上合伙成立公司，怎么去设计股权比例？

第一，避免均分，比如25%：25%：25%：25%的股权比例。

第二，避免吃独食，比如95%：2%：2%：1%的股权比例。

比较合理的股权比例是什么样子呢？

第一种，70%：20%：5%：5%，这样的股权结构中，第一大股东的地位比较清晰，还能避免大股东吃独食的局面。

第二种，67%（创始人）：18%（合伙人）：15%（员工股），比如第一大股东占股67%，然后拿18%给第二股东，剩下的15%给其他的几个合伙人，这种股权比例适用于大股东能力强，能够保证第一大股东绝对控股，快速决策，避免内耗的产生。

第三种，51%（创始人）：34%（合伙人）：15%（员工股），这种情况下，第一大股东相对控股，但如果其他合伙人在重大决策上与第一大股东意见不一致，他们合起来就有了一票否决权。

第四种，34%（创始人）：51%（合伙人）：15%（员工股），这种股权结构下的第一大股东拥有一票否决权，合伙人的股份加起来已经超过大股东，所以要求创始人需要慎重考虑合伙人的一致意见，上面所提到的员工股就可以直接装到一个有限合伙企业里面，第一大股东去当这个合伙企业的普通合伙人，还能保持表决权。

对于四人或四人以上合伙公司的股权比例设计，在实际情况中，我们基本遵循这样的原则：二股东+三股东+四股东＞大股东＞二股东+三股东。这是我对四人合伙成立公司，进行股权比例设计的建议。当然，股权比例的设计还要根据自己企业的实际情况，这个可作为参考。

股权激励如何做到双赢

有的老板认为，股权激励都是大企业做的，像我们这种小企业，搞这些都是在瞎折腾。但事实是，小企业更需要做股权激励。

为什么呢？因为和大企业比起来，小企业是“三无”产品：一无资金，二无技术，三无品牌。那么，这种企业要用什么吸引和留住人才？靠的就是股权，把员工和企业牢牢地绑在一起。

有句话叫“火车跑得快，全凭车头带”，但今天完全凭车头带的火车，相比动车而言跑得已经不快了，因为动车每节车厢都有发动机。同样的道理，全凭老板带动发展的企业，跑不过老板和员工上下一心的企业。

我们解决了为什么要做股权激励的问题，接下来，再来思考一下要给员工什么。也就是，做哪一种股权激励最有效果。股权激励无非就是三种：实股；虚拟股；实股+虚拟股。实股就是企业真正的股东，一般需要出资，并进行工商登记，股权持有人一般既有分红权，又有表决权；虚拟股是一种虚拟的股份，只享有分红权，没有所有权和控制权，不能转让和继承。期股和期权其实就是一种工具，前者要求出资，享有分红权，在约定的时间内行使权利将其转为实股，或者放弃行权。期权就是在约定的时间以约定的价格，有权选择是否购买实股。

很多老板会疑惑，这么多种股权激励，哪一种最适合我的企业？其实，很多老板在做股权激励的时候，根本就不懂什么是实股、什么是虚股。他们的原则就是，管他虚股、实股，能留住员工的就是好股！

在讲解如何实施股权激励前，我们先来看看股权激励应该给员工哪些权利。

1.股权激励有哪些权利

如果一个老板要做股权激励，给员工股份的话，应该怎么给？该不该直接给主体公司的股份？

A是一个主体公司，老板通过一个投资公司来持有A公司股份，老板在投资公司占100%的股份，投资公司持有A公司90%的股份。

现在，老板要拿出10%的股份来给高管做股权激励，这些高管要全部进入主体公司来持有股份比例吗？不一定。如果要让股东自然人来持有主体公司的股份，比如张三持有3%，李四持有3%，王五持有4%，这样的股权架构，会导致什么结果呢？

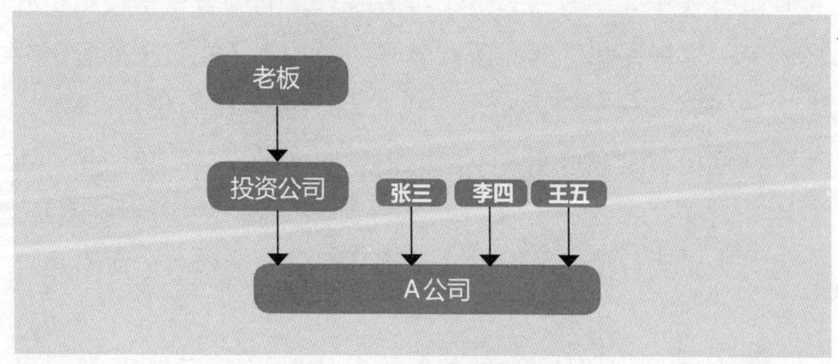

图 3-6 A公司股权架构

就是老板在给了他们股份比例的同时，也给了他们表决权。对于很多老板来说，给员工股份只是希望用股权去激励他们，希望他们能拿到分红和增值，并不一定想把表决权分离出去。

一般情况下，员工持有股份后都会享有哪些权利？

第一个是分红权。假如公司每年的利润是1000万元，张三持有3%的股份，就可以享有30万元的分红。

第二个是增值权。增值权是什么意思呢？比如，张三获得股份的时候，公司的市值是1000万元，他占3%的股份，也就是30万元。随着公司的发展，公司的市值现在变成1亿元了，翻了10倍。这时张三的股份也由30万元变成了300万元。所以，获得增值权是员工比较在意的一个权利。

第三个是表决权。也就是张三说的话，对公司有没有影响力？对于公司要做的决策，他有没有投票表决的权力？所以，表决权直接影响对公司的决策权。

2.如何做到双赢

可能有的老板担心，员工离职了之后，不愿意退股怎么办？分股权会不会影响我对企业的控制？我的建议是：老板设置有限合伙企业平台作为员工持股平台，利用合伙协议约定好控制人。这样安排之后，所有股权的变动都是在员工持股平台上进行，有利于公司的稳定，也有利于控制权的稳定，同时，还可以避免员工离职后，不愿意退股的问题。最重要的是，还能达到对员工激励的效果。其实，员工持股平台的本质就是，在给员工做股权激励的时候，只给分红权和增值权，而不是表决权。

那么，我们所提到的这个员工持股平台到底应该如何操作？

同样是A主体公司，老板通过B投资公司（有限责任公司）持有其90%的股份。如果想要通过员工持股平台做股权激励，就要成立一个C有限合伙企业（无限责任）。为什么员工持股平台要用无限责任的形式呢？因为无限责任公司有一个优势，就是没有企业所得税。

员工持股平台，有两类合伙人：一类是普通合伙人（GP），承担无限责任；还有一类是有限合伙人（LP），承担有限责任。GP承担无限责任，拥有表决权；LP承担有限责任，没有表决权。

我们可以在员工持股平台安排两类股东。举个例子，老板娘或老板的亲戚当普通合伙人，员工做有限合伙人。持股平台持有主体公司10%的股权，而普通合伙人，也就是老板娘或老板的亲戚，持有持股平台100%的表决权。

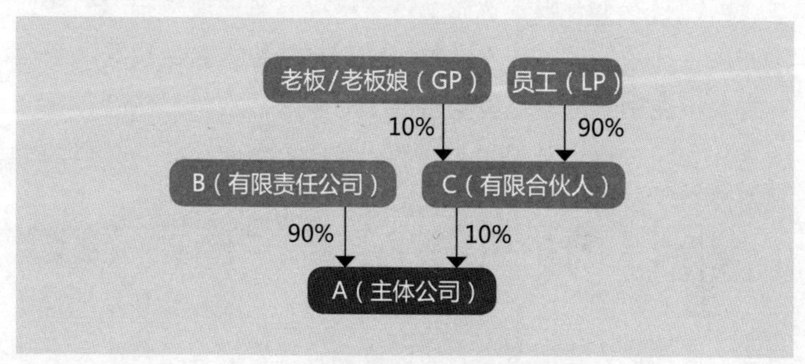

图3–7 修改后的A公司股权架构

别小看这10%的表决权，关键时刻，它的意义非常重大。如果某天老板只剩下41%的主体公司的股份，其在员工持股平台拥有的10%表决权可以使其保证相对控股的地位。

上述方法可以保障老板的表决权。即使老板或老板娘在持股平台中只持有1%的股权，员工的股权有99%，也不影响老板娘有100%的话语权，即100%的表决权。

分红可以怎么定呢？举个例子，普通合伙人持有1%的股份，20%的分红权，而有限合伙人持有80%的分红权。还有一种做法，普通合伙人不持有分红权，将100%分红权全都分配给有限合伙人。也就是说，这种情况下，普通合伙人表决权和员工的分红权相互独立，互不影响。

所以各位企业家，如果你们要做员工的股权激励，也应该利用有限合伙企业来做我们的员工持股平台。

有人可能还不太明白，有一天分红的时候，我是把钱分给谁了呢？我再具体阐述一下。

比如主体公司有 1000 万元的利润，其中的 10%就是 100 万元。这时主体公司可以开股东会，直接把这 100 万元的利润分给员工持股平台，也就是有限合伙企业。

因为它属于有限合伙企业，所以没有企业所得税。把钱分给有限合伙企业后，基本上每年都要把钱给大家做清算，企业本身是不能留钱的。也就是钱给了它以后，它就把钱给普通合伙人和有限合伙人分掉了。当然，他们分到的钱需要交个人所得税。

用有限合伙来做员工持股平台，还有一个好处。比如某天一个员工离职了，这个员工是有限合伙人，因为没有公司的表决权，所以他只要把这个公司的股份直接转给普通合伙人或转给某个人代持，就可以离职了，对于主体公司并没有任何影响。

但是，如果老板直接用主体公司的股份给员工做股权激励，一旦员工离职，就需要去市场监督管理局作变更，股东一会儿进，一会儿出，非常麻烦。

当然又有人问了，有限合伙企业的股东有 50 人的数量限制，如果我想要持股的员工不止 50 个怎么办？有两种方法可以解决，第一种是将 10%的股份分成两份，每份 5%。你可以成立两个员工持股平台，这样就可以解决 100 个人的持股问题。当然，这 100 个人要减掉两个普通合伙人的股份，也就是解决 98 个员工的持股问题。

如果员工更多，还有一种方法，直接在主体公司上面成立一个有限公司，这个有限公司持有主体公司10%的股份，然后再成立几个员工持股平台，分别持有这个有限公司的股份。这种方法，相对来说公司有点多了，就比较复杂了。不如直接在上面拆分成两大块，5%给创始元老，5%给新的高管。

总之，大家要记住关键的一点，不要让员工个人直接成为主体公司的股东。我们做股权激励，要保证分出去的是分红权、增值权，而不是表决权。因为一旦老板的股份比例被稀释了，失去了绝对的控制权，这个公司一定不会走得长远。一个老板就是公司的灵魂，灵魂没有了，公司也就没有了主心骨。

关于如何成立员工持股平台，大家还需要注意公司章程怎么写、合伙协议怎么写、进退机制怎么写。

持续激活员工的“动态股权”

很多人谈到股权，都能想到通过工商局注册的股权。其实股权分为两种，一种是工商局注册的固定股权，还有一种就是相对于固定股权而言的动态股权。这里给大家着重讲一下动态股权。

对于初创企业来说，固定股权的分配无法快速适应快速的环境变化，同时如今的员工年龄结构发生很大的变化，主要以“80 后”“90 后”为主，传统的股权分配机制很难再起到高效的激励作用。

假如四个人一起创业，在创业初期的时候，有谁能预先知道，未来的发展过程当中，谁的贡献大、谁的贡献小，谁应该成为更大的股东、谁的股份比例应该调整变小？

传统的静态股权分配的最大弊端是利益分配格局一成不变，无法适应公司后续面临的多变环境，容易让公司股东、核心员工因为比较而心态失衡，丧失合作发展的基础，这时我建议大家使用动态股权。

在谈及具体的动态股权分配之前，先给大家普及一下注册资本。2014 年 3 月开始，《中华人民共和国公司法》规定全面实施认缴制。所以，现在的注册资本分为两种：一种叫认缴资本；一种叫实缴资本。从风险的角度上来讲，股东在企业里承担的风险是按照认缴资本来承担的。实缴资本是根据企业实际的需要，实缴到公司账上的资本总额。

认缴资本和实缴资本是可以有一个时间差的。比如我的实缴资金在 20 年以内完成所认缴的资金就可以。

动态股权的分配设计也有两种方法：一种方法叫认缴资本法；一种方法叫实缴资本法。我们先来看认缴资本法。

1.动态股权——认缴资本原则

甲、乙、丙、丁共同出资创办了A公司，甲出资 4 万元，乙出资 3 万元，丙出资 2 万元，丁出资 1 万元。去市场监管局注册的时候，按的是认缴资本法，A 公司认缴资本金 100 万元，实缴资本金 10 万元。

这时，甲、乙、丙、丁认缴资本比例按照初始投资金额的比例决定，分别为 40%、30%、20%、10%，也就是说，认缴的额分别是 40 万元、30 万元、20 万元、10 万元，如表 3-1 所示。

表 3–1 初始投资的股权比例

单位：万元

	认缴资本	实缴资本	按认缴资本的股比
甲	40	4	40%
乙	30	3	30%
丙	20	2	20%
丁	10	1	10%
合计	100	10	100%

运作一段时间后，因为企业资金的需要，甲、乙、丙、丁分别又投了一些钱进去，因为投入的钱是由企业实际需要决定的，并没有按照股份来，甲投入了 5 万元，乙投入了 4 万元，丙和丁各投入了 8 万元。四个人现在还没有定好股权比例，所

以，就没有到市场监管局去做变更。财务只是根据四个人实际交的金额，做了实缴资金的变化，如表 3-2 所示。

表 3-2 第一次增资后的股权比例

单位：万元

	认缴资本	实缴资本	按认缴资本的股比
甲	40	4+5=9	40%
乙	30	3+4=7	30%
丙	20	2+8=10	20%
丁	10	1+8=9	10%
合计	100	35	100%

又过了一段时间，四个人做的贡献以及能力已经能区分出来了。大家商量好，要依据积分原则，做了一个积分贡献值的统计。比如拉投资、做业绩、提供技术、开拓人脉等分别对应具体的分值。按照这种方法，甲、乙、丙、丁四个人的贡献值（包括投入资金）转换成资金，分别是 20 万元、30 万元、15 万元、35 万元。

最终的股份比例按贡献值来确定，所以四个人的股份比例分别是 20%、30%、15%、35%。

A公司当初的实缴资本是 10 万元，假设现在财务上不做任何调整，只是去市场监管局做认缴股权变更的时候，四个人的比例由原来的 40%、30%、20%、10%变成了 20%、30%、15%、35%。

随着企业的发展，已经转化为资金的贡献值清零，四个人的贡献值再重新累积，直到下一次的里程碑。这种方法不仅便利，而且成本低，企业完全可以利用内部人力进行统计，再通过实现规定的原则和方法进行转换，就可以根据贡献值，进一步去调整认缴资本，来进行动态股权的设计。

表 3-3 第一次调整后的股权比例

单位：万元

	认缴资本	实缴资本	按认缴资本的股比
甲	20	9	20%
乙	30	7	30%
丙	15	10	15%
丁	35	9	35%
合计	100	35	100%

2.动态股权——实缴资本原则

我们再来看第二个方法，就是利用实缴资本法来进行动态股权的设计。我们同样用一个案例帮助大家理解。

甲、乙、丙、丁共同出资创立了A公司，并一致决定用动态股权分配机制。四个人分别出资4万元、3万元、2万元、1万元作为初始的资金，总计10万元。但是账务处理的时候，四个人的实缴资金分别是4000元、3000元、2000元、1000元，总计1万元。10万元和1万元中间的差额作为资本公积。

A公司去市场监管局注册的时候，甲、乙、丙、丁的认缴资本分别是40万元、30万元、20万元、10万元，和实缴资本相差90万元。以甲为例，甲的认缴资本是40万元，实缴资本是4000元，初始投入的4万元中，有4000元作为实缴资本，剩下的36000元作为资本公积。

公司经过了一段时间的运作后，需要一定的资金，于是，甲、乙、丙、丁又往公司投入了一些钱，投入的钱也是跟股份比例没有任何关系，甲投入了5万元，乙投入了4万元，丙和丁各投入了8万元。这时，财务做了股东投入资本公积的记录。

还是以甲为例，甲原来投入了 4 万元，其中 4000 元是实缴资本，36000 元是资本公积，现在甲又投入了 5 万元，所以，甲的资本公积变成了 86000 元。但工商局的股权比例不做任何变更，还是 40%、30%、20%、10%。

企业经营一年甚至更长时间以后，四个人做的贡献以及能力已经能区分出来了。大家商量好，要依据积分原则，将积分贡献值转换为资金，分别是 20 万元、30 万元、15 万元、35 万元。

于是，进行第一次股权的分配调整，具体情况如表 3-4 所示。

表 3-4 第一次调整前股权比例

单位：万元

	认缴资本	实缴资本	资本公积	累积贡献值	认缴资本股比
甲	40	0.4	8.6	20	40%
乙	30	0.3	6.4	30	30%
丙	20	0.2	9.7	15	20%
丁	10	0.1	8.3	35	10%

甲、乙、丙、丁原来的认缴资本分别是 40 万元、30 万元、20 万元、10 万元，实缴资本分别是 4000 元、3000 元、2000 元、1000 元，资本公积分别是 36000 元、27000 元、18000 元、9000 元，现在的贡献值分别是 20 万元、30 万元、15 万元、35 万元。

如果股权比例要根据贡献值进行调整，应调整为 20%、30%、15%、35%，以增加实收资本的方式来调整股权。有一点需要注意，以甲为例，甲的认缴资本占比 40%，他投了 4000 元作为实缴资本，现在，将其股份比例调整为 20%，4000 元的投资，对 A 公司持股 20%，调整后的实收资本总额为 2 万元。以此类推，乙调整后的股权比例是 30%，也就是需要 6000 元实收资本，而增加的 3000 元的部分应从资本公积中转入。丙应调整的股权比例为 15%，调整后实收资本应为 3000 元，增加的 1000 元实收资本应从资本公积转入。丁应调整的股权比例为 35%，调整后的是实收资本应为 7000 元，增加的 6000 元实收资本应从资本公积转入。

表 3-5　第一次调整后股权比例

单位：万元

	认缴资本	实缴资本	资本公积	按认缴比例
甲	40	0.4	8.6	20%
乙	60	0.6	6.4	30%
丙	30	0.3	9.7	15%
丁	70	0.7	8.3	35%

前期由于企业的资金需要，甲投入 5 万元，乙投入 4 万元，丙和丁各投入 8 万元，都计入资本公积。但是由于第一次动态股权调整，调整后，甲的资本公积为 86000 元，乙的资本公积为 64000 元，丙的资本公积为 97000 元，丁的资本公积为 83000 元。此外，第一次股权比例调整后，四个人的认缴资本分别是 40 万元、60 万元、30 万元、70 万元，但我们是以实缴资本来计算我们的股份比例结构的。

这就是利用实缴资本法来进行股权调整的方法。大家要记住，股东会要开会决定对公司章程中实收资本和认缴资本进行修订，并进行变更。

公司注册时，实际上是无法准确预测以后的股份比例的，但是通过动态股权的方式，可以高度地将股权调整和环境变化结合到一起，有效地解决股权分配不合理的问题。

对于新设立的公司来说，这种动态的股权比例架构是非常不错的一种选择方式。当然，如果以前已经注册了公司，可以通过增资扩股的方式进行动态股权调整，不过这种方法相对比较麻烦。动态股权并不是所有企业所必需的，它只是给我们在设计股权的过程当中增加了不一样的方式而已。

工具 老板专用现金流量表及利润表

一、老板专用现金流量表

期间：　年　月　　　　　　　　　　　　单位：万元

项目	本期		上年同期	
	累计金额	本期金额	累计金额	本期金额
1.现金流入量				
（1）经营性现金流入量				
①X1 产品				
②X2 产品				
③X3 产品				
（2）非经营性现金流入量				
①与集团往来				
②与外部往来				
③银行借款				
2.现金流出量				
（1）经营性现金流出量				
①材料采购付现				
②生产工人工资				
③其他人员工资				
④各项间接费用				
⑤各类销售提成				
⑥各种税金付现				
⑦其他				
（2）非经营性现金流出量				
①与集团往来				
②与外部往来				
③银行还款				

续表

项目	本期		上年同期	
	累计金额	本期金额	累计金额	本期金额
3.现金流量净额				
（1）经营性净现金流				
（2）非经营性净现金流				
4.明日可动用现金余额				
（1）公司银行账户				
①公司基本户—建行				
②公司一般户—工行				
（2）私人银行卡				
①老板建行卡 1234				
②老板娘农行卡 2389				

二、老板专用利润表

单位：元

项目	公司 1	公司 2	公司 3	公司 4	公司 5	合并
收入						
成本						
毛利						
费用						
利润						

第四章

数据化管控是关键

财务数据就是情报网

有这么一句话:“无数据，不管理；无数据，不会议；无数据，不决策。”这句话是什么意思呢？我们拿金财举个例子。我是学财务出身的，你们说，是我天天看报表，还是金财的总裁天天看报表？答案是金财的总裁天天看报表。因为我找来一个总裁替我管理公司，他是个天天看报表的人，而我作为董事长，就不用天天看报表了。数据化管控对总经理要求更高，所以，如果老板想要省心省力，不仅自己要懂数据管理，还要要求总经理也懂。

图 4–1　金财学员公司的会议室

我讲课的时候经常说:“报表就是情报。”

大家都看过战争题材的影视剧吧?要想打赢战争,关键的因素是什么?情报。

我们经常说,商场如战场,在企业的经营管理过程中,老板也会面临这样一个问题:如何获得情报?在我看来,情报可以分为两种:一种是外部情报;一种是内部情报。

对于企业来说,外部数据只是一个参考,占很小的比例;内部数据才是企业情报的主要来源。如果说,企业没有单独的情报部门,那么,财务部门就是情报部门。所以,我经常跟一些财务总监开玩笑:“其实,你们就是企业情报的负责人,可以给自己起一个代号。”

内部的情报究竟指什么呢?其实,内部情报是和企业报表数据连为一体的,它就是财务人员提供给老板的一系列数据。这些信息和数据从企业的角度讲,就是企业的情报,只有基于这些信息和数据,老板才能做出合理的决策。

一个企业要想有一个好的经营结果,就需要老板对整个公司的情报了如指掌。老板要考虑清楚,明年打算做多少业绩,做多少营业额,要招聘多少员工,大概要花多少成本。

当经营结果出来以后,还需要根据这些信息和数据来判断自己的决策是否正确,有没有什么需要改进的地方。这就是我们的事后情报。

能拥有详细、丰富的情报的老板,才是一个能做好决策的老板。

A和B兄弟俩,打算开一家卖车的店,他们共同出资10万元,租下了一个店面,两人商量好要进行成本分摊。这个店总共销售两类车,A负责销售汽车,B负责销售自行车。那么,A、B各要承担多少房租?

这是我们在经营企业的过程中必然会面临的一个问

题——成本分摊。分摊的原则有很多种，按照面积分摊、按照营业额分摊、按照利润分摊、按照员工人数分摊等。按面积分摊是大家经常使用的一种分摊方法。比如，自行车销售区域占地 200 平方米，汽车销售区域占地 1000 平方米。这样的分摊方式理论上是可行的，但我们需要考虑一个实际问题，公用面积如何分摊？

可能有人会说，也依据面积分摊原则，按照占用的百分比进行分摊。这种方法倒也可行，可是在操作的时候比较麻烦。

但有的企业，涉及的成本和面积分摊不一样，很难进行计算。比如管理成本、运营成本等。一旦遵循的分摊原则不恰当，就会导致各种矛盾。比如上面提到的A、B两兄弟，假设各占了 600 平方米，如果均分房租，那卖自行车的肯定会吃亏。

因此，在做成本分摊时，要综合考虑，对成本、利润等数据进行全面分析，否则，很容易做出错误决策。

有一个老板曾经问我一个问题，他说："张老师，我有一台固定资产设备，价值 2000 万元，可以使用 10 年。但是我第一年到第五年，都采用了加速折旧，每年提了 400 万元的折旧费。现在有一个高管，要把这个设备承包了。他跟我说，赚的钱和我五五开，我就决定给他承包了。"

我们来分析一下这个案例。由于老板采用的是加速折旧法，每年折旧额是 400 万元，所以前 5 年固定资产的账面净额为 0。但实际上，这个设备的使用期限是 10 年，所以设备还可以继续使用。

这个老板把设备租给高管，约定利润是五五开。假设这个高管租用之后，年利润是 1000 万元，但这 1000 万元的利润是没有扣掉固定资产折旧费的。那么，这 1000 万元的利润，到底该怎么分？要不要扣掉设备的折旧费？

有人认为，这个设备 2000 万元可以用 10 年，那么，每年就按 200 万元来折旧。也有人认为，设备不能折旧了，因为折旧额已经用完了，直接把1000万元五五分就可以了，也就是每人500万元。

我的看法是，虽然这个设备已经折旧完了，但也不应该按照已经折旧完的状态来分配利润。有一种做法可以采用，这个设备是已经用了5年的二手设备，可以重新做一个评估。比如现在评估设备价值800万元，那就让800除以5年来算它的折旧。

另一种做法是第六年到第十年，仍然按照每年400万元计提折旧，也就是说，1000万元的利润要先减掉400万元的折旧费，再将剩下的600万元的利润五五开，每人可以分到300万元。因为买设备要投入2000万元的资金，也是一种资金占用，这个老板花了2000万元的资金买设备，除了公司正常运营当中产生的利润外，也希望这个设备本身有一定的利润。老板投入2000万元去买这台设备，10年之后，希望收获的是4000万元，也就是说100%的回报率。这样的话，这台设备的折旧，就是按照一年400万元来提折旧的。也就是，对于这个老板来说他能赚两个钱：一个是这个设备投资的利润；一个是搭建这个平台运营的利润，也就是企业的利润。

因此，这1000万元的利润需要先减去400万元的折旧费，即老板的设备投资，然后将剩下的600万元五五分。这是提供的平台所产生的利润。

总结一下，我们总共讲了四种分法。第一种，直接按每年200万元的折旧。第二种，没有折旧费，直接把利润分了。第三种，重新评估设备的价格，按照新的价格去折旧。第四种，要将利润分成设备赚的钱和平台赚的钱，然后再进行分配。

在经营过程中，到底采用哪种方法，需要企业根据情报来判断，也就是根据财务提供的相关数据。这些数据是决策的基础，是整个企业发展前进的支撑。

事实上，在一些民营企业中，老板做决策是没有数据支撑的，经营企业完全靠经验。现在，当我们已经意识到报表的情报价值后，就需要逐步养成看报表的好习惯。只有我们养成看报表的习惯后，才能明白每个决策背后的依据。

报表即情报，情报即决策，决策带来结果。从某种角度上讲，报表本身也是结果，这个结果影响着我们的思维，影响我们的决策，然后决策又产生新的报表，环环相扣，形成一个管理的闭环。

财务报表隐藏的四大潜力

通过报表情报，可以分析企业的四类能力：第一类是赚钱能力；第二类是管理能力；第三类是持续赚钱能力，或者叫发展能力；第四类是还钱能力。

1. 赚钱能力

赚钱能力就是根据报表数据，去研究企业是不是赚钱。我们每个产品的成本是多少、利润是多少、毛利是多少、每个客户给我们收入贡献的情况、每个员工的薪酬情况、企业交税多少等，这些数据反映了企业的赚钱能力。

赚钱能力的核心是利润，利润由两大块产生：一块是收入；一块是成本。因此，我们如果要分析赚钱能力，就要去分析利润情况；分析利润情况，就要将其细化，分析收入和成本。

表 4–1 赚钱能力分析

项目	2019 年度			2020 年度			增长情况		
	公司	行业	偏离率	公司	行业	偏离率	公司	行业	偏离率
毛利率									
净利润率									
净资产收益率									
成本费用利润率									

2.管理能力

一个企业的管理做得好不好、运营做得好不好，跟整个管理团队和管理系统，尤其是财务系统，有非常大的关系。老板不仅仅要关注企业的制度流程、内控系统等，还要关注与管理相关的数据情报信息，比如资产周转的情况、应收账款周转的情况、存货周转的情况等。周转情况的好坏，反映的就是管理水平的好坏，周转得越快，管理水平也会越高。

表 4–2　管理能力分析

项目	2019 年度			2020 年度			增长情况		
	公司	行业	偏离率	公司	行业	偏离率	公司	行业	偏离率
应收账款周转率									
存货周转率									
营业周期									
总资产周转率									

3.发展能力

发展能力主要看企业各方面增长的情况，比如收入增长、利润增长、业绩费用浮动等，这些项目的增长情况，能够反映出企业的发展前景。如果企业能赚钱，管理做得又好，又能持续发展，就说明发展前景很好。

表 4-3 持续发展能力分析

项目	2019 年度			2020 年度			增长情况		
	公司	行业	偏离率	公司	行业	偏离率	公司	行业	偏离率
主营收入增长率									
净利润增长率									
资产保值增值率									
总资产增长率									

4.还钱能力

企业想实现快速发展，就需要借钱、贷款，来支撑企业继续向前走。这时我们需要分析还钱能力。还钱能力主要体现在哪些方面呢？

首先是现金流的状况。现金流是正，还是负？是流入大于流出，还是流出大于流入？净现金流是正，还是负？利润含金量是多少？我先给大家解释一下利润含金量是什么意思。比如，收入减去成本后有 1000 万元的利润，这 1000 万元的利润，是有实际的现金流对应，还是都是应收账款，根本就没有产生真正的利润。所以，利润含金量就是净现金流除以净利润得出的结果。

企业的速动比率也能反映企业的还钱能力。什么叫速动比率？就是企业账面上可变现的现金，能够用来还我们短期负债的资金。比如，企业账上的现金和即将收回来的应收账款等，是否能够偿还企业一年内到期的短期负债。当然，还有流动比率，流动比率是在速动比率的基础上，考虑存货的变现。

还钱能力，还有一个很重要的参考比率——资产负债率。

什么是资产负债率？就是负债和总资产的比值。举个例子，A拿出 1000 万元，又从B处借来 1000 万元做生意，即资产 2000 万元。借来的 1000 万元属于负债，那么，资产负债率是 50%。资产负债率越高，风险就越高。资产负债率过低，又说明企业过于保守，没有用好财务杠杆，没有最大化地发挥资金效用。

表 4-4　还钱能力

项目	2019 年度			2020 年度			增长情况		
	公司	行业	偏离率	公司	行业	偏离率	公司	行业	偏离率
流动比率									
速动比率									
资产负债率									
负债权益比率									

这就是企业情报涉及的主要信息，再往下细分那就更多了。作为企业老板，我们要时常去关心企业的报表，因为报表就是企业的情报。

财务报表就是信息风向标

企业每年都需要给财政局、税务局、银行等提供企业的信息，其中就包括三大报表，分别是资产负债表、利润表和现金流量表。

这三大报表之间是什么关系？为什么我们要看三大报表？弄懂这个问题是看懂三大报表的前提。

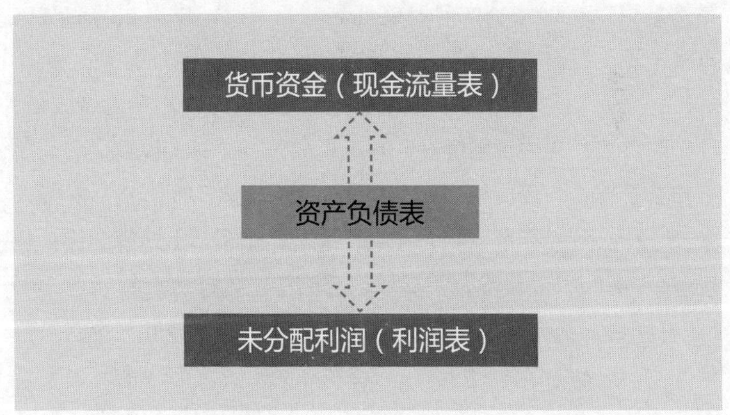

图 4–2 三大报表的关系

这三个报表之间是什么关系呢？根据上图所示，资产负债表是三大报表的主表。资产负债表的上方是货币资金，把货币资金详细展开就是现金流量表。资产负债表的下方是未分配利润，可以形成一个表，叫利润表。

很多人会问，一定要分开看这三个报表吗？能不能把它们的内容整合到一张表上？当然不行，因为这三张报表分别体现了不同性质的数据和内容。我们可以用一个通俗的生活场景，来解释三大报表之间的关系。

目前相亲需求最大的群体是“80后”和“90后”，双方第一次见面所提的问题，虽然在形式上有所差异，但本质上都是三大报表的内容。

有些人的提问会很直接：买没买车？买没买房？有没有贷款？工资收入多少？其实，这些问题，另一部分人也很关心，只不过他们问得更含蓄一点：今天公交车挤不挤？其实就是问你有没有车。从公司到家需要多长时间？其实就是问你房子在哪里买的。

直接也好，含蓄也罢，基本问题都会涉及。我曾经想过，是不是可以把这些基本问题整理到一张表上，以后相亲的时候直接把表交给对方，这样相亲肯定能够省掉不少时间。

相亲对象是否有钱，很大程度上决定着一次相亲能否成功。什么叫有钱？有人说工资高，有人说房子多，有人说钞票多。关于什么是有钱，我认为“既有存量，又有流量”叫有钱。对个人来说，什么是“存量”呢？存款、房子、车子、土地等。什么是“流量”呢？工资、奖金、提成、分红等。为什么有钱就意味着“既有存量，又有流量”呢？一个人如果只有“存量”没有“流量”，就是坐吃山空，因为钱总有花完的一天。而一个人如果只有“流量”没有“存量”，一般被称为“月光族”，没有存下什么家底。所以说，一个有钱人需要“既有流量，又有存量”。

1.制度不同，信息不同

判断一个人是否有钱，要看他是否“既有流量，又有存量”。这句话对企业也适用，这也是老板要看三大报表的原因。因为资产负债表反映的是企业的“存量”；利润表和现金流量表反映的是企业的“流量”。为什么看“流量”需要两张报表呢？先补充两个新概念：权责发生制和收付实现制。

一个员工跑到老板面前跟老板报告，说这个月赚钱了。老板接过财务报表一看，这个月收入是1000万元，成本是400万元，其他费用是200万元，最后利润是400万元。这个老板看完报表后，觉得自己的财务人员怎么连账也不会算，这个月哪里赚钱了，收入显示是0，因为钱根本就没到账。但是400万元的成本和200万元的费用，可是实打实地付了的。老板心想，我这个月明明是赔了600万元！

到了下个月，这个财务又来敲老板的门了，他哭丧着脸说，老板，这个月赔钱了。因为这个月的收入为0，成本也是0，但200万元的费用是必须要承担的，所以这个月赔了200万元。但是老板依然很高兴，因为这个月有1000万元到账了，减掉费用的200万元，这个月还赚了800万元。这个老板觉得这个财务真扫兴，明明这个月是赚了800万元嘛，哪里是赔钱了。

上面这个案例中，老板和财务到底谁做对了、谁做错了呢？其实，两个人都没说错。财务根据的是权责发生制，而老板根据的是收付实现制。

权责发生制和收付实现制是财务报表中经常会用到的。根据国家财政部的企业会计准则规定，做账必须用权责发生制。权责发生制是以权利和责任的发生来决定收入和费用归属期的一项原则，指凡是在本期内已经收到和已经发生或应当负担的一切费用，不论其款项是否收到或付出，都作为本期的收入和费用处理；反之，凡不属于本期的收入和费用，即使款项在本期收到或付出，也不应作为本期的收入和费用处理。

权责发生制是依据持续经营和会计分期两个基本前提来正确划分不同会计期间资产、负债、收入、费用等会计要素的归属，并运用一些诸如应收、应付、预提、待摊等项目来记录，由此形成的资产和负债等会计要素。

企业经营不是一次而是多次，而其损益的记录又要分期进行，每期的损益计算理应反映所有属于本期的真实经营业绩。因此，权责发生制能更加准确地反映特定会计期间实际的财务状况和经营成果。

如果你不用权责发生制，固定资产直接进成本，就不存在折旧的问题了。然后，应收账款也不用承认。而权责发生制允许有折旧分摊，也承认欠条的。

根据权责发生制，做出来的报表有两个，一个是资产负债表，一个是利润表。根据收付实现制，做出来的报表是现金流量表。也就是说，现金流量表与利润表是两种完全不同的呈现方式。比如我们发生了一笔应收账款，利润表中会将它记为收入，但是现金流量表中，因为应收账款一分钱没收到，就不能做现金流入，只能等到以后现金真正进来的时候，才算现金流入。

所以，收付实现制是指在会计核算中，以款项是否已经收到或付出作为计算依据，来确定本期收益和费用的一种方法。凡在本期内实际收到或付出的一切款项，无论其发生时间早晚或是否应该由本期承担，均作为本期的收益和费用处理。

对上面所讲的内容，我们做一下总结：确认企业是否有钱，我们既要考核“存量”，又要考核“流量”。看“存量”就看资产负债表，看“流量”就看利润表和现金流量表。根据收付实现制，做的是现金流量表。根据权责发生制，做的是资产负债表和利润表。

2.报表不同，信息不同

上面讲到的三大报表中，什么是时点表，什么是时期表呢？资产负债表是时点表，利润表和现金流量表是时期表。

举个例子，资产负债表相当于一张照片，记录的是某一个时刻，是静态的。而利润表和现金流量表相当于两段录像，反映的是一段时间内的，是动态的。

资产负债表上所有数据反映的是截至某天的一个累计数。比如100年前，我的太爷爷时代的一张资产负债表，当时我们家很有钱，有1000克黄金。如果我拿着这张资产负债表去相亲行不行？当然不行，因为那已经是100年前的事情了。所以资产负债表表明的是一个时点数，是1月1日的资产负债表，还是7月1日的资产负债表？每个时点的资产负债表是不一样的。

利润表上反映的是某一时期的利润，比如12月31日的利润表上反映的就是从1月1日到12月31日这一年的利润情况。当然，也能以月为单位，表现某一个月的利润。所以，看利润表和现金流量表的时候，要注意它们的时期。

如何做老板一看就懂的报表

我们在给很多民营企业老板做调查的时候发现，一些民营企业，特别是成长中的中小民营企业，老板看不懂报表的概率居然高达90%~95%。实际经营过程中，这些企业家，因为不是财务出身，所以根本看不明白非常专业的报表。

我在山东、江苏、浙江等地上课的时候，很多老板都跟我说："张老师，你应该专门花点时间，给我们讲一下怎样看懂报表。"

我给青岛一个物流产业园的老板做财务辅导的时候，这个老板偷偷跟我说："张老师，我虽然经营企业20多年了，但我一直看不懂报表。但是当财务人员给我看报表的时候，我还要装懂。"我当时就很好奇，问他为什么。他说："张老师，如果我要是不假装看懂的话，财务人员有可能会不认真做报表。"

之后，他又跟我讲了一件事："有一次，财务人员把报表给我后，我觉得我表扬他的次数太多了，如果每次都说他做得不错，他有可能会翘尾巴。所以，我就假装看出问题来了，没想到那个财务人员赶紧说自己拿回去看看。结果下午，那个财务又拿了两张报表，我把上午的报表和下午的报表一对照，发现数字完全不相同，我都不知道该相信哪一个了。"

这个老板说，以前也问过自己的财务，资产负债表的项目是什么意思，损益表的项目又是什么意思。当时，财务用专业语言给他解释了一遍，他听得迷迷糊糊，根本没懂。这个老板还表示，他只能看懂利润表的最下面一行——净利润是多少。

在给老板做培训和咨询的过程中，我发现，大多数老板都是营销、技术出身，极少数是学过财务的。

江苏徐州有一个初创型企业，因为财务人员从来没有给股东提供一个能看懂的报表，导致企业的两个股东分道扬镳。

这个企业主要做产品研发，其中有A、B两个产品。A产品前期投入很大，现在已经开始盈利了，月盈利100万元。B产品还处于投入期，因为没有收入，属于亏损期，月亏损300万元。也就是说，这个企业月亏损200万元。这个公司其中一个股东就认为，公司都已经经营这么长时间了，还在亏损，我要撤股。

如果这个企业的财务人员能给股东们提供一个看得懂的财务报表，股东就会知道A产品已经开始盈利了，而B产品很快也会渡过投入期，开始盈利。但这个财务人员只提供了月亏损200万元的数据，所以股东决定撤资也无可厚非。

如果老板看不懂报表，还不知道该向财务索要数据，就无法支撑企业决策，老板也就只能“拍脑袋”。

当企业规模还小的时候，经营企业就像骑自行车，不需要看仪表盘，凭感觉即可。即使刹车出了问题，也可以用脚帮忙。随着企业规模的扩大，经营企业就像开汽车，老板需要看懂仪表盘上的油表、发动机转数、时速等影响方向的关键数字。同样，如果老板看不懂报表，企业的经营过程中会面临很多麻烦。

报表是什么？从某种角度上说，报表是行军地图、指南针、导航仪、显微镜、向导、参谋，更是管理者的成绩单。

前面我们也讲过，报表分为对内版报表和对外版报表。企业在经营管理的过程当中，不仅需要对外版报表，而且需要能让老板看得懂的对内版报表。实际经营过程中，很多企业的财务人员最容易犯的一个错误就是，把对外版报表当作对内版报表提供给老板。那么，如何编制一张让老板一看就懂、一学就会的对内版报表呢？下面给大家介绍几个方法。

第一，说人话。什么叫说人话呢？就是说人人都能听得懂的话。现在很多人，为了显示自己很有学问，说话时就喜欢说一些大家听不懂的、过于专业的话。

有一家食品加工的企业，营业额一年大概是十几亿元。老板很有能力，但是学历很低，只读了小学四年级。这家企业的财务人员把资产负债表、利润表递给老板看，老板根本看不懂，就非常气愤地把报表扔在地上，怒斥财务人员："你不知道我小学都没毕业吗？这报表我哪能看得懂！"

财务经理也非常委屈，自己按照会计准则和财务制度做账、提供报表，没有错啊，老板看不懂，自己又能有什么办法呢？

后来，这个财务经理遇到我，就向我请教，遇到这种情况该怎么办？我说："这非常简单，你的老板能看懂什么、需要什么，你就给他提供什么。"于是，财务经理回去跟老板沟通，与老板一起制作了一张特殊的报表，这张报表上只有五行内容：第一行是我赚了多少钱；第二行是我花了多少钱；第三行是我还有多少钱；第四行是我欠别人多少钱；第五行是别人欠我多少钱。这五行正是我们很多企业老板最关心的五个数字，而且这样的报表很简洁，很少会有人看不懂。从此以后，财务经理每个月只向老板汇报这几个数字，但老板非常高兴。

其实，报表不是越专业越好、越复杂越好，我们给老板的报表要越实用越好。

第二，简单化。简单明了，实用有效。不需要有那么多项目，简化到只有老板需要的项目就可以了。很多财务人员给老板的报表，都是按照财政部的标准格式制作的。财务人员普遍的心理是，看不看得懂是老板的问题，报不报是我的问题，反正我已经报给你了。

在这里，我给大家提供一个非常简单的报表，如表 4-5 所示。

表 4–5　简单化报表示例（一）

单位：元

收入	
成本	
毛利	
费用	
净利润	

当然有的人说，我想把这个报表做得稍微复杂一点。如果老板还想要知道更详细的数据，我们可以细化一下这个报表，如表 4-6 所示。

表 4–6　简单化报表示例（二）

单位：元

	收入	成本	毛利	百分比
A产品				
B产品				
C产品				
D产品				
E产品				
公司合计				

费用方面，我们也可以做一些切分，分成差旅费、管理费、招待费、会议费、通信费等。再复杂一点的话，收入可以在原来的基础上再具体分为部门一、部门二、部门三、部门四。

第三，实用。报表要从老板的角度出发，提供给老板真正需要的东西。所以，要想报表实用，我的建议是，老板最好亲自设计，或者是跟财务进行沟通，确定自己需要哪些数据。如果老板对财务设计的报表不满意，可以让财务重新做。但是，老板要具备给财务提要求的能力，如果你连自己想要什么都不知道，财务怎么去按照你的要求，报给你想要的报表呢？

第四，大量使用一维报表。我们知道，报表的维度分为一维、二维、三维。一维报表就是最基础的报表，也是最容易看得懂的报表。不管老板是什么出身，哪怕就是注册会计师，他还是希望看到简单明了的东西。但是一维的报表，我们现在很多的财务根本就不给老板报。为什么呢？怕老板认为自己不专业。

一次，我在广州讲课时，有一个老板，听完课后着急地跟我说："张老师，我开除错一个人了。原来有一个财务会计主管，他报的报表，我都能看懂，也非常简洁实用。但是后来招来一个财务总监，他拿着财务会计主管的报表来找我，说报表做得太不专业了，我就把那个财务会计主管给开除了。从那以后，我就再也看不懂我们的报表了。"所以对内报表不是用来彰显财务专业程度的，而是用来给老板看的。

我给大家分享一个一维报表，如表 4-7 所示。

表 4-7　产品明细表

项目	金额
产品一	
产品二	
产品三	
产品四	
合计	

如果想要更加直观，可以将每个产品收入占比做成柱状图。上表还可以改为如表 4-8 所示的客户明细表。

通过这个表，企业知道需要重点拜访哪些客户。当然，上表还可以改为如表 4-9 所示的员工业绩明细表。

表 4–8 客户明细表

	销售收入
客户一	
客户二	
客户三	
客户四	
合计	

表 4–9 员工业绩明细表

销售人员	销售业绩
员工一	
员工二	
员工三	
员工四	
合计	

通过这个表，老板就可以知道哪个员工的销售业绩好，哪个员工的销售业绩差。在走廊上碰到员工时，该拍谁的肩膀，该对谁微笑，该鼓励谁，老板也能一清二楚。

二维的报表就是在一维的报表上，横向加一些栏目，比如我们的产品明细表，可以加上收入、成本、毛利等。如果我们再把上面写上×月，12 个月的 12 张报表叠在一起就叫三维报表。

所以我的建议是，当老板看不太懂报表的时候，就可以大量地使用一维的报表，少量地使用二维、三维的报表。

一个年营业额 3000 万元以上的制造企业，它的对内版报表是不会少于 30 张的。一个年营业额 1000 万元以上的企业的各种报表，也不会少于 20 张。我们可以先让老板养成看对内报表的习惯，再慢慢地增加难度，让老板学会看对外的三大报表，这时他就不会产生恐惧心理了。

工具 老板专用资产负债表

项目	公司一	公司二	公司三	公司四	公司五	合并
资产						
可动用的钱						
投资的钱						
别人欠我的工程款						
别人欠我的借款						
仓库的东西						
固定资产						
无形资产						
资产合计						
负债						
欠银行的钱						
欠别人的货款						
欠员工的工资						
欠国家的税钱						
欠别人的借款						
所有者权益						
投资款						
赚的钱						
减：已分配的钱						
负债和所有者权益合计						

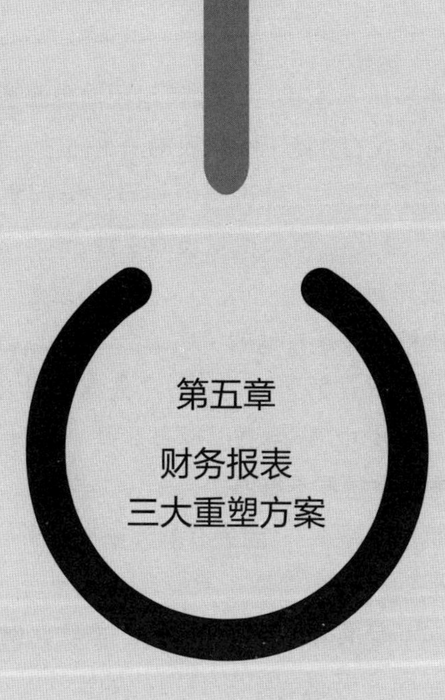

第五章

财务报表三大重塑方案

财务报表中的三大关系

这一章我主要给大家讲一下如何运用对外报表，如何分析三大报表。下面，我们先谈三大报表的关系。

我给这三大报表分别起了一个外号，资产负债表叫“底子”，利润表叫“面子”，现金流量表叫“日子”。

为什么把资产负债表叫“底子”呢？大家想一下，看一个人的家底雄不雄厚，就是看他的“底子”。我的江西老家有一个传统习俗，在结婚或订婚之前，女方家人要去男方家里探探虚实，俗话叫作“查家史”，用书面语言就是“尽职调查”，实际上就是去看男方家底雄厚不雄厚。

把利润表叫作“面子”，因为有利润就有面子，亏损了当然就没面子了。假如一个公司面子不行，就是利润不行。有的上市公司，在利润不行的时候，就会想各种办法，例如本年度12月份买的设备尽量不开支、不签合同，尽量延迟到下年度的1月份；下年度1月份的收入，跟客户谈好，放到本年度的12月份提前确认。这种做法目的是提高本年度的收入，降低本年度的成本，让年度报表的利润好看一点，俗称“粉饰报表”。

光有“面子”不行，还要看“日子”好不好过。有钱，“日子”就好过，所以，我把现金流量表叫作“日子”。大家应该都听说过三峡总公司，修建三峡大坝，需要投资不少固定资产，这就意味着三峡总公司需要对固定资产进行折旧，扣除折旧额之后的利润所剩不多。从表面看，三峡总公司的利润平平无奇，甚至捉襟见肘，但仔细分析，三峡总公司修建的三峡大坝通过发电带来的利润都是现金。收入是充足的现金流入，而折旧不是实际的现金流出，所以，三峡总公司的“面子”虽然很一般，但“日子”可想而知。

我们做一个总结，“底子”雄不雄厚，看资产负债表；“面子”好不好看，看利润表；“日子”好不好过，看现金流量表。大家把这三大报表之间的关系弄明白之后，我们就开始详细分析每个报表的情况。

如何快速看懂资产负债表

资产负债表是三大报表中的第一主表，该如何进行解读呢？

先看一个公式：资产=负债+所有者权益（所有者权益，简称“权益”）。这个公式构成资产负债表的三大块：资产、负债和所有者权益。那么，资产是什么？资产简称“我的财富”。“我的财富”是怎么构成的？借来的钱加上自己的钱，也就是说，自己的钱就是权益，借来的钱就是负债。

自己的钱都是分为两大类，自己赚的和自己投的，借来的钱又分为短期要还的和长期要还的。财富又分为短期财富和长期财富，短期财富就是很快能变现的，即流动资产，而长期财富就是非流动资产。

我们将资产负债表分解，先看资产有什么。以家庭为例，家庭财富都有些什么呢？

首先是存款，可以叫货币资金。除了有存款，还有我们借给别人的钱，也就是应收账款，或者叫其他应收款。

还有什么呢？比如我家里的书，对我来说就是存货；我的房子、车子等就是我的固定资产；还有金财的股份，也就是长期投资。当然，我写的书、申请的专利就是我的无形资产。

企业和家庭类似。对于一个企业来说，资产负债表左边的资产，就是企业的所有财产，包括银行存的钱、欠款、存货、固定资产、投资、无形资产……这些都叫资产。

那么，负债有什么呢？可以从欠钱的对象分析。“欠银行的”叫短期借款或长期借款；“欠供应商的”叫应付账款；“欠客户的”叫预收账款；“欠员工的”叫应付职工薪酬；“欠股东的”叫其他应付款或应付股利；“欠国家的”叫应交税金；“欠朋友的”叫其他应付款。当然，有些“欠股东的”也会挂在其他应付款里，所以，负债里面就包含了“欠谁的，欠多少”。

企业还有哪些权益呢？主要有四个，第一个是“自己投的”，准则把它称作“实收资本”，上市公司把它称作“股本”；最后一个叫“赚了没分的”，比如我赚了1000万元，但是只分了500万元，还有500万元没分，准则把它称作“未分配利润”。

如果我从所赚的1000万元中，拿出200万元用于以后扩大规模，这个叫作“盈余公积”。

假如我在投资的时候，按照1元钱1股，投资100万元，持股10%，现在有人要投资进来，按照2元钱1股，投资200万元，持股10%，多出来的部分就叫“资本公积”。

实收资本、资本公积、盈余公积、未分配利润，这就是资产负债表中的四大权益。

值得注意的是，在解读报表的时候，需要关注时间维度。因为报表数据，是分期初和期末的。比如，期初的实收资本是100万元注册资金，但在经营期间，增加了900万元注册资本金，期末注册资本金就变成了1000万元。

如何从管理角度来解读这些报表呢？把资产负债表分为两大部分，一个叫左边，一个叫右边。左边主要是资产，也叫投资；右边是负债和所有者权益，也叫融资。所以，我们把资产负债表取个名字，叫投融资表。

左边的投资叫资金占用，通俗点说，就是我们的钱都花在哪里了；右边的融资叫资金来源，通俗点说，就是钱从哪儿来。一个是负债，一个是股东权益。要么让别人投，属于股权性融资；要么从别人那儿借，属于债权融资。

根据以上解释，我们应该清楚如何解读资产负债表了。最需要我们关注的是一个企业有没有足够的钱，是否有能力偿还短期负债。

如何看一个企业的负债比例？假如企业的负债是1亿元，资产是2亿元，那么，权益就是1亿元。资产负债率就是负债和资产的比值，结果是50%；如果负债是1.5亿元，那么权益就是0.5亿元，资产负债率就是75%，这个负债率比较高；假如负债再多一点，变成1.8亿元，权益就变成0.2亿元，资产负债率就是90%，这个资产负债率相当高。

资产负债率是多少才合适呢？一般要求的范围是40%~60%，也就是说，老板自己出资3000万元，借7000万元来做生意。但要注意，行业不同，资产负债率的范围可能也不同。

对于生产制造或贸易行业来说，资产负债率的范围应保持在40%~60%。如果低于40%，说明企业过于保守，不敢利用负债进行融资；如果高于60%，说明企业过于冒险，杠杆高，风险大，容易导致资不抵债的情况出现。

以上就是从管理的角度，给大家讲解如何解读资产负债表的结构。

最后，我给大家介绍一下如何“四看”资产负债表。一看总资产。举个例子，有甲、乙两个公司，甲的资产是500万元，负债0，权益是500万元；乙的资产是50亿元，负债是51亿元，权益为-1亿元。

大家想一下，这两家公司，哪一家公司更好？从表面上看，甲公司没有负债，乙公司已经资不抵债了，但还是难以比较哪一家公司更好。

从合作的角度分析，如果你跟这两家公司做生意，你愿意和哪家合作呢？甲公司没什么借款，风险小；乙公司已经资不抵债了，可能破产。但如果是1000万元的生意，和甲合作的概率比较小，因为甲公司体量小，而对乙公司来说就是小儿科。

从赚钱的角度分析，甲公司有可能一年赚1个亿吗？不可能！而乙公司一年赚1个亿的可能性就比较大，所以从某种程度上来说，资产的大小还取决于企业手握资源的多少。

所以，企业到底是做大，还是做强？企业再强，如果不够大，发展显然会受到限制。当然，企业如果不强，也很难做大。

总结一下，一看总资产的规模，总资产的规模就是企业的规模，也就是企业资源的拥有量。

二看资产结构。这要怎么理解？举个例子，一个一米八的小伙子，脸占多长，脖子占多长，上半身占多长，腿占多长，这是有基本结构的，该长的地方长，该短的地方短。设想一下，如果脖子长一米，可能会被称作怪胎。所以，企业和人一样，资产结构也需要合理。

对于制造企业来说，一般情况下，资产结构中，负债占40%，权益占60%；负债中，流动负债占40%，非流动负债占60%。如果进一步细化，就是：存货所占比例是多少？应收账款所占比例是多少？固定资产所占比例是多少？无形资产所占比例是多少？……

如何描述各种资产结构？目前，有一种轻资产模式叫“哑铃模式”，或者叫“微笑曲线模式”。微笑曲线分为前端、中端、后端。前端是研发、设计；中端是生产、制造；后端是品牌、渠道、营销等。具体信息如图5-1所示。

这条曲线是什么意思呢？曲线两端的附加值都比较高，而中间的附加值比较低。比如苹果公司、小米公司、耐克、可口可乐等企业的资产架构就是如此，因为他们的生产制造都是外包的，所以公司的土地、厂房、设备等固定资产就比较少，附加值就比较低。固定资产少了，研发、设计、品牌渠道相对就

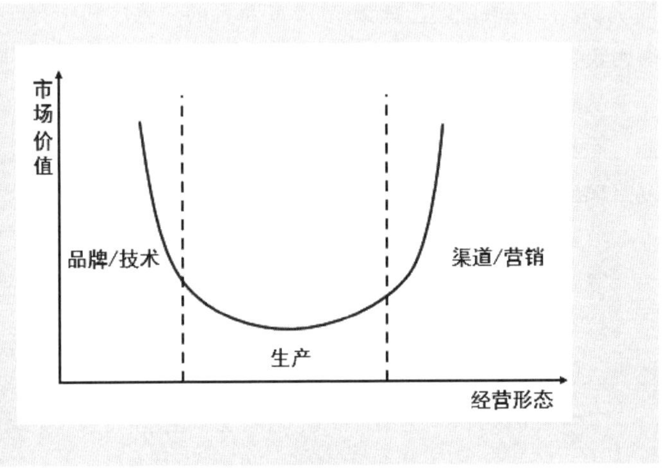

图 5–1 微笑曲线

比较多了。资产负债表上的体现就是没有那么多的存货、固定资产等，和重资产企业的资产结构完全不同。

三看资产质量。什么叫资产质量呢？举个例子，假如我有100 亿存货，除了关注账面价值，还需要关注存货的公允价值，如果是药品，且储存时间较长，那这些存货很可能因为过期而导致公允价值极低，最后不值钱。所以，光看账面价值是不行的，还要分析存货性质、储存条件、储存时间、市场情况等，综合以上所有情况来判断资产质量。

四看资产的趋势，或者叫数据的趋势。比如，这个企业的规模变大了，收入变大了，资产变大了等。资产之所以变大了，是因为应收账款和存货变大了。

我们可以通过看资产趋势、资产的变动情况，发现企业的异常问题。

其实，报表如人。通过看报表，就能看出老板的个性；看报表，就能看出老板背后的故事。所以，资产负债表，是老板必须经常关注的报表。

如何一眼看懂现金流量表

三大报表，大家通常会最先看哪一张呢？利润表，这是大多数老板的回答。很多老板确实都比较关心利润表，但是，以我多年从事财务的经验来说，我建议大家先看现金流量表。

关于现金和利润的关系，财务管理中有一条思维叫作“现金为王”，即现金与利润相比，现金更重要。

通过利润表，老板可以看出企业的利润；通过流量表，老板可以看出企业的净流量。其实，很多老板对现金流量并不敏感。一是因为现金流量的概念使用的年限并不长；二是因为企业适用现金流量表的频次也比较低，因为新会计准则要求现金流量表一年编一次，这就进一步导致老板不关注现金流量表。

报表可以分为两类：一类是对外报表；一类是对内报表。对外报表主要是给税务局、银行、工商局的工作人员提供的。对内报表是给老板和管理者提供的，是针对实际的管理需求而设计的一系列表格。

很多老板跟我说，看不懂现金流量表。大家有没有想过，他是看不懂对外版的现金流量表，还是看不懂对内版的现金流量表？相信大家的回答都是，对外版的现金流量表。

对于老板来说，应该把95%的精力用来看对内版的报表，花5%的精力看对外版的报表就可以了。既然是对内报表，那老板就可以根据自己的需要和实际情况，制作一个报表格式。或者将自己的需求告诉财务人员，由他们制作一个对内报表格式。

我们都知道，刘邦有三员大将，分别是韩信、张良和萧何。刘邦曾经说："夫运筹帷幄之中，决胜于千里之外，吾不如子房；镇国家，抚百姓，给饷馈，不绝粮道，吾不如萧何；连百万之军，战必胜，攻必取，吾不如韩信。三者皆人杰也，吾能用之，此吾所以取天下也。"刘邦客观分析了自己能够取得天下的原因。

我为什么要在这里提到这三个人呢？因为我们的现金流量表，从某种角度上讲，就是关于这三员大将的故事。

韩信主要负责带兵打仗，这就相当于企业的经营活动。真正优秀的将领，带兵打仗是需要缴获物资的，比如诸葛亮的草船借箭。因此，经营活动也要有现金流进来，有进有出，当然，最终要保证进大于出。所以，我给这个经营活动取了个名字叫"造血"。

张良是刘邦的"智囊"，雄才大略，能运筹帷幄，决胜千里。在企业管理中，一些重大决策，都跟投资相关。决策是否正确非常重要，因为这些投资一旦开始，投入的资金很难收回，所以谋略和决策对企业来说是有深远影响的。建厂房、扩张生产线等投资活动，都被称为"献血"。

萧何负责后勤，为刘邦扩疆拓土、统一大业的兵马筹措粮草。兵马未动，粮草先行，打仗最重要的就是物资保障，或者说打仗拼的就是物资。萧何的工作就是保证刘邦、韩信打仗的时候，有源源不断的粮草和军需物资。对于企业来说，这一大活动就是把钱"引"进来，财务上叫"融资"，我把它称为"输血"。

如果把血液的流动比作企业的现金流，那么，韩信的经营活动是负责造血的，张良的投资活动是对外献血，萧何的融资活动是负责输血。所以，现金流量表反映的是经营活动、投资活动、融资活动，这三个活动均有现金流入，也有现金流出。

可能有人会问：投资活动怎么会有现金流入，融资活动怎么会有现金流出呢？举个例子，比如我投资盖了一幢大楼，如果我把这幢大楼卖掉，把钱收回来，这就是现金流入；我成立了一个分子公司，如果我把这个分子公司解散了，卖掉剩下的资产，把钱收回来，这就是现金流入。如果股东增加投资款，钱流入后，我需要拿出一部分钱去还银行的贷款，这就是流出。

三个活动的流入减掉三个活动的流出，就等于我们现金流量表中的现金净流量。大家看完上面的例子，再去看现金流量表就会发现清晰多了，无外乎是这个活动的流入分了哪些类别，流出分了哪些类别，那个活动的流入分了哪些类别，流出分了哪些类别。

具体如何设计对内版的现金流量表呢？首先，从表的名字上讲，现金流量表后面打个括号，括号里面写上老板专用版或内部版。然后，需要把公司的名字和日期设计上。我把具体内容分成了四大块：第一块是现金流入；第二块是现金流出；第三块是现金净流量；第四块是明日可动用现金余额，这个日期不是固定的，可以是任何一天，也就是说，我们账上还剩下多少钱是可以动用的。

我们还可以对每一块的内容进行细化。现金流入可以分成经营性的现金流入和非经营性的现金流入，经营性现金流入，又可以分为X1产品、X2产品、X3产品等。现金流出也可以这样分，分为经营性的现金流出和非经营性的现金流出。明日可动用现金余额，可以分成公户和私户。公户又可以详细地分为一般户、基本户等，个人账户又可以分工行卡、建行卡等，老板只要一看“明日可动用现金余额”的数据，就知道公司现在还有多少可动用的现金了，也能清楚公户有多少钱，个人卡有多少钱。

经营性现金流出也可以分得很细，买材料、发工资、交税、办公差旅费、房租水电等各花了多少钱，一目了然。非经营性的现金流出可以分为还银行贷款、还老板个人款等。

现金净流量我们可以分成经营性的现金净流量和非经营性的现金净流量。经营性的现金净流量，就是经营性的现金流入减掉经营性的现金流出。非经营性的现金净流量，就是非经营性的现金流入减掉非经营性的现金流出。

根据我们企业的情况，我们可以每个月做一个现金流量表。每个月的数据还能进行对比，甚至我们还可以再加上一个上年同期，也就是上一年的 3 月份跟今年的 3 月份进行对比。

内部版的现金流量表，和会计准则上的标准版现金流量表不一样，这个现金流量表，就是专门给老板和管理者提供的，越简单的越有力量。老板也要学会去给财务人员提要求，根据内部版的现金流量表去经营企业，老板的方向就很明确。

通俗来说，内部版的现金流量表就是流水账的汇总表，看懂这个表很简单。但是，依旧有很多民营企业的老板不看现金流量表。我希望各位企业家，能通过上述关于现金流量表的分享，把现金流量表真正地在企业中用起来。

如何轻松看懂利润表

经常有老板跟我说:“张老师，我只能看懂利润表中最下面一行，也就是净利润是多少。”其实，看懂利润表并没有那么难，重点是掌握方法。

首先，我们先要弄清楚一个最基本的公式：利润=收入-成本。比如，一个企业的年收入是 1 亿元，成本是 8000 万元，那这个企业的利润就是 2000 万元。

先给大家讲一下对外版本的利润表，也就是财政部规定的标准格式。

第一个栏目是主营业务收入。什么叫主营业务，什么叫副营业务呢？营业执照上面标注，主要经营的业务，就叫主营业务。第二个栏目是主营业务成本。主营业务收入减掉主营业务成本，再减掉税金及附加费用，就等于它的主营业务利润。其他业务收入减掉其他业务成本等于其他业务利润。营业外收入减掉营业外支出，叫营业外收支。总收入减掉营业外支出、管理费用、销售费用、财务费用等，就是税前利润，税前利润减掉企业所得税费用就等于净利润。

这是对外版利润表的基本结构，这个结构会随着会计准则的变化做出调整。不同行业的利润表，结构也有一些区别，但基本逻辑是一样的。

对企业来说，老板主要是想了解企业经营情况，也就可以在这个基础上，增加一些定额项目。比如成本占收入的比例是多少，税金占收入的比例是多少，其他费用占收入的比例是多少等。如果按照这个形式设计，就构成了我们的对内报表。

对内的利润表，我们先要弄清楚成本的概念。我们把成本分为两大类，一类叫固定成本，一类叫变动成本。变动成本和固定成本合起来，就是我们的总成本。

不会随着销量变化而变化的成本叫固定成本，而会随着销量的改变而不断增加的成本叫变动成本。

举个例子，一家餐馆，如果没有一个人来吃饭，哪些成本是必须承担的呢？房租、员工的基本工资，这些都属于固定成本。有什么成本是随着吃饭人数的增加而增加？油盐酱醋等做饭材料，还有吃饭人数决定的员工提成和水电费，这些就叫变动成本。

我们的销售收入是从0开始，随着顾客点菜吃饭而累积起来的。当销售收入达到某个平衡点时，也就是销售收入等于总成本（固定成本+变动成本）的时候，我们把这个点称为“保本点”，也叫“盈亏平衡点”。“总成本+期望利润”等于收入的点，叫作“保利点”。保利点可以告诉老板，销售收入要达到多少，才能实现期望的利润额。无论做什么项目、生产什么产品、完成哪笔订单，都必须计算出保本点和保利点。

比如，某企业原先每月有100万元的业务量就可以达到保本点，但保本点受固定成本大小的影响，固定成本越高，保本点也会越高。如果将固定成本提高到120万元，那么意味着企业需要做220万元业务量才能实现保本。原先企业只需要100万元的业务就能保本，110万元就开始赚钱。现在要做220万元才保本，做230万元才开始赚钱。

通过上面的例子，大家应该明白一个逻辑，固定成本越低，盈利门槛就越低，企业也就更容易赚钱。相反，如果固定成本太高了，盈利门槛也就很高，企业的赚钱难度相对也会增加，企业的亏损概率也就越大。

所以，为了更好、更清晰地了解我们的经营状况，我们在设计对内利润表的时候，应该加入一些管理思想。具体可以分为以下几项。

第一，边际利润。边际实际上指的是“增加的量”，即增量，也就是销售收入减掉变动成本的总和。变动成本需要根据企业实际情况做出统计，比如经营贸易的企业，变动成本主要有商品的生产成本、包装、物流运输、提成、税金，还有跟商品相关的资金借款利息，我们需要对这些做一个统计，叫变动成本小计。销售金额-变动成本小计=边际利润。但是边际利润不是纯利润，边际利润-固定成本=经营利润。

第二，边际利润率。边际利润率等于边际利润除以销售收入。如果一个产品边际利润为0，说明它不值得卖。通俗地说，当产品的收入无法覆盖变动成本，就是“赔本赚吆喝”。

我们会发现，根据内部报表提供的数据去进行企业管理更有科学性。因为内部报表中包含了进货费用、包装费用、快递费用、提成费用、税金、利息、员工基本工资、房租费用等。这些费用都有明确的数据，我们可以不断地去做定额和对比分析。此外，我们还可以对销售净额进行部门维度的分解，部门一、部门二、部门三等；也可以进行产品维度的分解，产品一、产品二、产品三等。

如果每个部门都有一张这样的利润表，老板管理企业就方便多了，因为内部利润表可以根据企业的实际需求去设计，而不是实现报税的目的。如果大家坚持依照内部利润表的数据去做决策，我相信企业降低成本、增加利润都是很容易的事情。

对企业来说，要想提高利润，就需要改变企业的经营行为；要想行为正确，就必须有正确的思维。而利润表就决定了老板的思维，影响了企业行为。

大家再思考一个问题，如果某个产品的经营利润是负的，是不是一定亏损？

我给大家举个例子。某个产品的收入是 100 万元，变动成本是 80 万元，固定成本是 30 万元。该产品的经营利润为负 10 万元。这种情况下，这个产品是不是没有意义呢？答案并不是肯定的，对于企业来说，这个产品可能存在一定的意义，因为它分担了一部分固定成本。对于这个产品来说，边际利润为 20 万元，因为要承担额外的 30 万元固定成本，最后才亏损 10 万元。即使不生产该产品，其他替代产品也需要承担这 30 万元的固定成本，最后也有可能导致其他产品的经营利润为负。

所以，我们在看利润表的时候，即使某个产品的经营利润为负，只要它有边际利润，那么这个产品也不是非要去掉。

企业的内部利润表，也可以称为经营利润表。在设计企业内部利润表的时候，要把企业的管理思想融合进去。这有利于老板利用内部的利润表去指导企业的行为，保证企业的利润更高，成本更低。

工具 “老板驾驶舱”

一、基础数据分析表

单位：百万元

	1月	2月	3月	4月	5月	6月	7月	8月	9月	10月	11月	12月
订单－单月数据												
实际	1.0	2.0	3.0	4.0	5.0	6.0	7.0	8.0	9.0	8.0	2.0	5.0
预算	2.0	4.0	6.0	7.0	8.0	9.0	12.0	1.0	2.0	5.0	6.0	4.0
去年实际	1.0	2.0	18.0	3.0	45.0	6.0	4.0	8.0	9.0	5.0	5.0	4.0
平均增长率－对比预算	-50.0%	-50.0%	-50.0%	-42.9%	-37.5%	-33.3%	-41.7%	700.0%	350.0%	60.0%	-66.7%	-28.6%
平均增长率－对比去年	0.0%	0.0%	-83.3%	33.3%	-88.9%	0.0%	75.0%	0.0%	0.0%	60.0%	-60.0%	25.0%
销售－单月数据												
实际	1.0	2.0	3.0	4.0								
预算	2.0	4.0	6.0	7.0								
去年实际	1.0	2.0	18.0	3.0								
平均增长率－对比预算	-50.0%	-50.0%	-50.0%	-42.9%								
平均增长率－对比去年	0.0%	0.0%	-83.3%	33.3%								
息税前利润（累计）－回报率												
实际	5.0	6.0	7.0	8.0	9.0	8.0	2.0					
预算	8.0	9.0	12.0	1.0	2.0	5.0	6.0					
去年实际	45.0	6.0	4.0	8.0	9.0	5.0	5.0					
销售回报率	10%	15%	20%									

续表

	1月	2月	3月	4月	5月	6月	7月	8月	9月	10月	11月	12月
毛利—年初到本月末												
实际												
预算												
去年实际												
毛利—%												
实际	3.0%	4.0%	5.0%	6.0%	7.0%	7.0%	8.0%	98.0%				
预算	23.0%	4.0%	5.0%	65.0%	6.0%	7.0%	7.0%		7.0%	8.0%		
去年实际	2.0%	3.0%	4.0%	5.0%	6.0%	7.0%	8.0%	9.0%				
运营支出												
实际												
预算												
去年实际												
运营支出/销售—%												
实际	0.2	0.2	0.2	0.2	0.2	0.2	0.2	0.2	0.2			
预算	0.1	0.1	0.1	0.1	0.1	0.1	0.1	0.1	0.1			
去年实际	4.0	5.0	6.0	7.0	8.0	9.0	9.0					
员工人数												
实际	2.0	3.0										

续表

	1月	2月	3月	4月	5月	6月	7月	8月	9月	10月	11月	12月
预算		4.0										
去年实际		5.0		6.0								
平均增长率－对比预算		6.0%		6.0%								
平均增长率－对比去年		6.0%										
投资												
实际												
预算												
去年实际												
平均收款期/平均库存时间												
实际												
预算												
平均库存时间												
实际												
预算												
净现金流												
实际												
预算												
去年实际												

续表

	1月	2月	3月	4月	5月	6月	7月	8月	9月	10月	11月	12月
实际-12月累												
预算-12月累												
去年实际-12月累												
经营现金流												
实际												
预算												
去年实际												
库存												
实际												
预算												
去年实际												
应收账款												
实际												
预算												
去年实际												
销售成本												
实际												
预算												
去年实际												

二、重要数据分析图

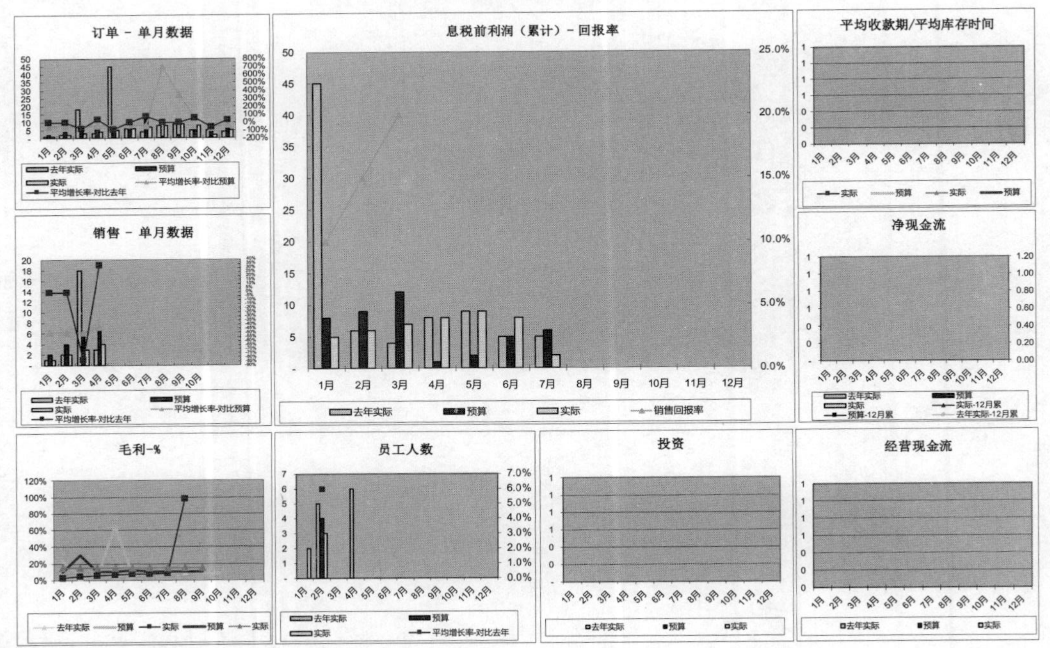

说明：

1. 用基础数据分析表可以给管理层提供 9 张重要数据分析图形。
2. 如果需要更多分析图形，可以再做一张表，将基础数据内的名称和数据相应改换一下。
3. 图形中的所有数据均来自于基础数据表，包括图形名称。
4. 基础数据需要自行输入或引用其他数据源。
5. 图形的打印功能须设置好，将每个图形打印一页。
6. 基础数据表中的部分数据，在图形中没有被使用，只是参考数据。

第六章

利润设计是命脉

老板和高管的灵魂三问

这章开始之前，我们先来了解一下什么叫责任中心。

老板应该关注的，有利于提高公司盈利能力的指标有很多，但是我认为，作为老板，只需要一张“杜邦分析表”足矣！我们具体来看看表 6-1，最上面的一栏是股东报酬率，也叫投资回报率。

股东回报率是由什么组成的呢？它是由总资产利润率乘以权益乘数，也由销售净利率乘以资产周转率，乘以权益乘数，我们把所有的指标变成了金字塔模型。

在这些指标中，哪些是高管应该关注的呢？弄清楚之后，高管的考核指标也就出来了，这些考核指标一定要和他们的业绩关联，否则就很难达成。

为了合理分配这些指标，我们就要引入责任中心的概念。我们把企业整个的价值链拆分成业务系统和支撑系统。业务系统就是采购、生产、物流、销售、服务等，而支撑系统就是人力、研发、财务、技术等，这些共同构建我们的利润，价值链管理图如图 6-1 所示。

企业的利润来自价值创造，企业内部价值创造链条上存在着各个业务中心，通常情况下，我们把这些各个部门叫作责任中心。

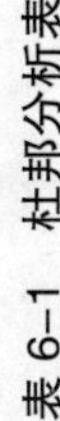
表 6-1 杜邦分析表

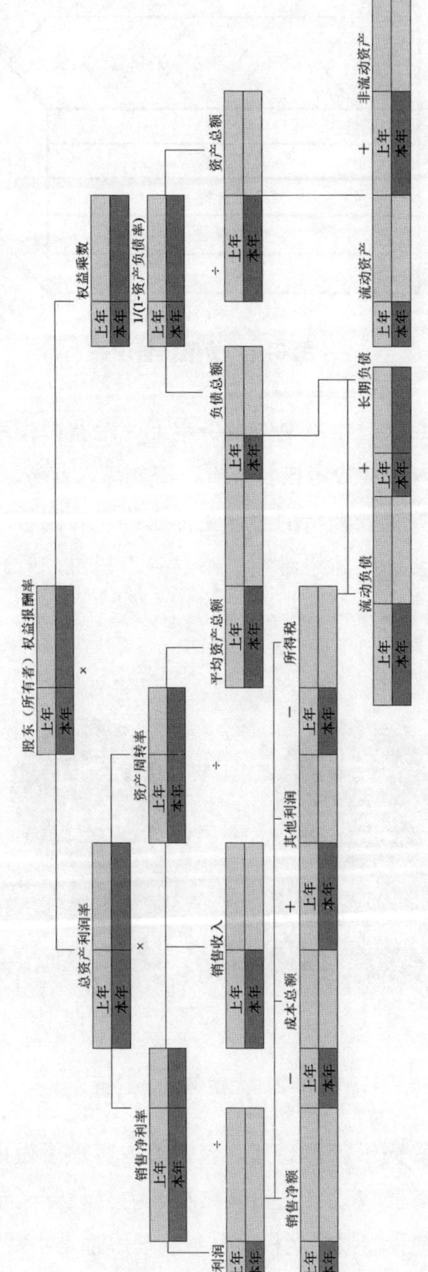
股东（所有者）权益报酬率
上年
本年
×
总资产利润率
权益乘数
销售净利率
资产周转率
1/(1-资产负债率)
净利润
销售收入
平均资产总额
负债总额
资产总额
÷
销售净额
成本总额
其他利润
所得税
−
+
流动负债
长期负债
流动资产
非流动资产

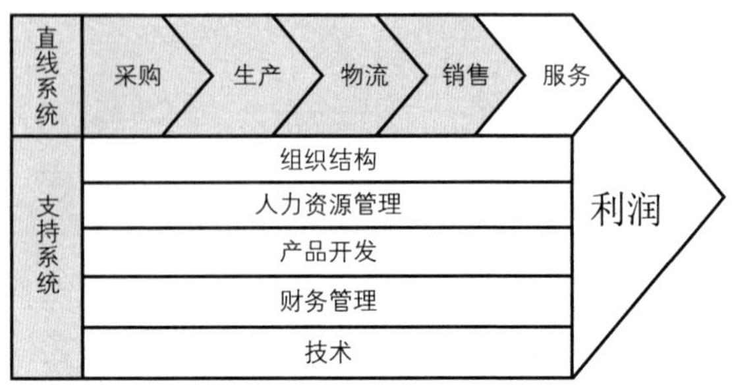

图 6-1　价值链管理图

责任中心的思维就是对业务单元、经营部门或分子公司做管控，要做内部绩效考核与分析，需要深入业务。而财务分析，也需要从财务报表分析的会计主体思维，转向管理会计的责任中心思维。会计主体思维叫“小财务”思维，管理会计叫“大财务”（见图 6-2）。

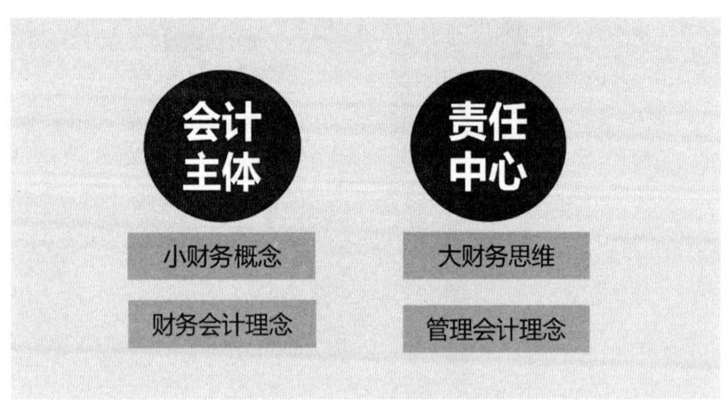

图 6-2　大财务与小财务

大财务等同于管理会计，包含的内容除了做账、报税、管钱之外，还有股权设计、治理结构、内控设计、节税、精细化核算等。但是我们很多老板对财务的理解都是小财务。

如何操刀责任中心

1.成本中心

我们先来谈谈成本中心。什么叫成本中心呢？管理者只对成本负责，投入货币量化，产出物理量化，投入与产出配比。什么意思呢？就是投入可以用钱来衡量，产出的是一个个实物。我们所说的车间和工厂就属于这种情况。

知道了什么是成本中心，那要怎么划分呢？依据一个原则：哪里有成本，哪里就能划分成本中心。这和主营业务价值链各环节的划分一致，比如生产某个产品有三个环节——高温加压、挤压和包装，我们就可以把它分成三个成本中心——高温聚合车间、成形车间和包装车间。具体内容如图 6-3 所示。

那成本中心要怎么考核呢？考核差异率。

成本差异额=目标责任成本-实际责任成本

成本差异率=成本差异额÷目标责任成本×100%

如果结果是正数，就是有利差异；如果结果是负数，就是不利差异。成本差异率值越小越好，接近零更好！在没有特殊原因时，实际责任成本偏离目标责任成本太多，可能说明目标责任成本的设定依据和假设与实际情况相差太大，目标责任成本的指导意义不大，需要在编制滚动预测时纠偏。当然，一旦年度目标责任成本被董事会批准，一般不能轻易改变，以免给

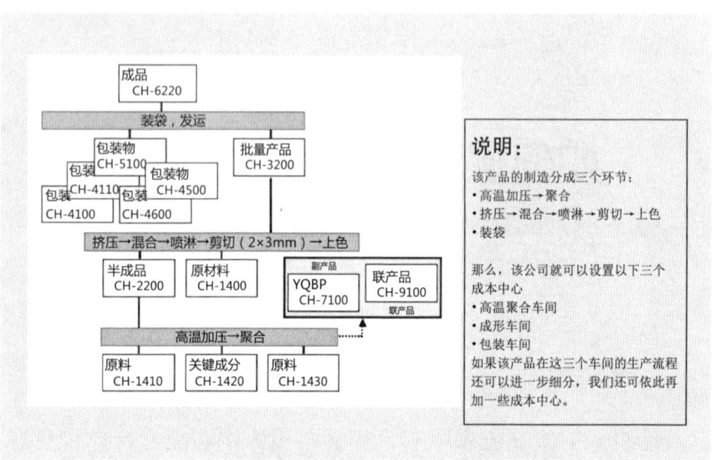

图 6–3　成本中心的设置

管理层造成不必要的负面情绪。

此时，如果我们对成本中心进行分析，我们就可以分析差异率结果是有利差异还是不利差异。比如，成形车间上半年总的成本差异额是 100 万元，属于有利差异，其中：

材料耗用差异：120 万元（有利差异，单位材料消耗成本比目标低）

加班费差异：-40 万元（不利差异，加班费比目标高，可能存在排班不合理）

辅助物料消耗差异：20 万元（有利差异，消耗的辅助物料比目标低）

财务分析师可以进一步与成形车间经理探讨加班费高于目标的原因和解决方案、原材料耗用是否有进一步下降的空间、其他成本项目是否有下降的空间等。帮助成本中心的经理预测本年剩下的月份的生产和成本计划，提前规划在哪些方面还需要加强控制，以便达成甚至优于目标成本。对成形车间的成本分析与预测如图 6-4 所示。

在分析责任成本差异时，一般重点集中在分析和跟进前 5 个因素。为显示得更清晰，图 6-4 只列举了 3 个因素。

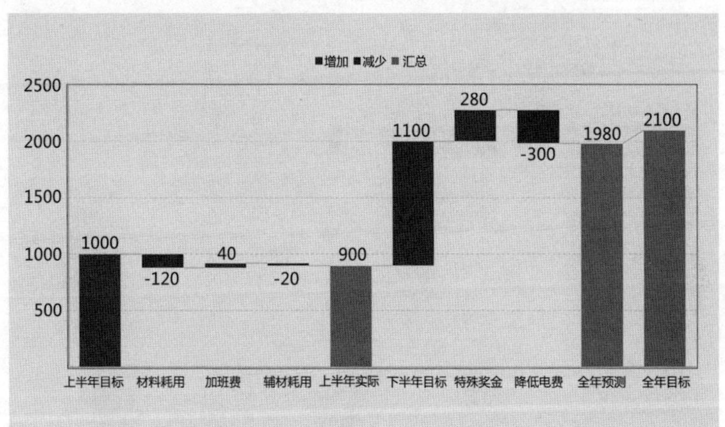

图 6-4 成形车间成本分析与预测

2.费用中心

费用中心一般只对期间费用负责，投入可以用人民币来衡量，但产出不能量化，例如，行政部门、研发部门、人力部门等。在没有制造环节的企业中，费用中心常被视为成本中心，不予区分。总结成一句话，费用中心目标就一个，控制住费用，其他什么都不用管。

费用中心如何设置？可以是一个部门、一个单位，甚至可以是一个工作人员，无论哪种费用或哪级费用中心，都要对可控的费用负责。

费用中心的设置与公司各职能部门划分一致，比如核算部、资金部、人事部等，也可以划分得更细一些。

如何对费用中心进行考核呢？我们可以利用费用变动额和费用变动率两项指标。如果这两项指标是正数，说明是有利结

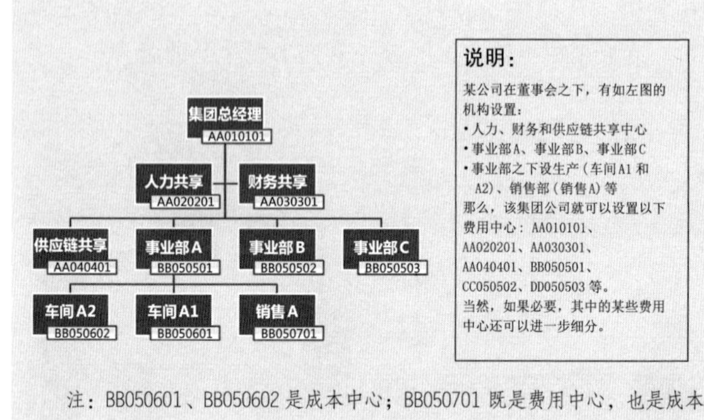

图 6–5　费用中心的设置

果；如果指标是负数，说明是不利结果。

费用差异额=目标责任费用-实际责任费用

费用差异率=费用差异额÷目标责任费用×100%

我们都知道责任中心和财务分析关联度很高，那么财务分析可以在哪些方面帮助费用中心经理呢？比如在划分责任费用和非责任费用时，与费用中心的经理们讨论，理解各项费用的变化规律和原因，以便将不可控或不可预测的费用划为非责任费用；在设定责任费用目标时，帮助费用中心的经理们取得和理解各项责任费用的历史数据和变化原因，以便费用中心的经理们合理地提出目标并接受；在日常的核算过程中，尽量保证费用核算，尤其是责任费用核算的准确性；报表完成之后，及时与各费用中心的经理们沟通，帮他们分析差异及产生的原因；帮助各费用中心的经理们制订差异跟踪计划，预测和控制责任费用，以助其达成费用目标。针对财务部的分析与预测，我给大家举个例子，如图 6-6 所示。

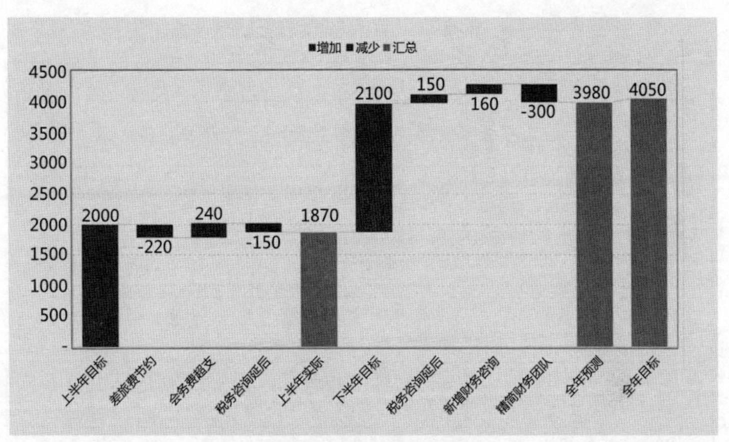

图 6-6 财务部费用分析与预测

在这里，我要做些说明，成本和费用中心主要区别在于，成本中心是指产品和服务价值增加链上的各责任中心；而费用中心是其他产生费用的各责任中心。在考核成本中心时，要注意实际产量与目标产量之间的差异，对各责任成本项目的影响，并量化这些影响，根据实际产量重新计算目标责任成本。

同理，在考核费用中心时，也要注意差异的影响。很多企业并不区分成本中心和费用中心，统称它们为“成本中心”。

3.收入中心

收入中心被看作是管理者只对收入负责，投入产出均可以用人民币衡量，投入产出之间不需要配比，其设置往往与营销业务团队的划分一致，比如销售团队、项目服务团队等。图 6-5 中，销售A就是一个收入中心，但同时也是一个费用中心。

如何对收入中心进行考核？一般采用销售业绩、销售价格实现率、应收账款回款、客户关系的维持、市场信息收集（CRM）等指标。具体的考核指标及对应的公式如表 6-2 所示。

表 6-2 收入中心的考核

考核指标	公式
销售数量达成率（与目标相比）	当期实际销售数量 ÷ 目标销售数量
销售金额达成率（与目标相比）	当期实际销售金额 ÷ 目标销售金额
销售价格差异（与目标相比）	当期实际平均销售价格 − 目标平均销售价格
销售价格执行率差异（与目标相比）	当期实际平均销售价格 ÷ 标准价格 − 目标平均销售价格 ÷ 标准价格
销售价格执行率差异（与去年同期相比）	当期实际平均销售价格 ÷ 标准价格 − 上年同期平均销售价格 ÷ 标准价格
销售回款额差异（与目标相比）	当期实际回款额 − 目标回款额
销售回款率差异（与目标相比）	当期实际回款额 ÷ 当期实际销售额 − 目标回款额 ÷ 目标销售额
应收账款周转天数差异（与目标相比）	365 ÷（目标含税销售额 ÷ 目标平均应收账款）−365 ÷（当期实际销售额 ÷ 当期平均应收账款）
坏账发生率差异（与目标相比）	目标坏账金额 ÷ 目标销售额 − 当期实际坏账金额 ÷ 当期实际销售额
销售费用额差异（与目标相比）	目标销售费用 − 当期实际销售费用
销售收入增长率差异（与目标相比）	当期实际销售额 ÷ 去年同期销售额 − 目标销售额 ÷ 去年同期销售额
细分市场占有率差异（与目标相比）	实际市场占有率 − 目标市场占有率（以所属细分市场为参考）
销售机会转换率差异（与目标相比）	当期实际达成交易次数 ÷ 当期实际交易机会数 − 目标达成交易次数 ÷ 目标交易机会数
新客户获取成本差异（与目标相比）	目标获客成本 ÷ 目标新增客户数量 − 当期实际获客成本 ÷ 当期实际新增客户数量
老客户保持成本额差异（与目标相比）	目标维持客户成本 ÷ 目标维持老客户数量 − 当期实际维持客户成本 ÷ 当期实际维持老客户数量
点击率差异（与目标相比）	当期实际被点击次数 ÷ 当期实际被显示次数 − 目标被点击次数 ÷ 目标被显示次数
客单价差异（与目标相比）	当期实际成交金额 ÷ 当期实际成交次数 − 目标成交金额 ÷ 目标成交次数
销售库存周转天数差异（与目标相比）	365 ÷（目标销售成本 ÷ 目标平均产成品金额）−365 ÷（当期实际销售成本 ÷ 当期平均产成品金额）

如果表中给出的指标，计算出的结果是正数，说明该公司的实际业绩好于目标。我们再继续对收入中心的分析进行介绍，针对不同行业，我在下面给大家举了几个例子。

图6-7是施工类企业收入差异分析与预测图，按照项目进度确认销售收入。

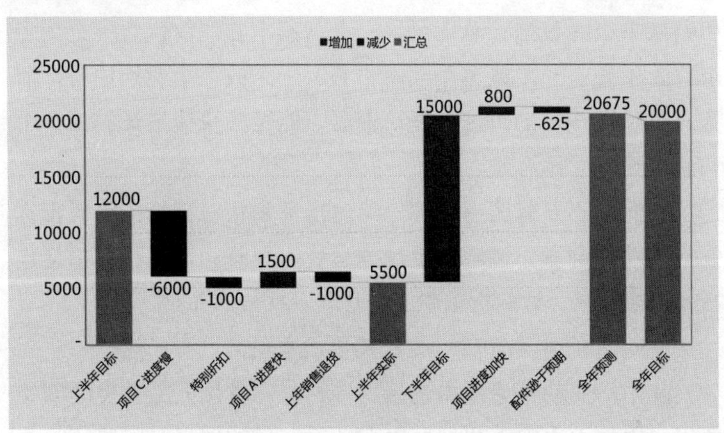

图6-7 收入差异分析与预测

图6-8是一般制造业收入差异分析与预测图，按照产品交付确认销售收入。

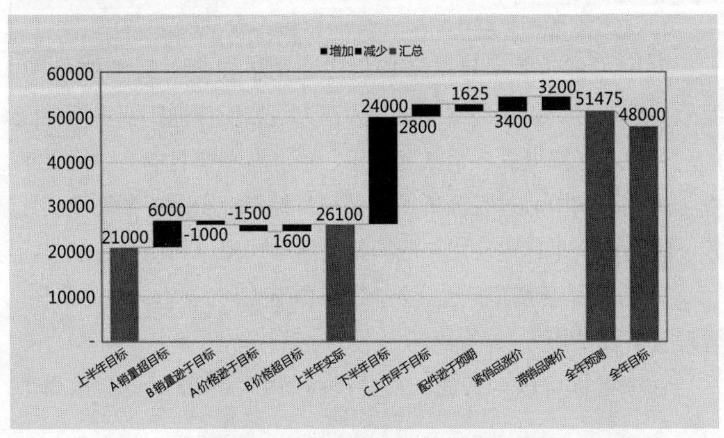

图6-8 收入差异分析与预测

4.利润中心

利润中心的范围比较广，其管理者需要同时对收入、成本、费用和利润负责，投入产出均可以用货币量化，投入与产出配比。利润中心的设置与主营业务的大类划分一致，比如事业部、项目公司等。业绩计算时，通过其下属的成本中心、费用中心和收入中心的数据汇总即可。一个利润中心往往包含一个或多个收入中心、一个或多个成本中心、一个或多个费用中心，财务人员经过一定的数据处理培训后，能轻松快捷地计算出一个利润中心的经营利润。

利润中心要怎么考核呢？绝对指标和相对指标：绝对指标包括变动毛利额、边际贡献额、息税前经营利润；相对指标包括变动毛利率、边际贡献率、经营利润率。

变动毛利额=销售额-变动销售成本

其中，变动销售成本包括直接材料、直接人工、变动间接费用，比如水电费。我们要求变动毛利额的结果必须为正，否则应该停产，除非有特殊目的。变动毛利额一般按产品进行分析，不必与目标指标和上年同期数据比较，因为这个指标主要用来判断是否继续经营该产品。

边际贡献额=变动毛利额-变动销售和变动管理费用

其中，变动费用包括销售提成、销售佣金、销售税金等。我们要求边际贡献额的结果必须为正，否则应该撤销、重组相应的利润中心，降低或取消某些费用，除非有特殊目的。边际贡献额一般按利润中心进行分析，不必与目标指标和上年同期数据比较，因为这个指标主要用来判断是否继续保留该利润中心。

息税前经营利润=边际贡献额-固定销售成本-固定销售、管理及研发费用

这个指标可以为负数，只要该利润中心的边际贡献额为正

数，就表明这个利润中心可以通过扩大业务规模来改善其经营利润。考核利润中心的业绩时，可以用这个指标与目标值、上年同期数据比较。

此外，还有几个相对指标：

变动毛利率=变动毛利÷销售收入

边际贡献率=边际贡献÷销售收入

经营利润率=经营利润÷销售收入

这三个相对指标代表利润中心营运的质，而绝对指标经营利润代表利润中心经营结果的量。

利润中心的各种指标还可按照产品、地区、销售团队、客户、销售渠道等维度进行分析，这些多角度的分析对公司制定营销策略非常有指导意义。

5.投资中心

投资中心拥有利润中心的所有特征，它要求管理者同时对投资、收入、成本和利润负责，除此以外，还有资金管理权和实体投资权。

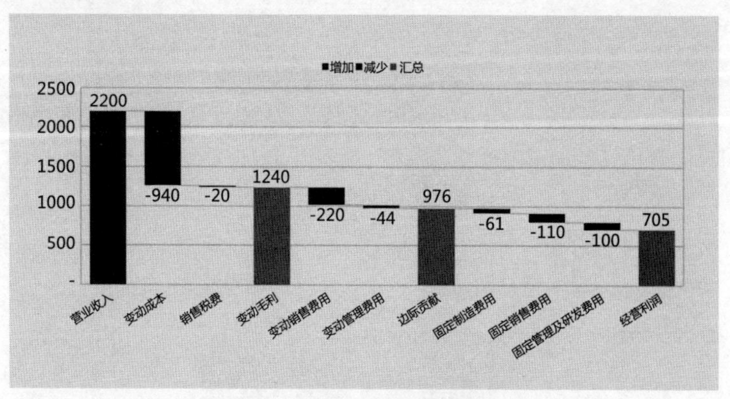

图 6–9　利润中心经营利润分析

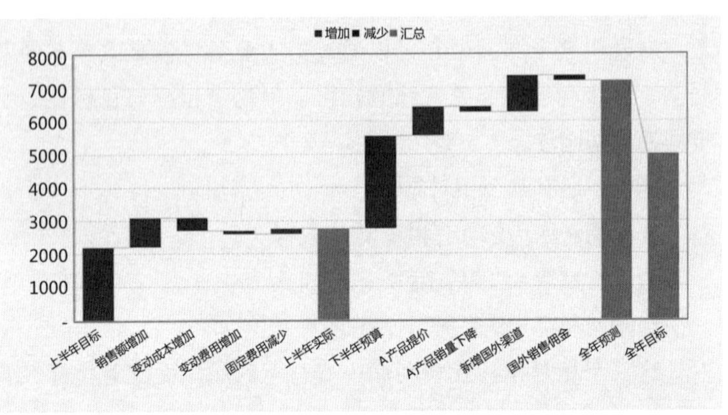

图 6-10　经营利润差异分析与预测

一个公司往往只设一个投资中心，但是业务复杂的集团公司往往设置多个事业部或业务相对独立的子公司，这些相对独立的事业部和子公司就可以成为独立的投资中心，对其投资收益率负责。投资中心的报表是其下属的各个利润中心的营运利润和其自身的费用、投资收益等。投资中心是企业最高层次的责任中心，一般向企业的总经理或董事会直接负责。

	当年累计
营业收入	2,200
变动成本	-940
销售税费	-20
变动毛利	1,240
变动销售费用	-220
变动管理费用	-44
边际贡献	976
固定制造费用	-61
固定销售费用	-110
固定管理及研发费用	-100
营运利润	705
可控资产：	
应收账款及其他应收款	1,200
存货及预付款	350
固定资产及在建工程	4,000
无形资产	1,000
可控负债：	
应付账款及其他应付款	-900
预收货款	-200
其他可控负债	-300
可控净资产	**5,150**
平均资金成本率	12%
资金成本	618
经济利润	**87**

图 6-11　经济利润的计算

这里还有几点需要大家注意，可控资产不包括现金，因为现金不产生经营利润。此外，应付职工薪酬、应交税金、银行贷款、应付债券、应付股利等都不属于可控负债。平均资金成本率是债务融资利率和股权融资利率的加权平均，如果企业没有这个利率，可以使用行业平均的资金成本利率。

如果扣除资金成本之后的营运利润为正，则表明该投资中心的经营质量高于行业平均，这个指标对重资产行业非常重要。对管理层下达考核指标时，一定要加强培训，让管理层和员工都懂，增加收入、降低成本、降低费用的同时，还要降低可控

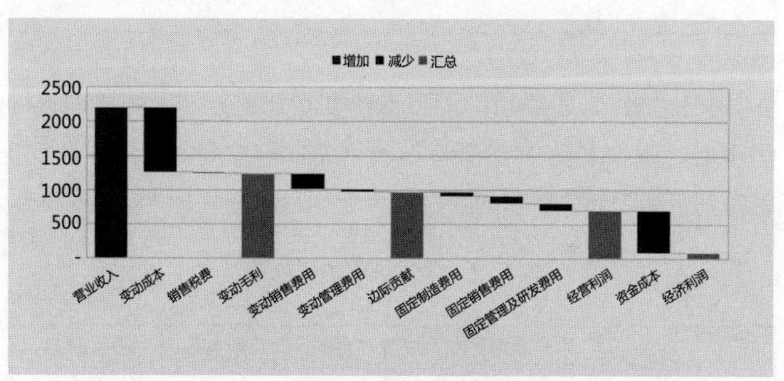

图 6-12 经营利润分析表

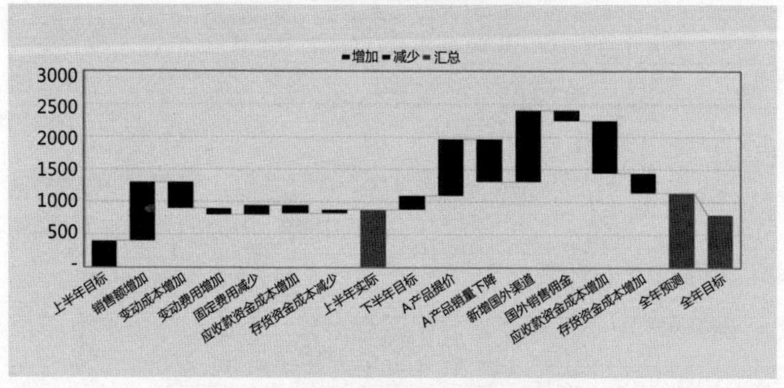

图 6-13 经营利润差异分析与预测

资产，如应收账款、存货、固定资产，并适当增加可控负债。

接下来，我给大家展示一个金财的工具——责任中心的报表三级跳。先看第一个表，如表 6-3 所示。

表 6–3 损益表

单位：元

项目	金额
收入	500
成本	400
毛利	100
费用	50
利润	50

我们把这张表细化，按照责任中心来划分，也就是 3 个利润中心，每个利润中心都有收入、成本、毛利、费用和利润，就得到了如表 6-4 所示的损益表：

表 6–4 经过细化的损益表

单位：元

项目	金额	硬件产品部	系统集成部	软件服务部	公共费用
收入	500	300	150	50	
成本	400	270	130	0	
毛利	100	30	20	50	
费用	50	10	10	20	10
利润	50	20	10	20	-10

如果我们再把这个中心进行详细的分解，就出现如表 6-5 所示的复杂的表，叫利润中心+成本中心，下面的费用是成本中心，上面是利润中心。

将成本中心进一步划分，就会形成一个简单的成本中心设置，如图 6-14 所示。

表 6–5 利润中心+成本中心

单位：元

项目	金额	硬件产品部	系统集成部	软件服务部	公共费用
收入 A产品：台式机 B产品：笔记本 C产品：打印机 D项目：机房建设 E服务：网管服务	500 150 100 50 150 50	300 P01 收入 A产品 B产品 C产品 150 100 50	150 P02 收入 D项目 150	50 P03 收入 E服务 50	
成本 A产品：台式机 B产品：笔记本 C产品：打印机 D项目：机房建设 E服务：网管服务	400 145 85 40 130 0	270 P01 成本 A产品 B产品 C产品 145 85 40	130 P02 收入 D项目 130	0 P03 收入 E服务 0	
毛利	100	30	20	50	
费用 营销费用 广告费 促销费 管理费用 工资 差旅费 ……	50 11 3 8 39 29 10	10 P01 费用 销售部 销售部 销售部 销售部 …… CC01 CC02 CC03 CC05 2 1 1 1 2 1 1 1	10 P02 费用 销售部 销售部 销售部 销售部 …… CC51 CC52 CC53 CC55 2 1 1 1 2 1 1 1	10 P02 费用 …… 1 4 10 5	10 …… 9 1
利润	50	20	20	20	−10

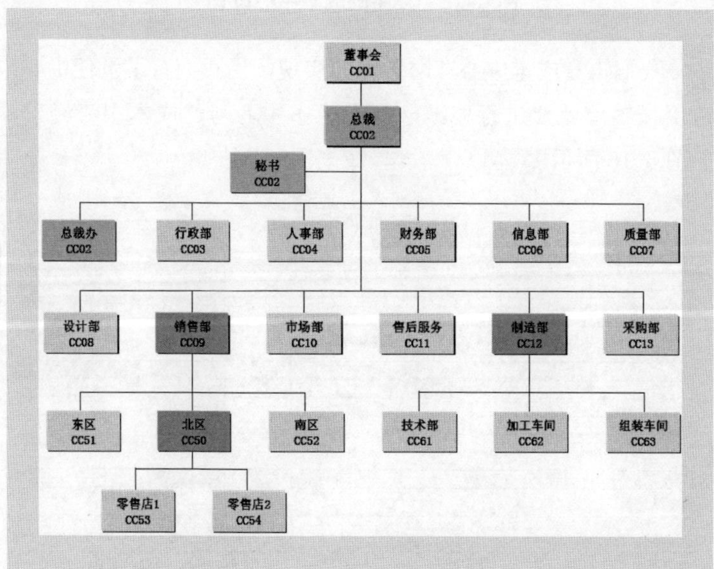

图 6–14 简单的成本中心设置

接着，我们给成本中心编号，比如产品规划部为CG005。将其继续划分成产品设计部、产品部、产品情报部，这样在信息化时就能得到很多数据。编号后的成本中心如图 6-15 所示。

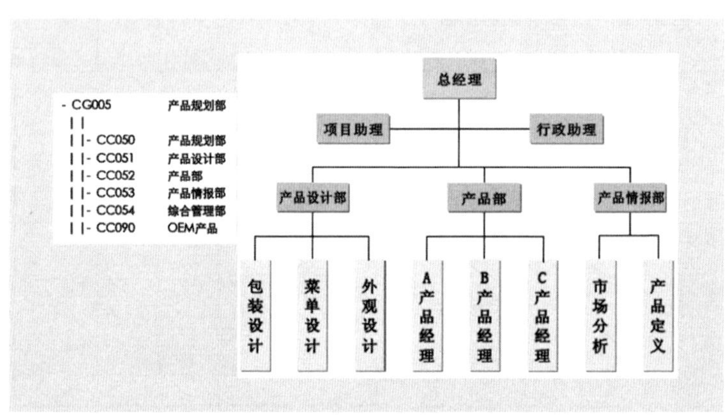

图 6-15 复杂的成本中心设置

我们再看成本中心在财务上的实现，当我们有了责任中心，费用报销单就要进行修改，加上成本中心号、成本中心经理，如图 6-16 所示。

开支细目描述	币种： 人民币 美元	分项金额	填写说明
			申请报销金额涂改无效 财务核准金额可小于原申请金额根据公司审批仅限规定进行审批
			会计
			签字日期
金额大写 仟 佰 拾 万 仟 佰 拾 元 角 分		金额合计：¥	领款人签字：

申请人信息

申请人		成本中心号		部门经理	
员工号		成本中心经理		签字日期	

批准信息

主管副总裁		财务总监		总裁	
签字日期		签字日期		签字日期	

图 6-16 费用报销单

财务做账的时候，要把费用计到成本中心，这时的账务处理如图 6-17 所示。

凭证号	日期	科目	明细科目	借贷	金额（元）	部门	成本中心	报销人
001	20101112	现金	人民币	借	2000			
001	20101112	销售费用	差旅费	贷	2000	销售部	CC01	张三
002	20101112	银行存款	建行	借	3000			
002	20101112	管理费用	办公费	贷	3000	财务部	CC02	李四
003	20101112	现金	人民币现金	借	17000			
003	20101112	销售费用	工资	贷	17000	销售部	CC01	张三
004	20101112	银行存款	人民币现金	借	700			
004	20101112	销售费用	差旅费	贷	700	市场部	CC08	王五
005	20101112	现金	人民币现金	借	1200			
005	20101112	销售费用	业务招待费	贷	1200	销售部	CC01	张三

图 6-17 账务处理

构建完责任中心，就要做考核。

我们经营产品，哪一种是赚钱的，需要加大营销资源投入？哪一种是亏损的，需要停产或停止销售？为什么业务单元的收入增长很大，但利润增加却很少？这都是我们经营的困惑。利润是要扣除成本和期间费用，但是企业能否支撑“底层”项的多维度盈利分析，能否将所有成本和期间费用都归集分配到“产品、客户、市场、区域、部门”等不同的维度？我们来看一个例子。

销售收入流水账：

20xx年 1 月 1 日，销售 1 部王大帅，出售“财务系统”课程，给江西省、各分销渠道、客户中国移动公司，金额 100 万元；

20xx年 1 月 2 日，销售 2 部张小明，收款“账钱税”咨询案，给北京市、直营公司、客户华为公司，金额 200 万元；

20xx年 2 月 3 日，销售 1 部王大帅，收款“账钱税”咨询案，给北京市、直营公司、客户中国移动公司，金额500万元；

20xx年2月5日，销售2部张小明，出售“财务系统”课程，给江西省、直营公司、客户华为公司，金额100万元；

……

大家看上面的这一段文字，包含了哪些信息？第一个是时间，第二个是部门，第三个是业务员，第四个是区域，第五个是分销渠道，第六个是客户，第七个是产品类别。所以，我们至少可以从七个维度分析。这就是六秒钟做报表的数据支撑。

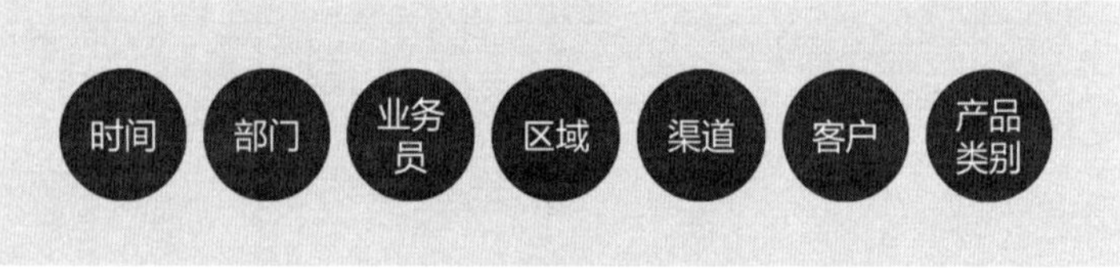

图6-18　多维度数据分析

接下来，如果我们再做数据透视，是不是会快得多？但如果没有数据拆分，就无法进行。上面这段文字是非格式化数据，但我们财务是需要将非格式化数据转化成格式化数据，也就是表格。如表6-6所示。

看到这个表，大家应该就知道责任中心怎么用了。现在，你们知道不同性别、部门、文化程度、级别的工资总额是多少吗？两秒钟就能知道结果，我们用的不再是以前的筛选，而是数据透视。

我们企业做责任中心的设计就是把这些信息变成格式化数据，这样做统计就容易了。所以，如果企业想六秒钟出报表，想要做绩效考核、做财务分析、做利润管控，就要把这些数据变成格式化数据，而实现数据格式化的条件之一就是形成责任中心，最后固化到ERP软件里。

表 6-6 工资表分析结果

单位：元

姓名	性别	部门	职务级别	年龄	文化程度	工资
安为军	男	市场部	经理	39	本科	9000
孙大立	男	财务部	经理	35	本科	11000
李　琳	男	技术部	经理	33	硕士	13100
白　俊	女	财务部	主管	40	硕士	7500
徐　娟	女	市场部	经理	38	大专	9200
陈　培	女	技术部	总监	25	大专	18500
王　蒴	男	市场部	总监	26	本科	12500
蔡小琳	女	财务部	主管	25	大专	5500
王新力	男	技术部	经理	29	博士	12000
江　湖	男	市场部	总监	30	大专	12000
高　永	男	市场部	总监	45	本科	18000
颜　红	女	技术部	主管	33	博士	11200
倪小红	女	市场部	主管	29	本科	7000

表 6-7 工资总额统计结果

单位：元

性别	工资合计
男	87600
女	58900
总计	**146500**

职务级别	工资合计
经理	54300
主管	31200
总监	61000
总计	**146500**

文化程度	工资合计
本科	57500
博士	23200
大专	45200
硕士	20600
总计	**146500**

部门	工资合计
财务部	24000
技术部	54800
市场部	67700
总计	**146500**

如何借力ERP，助力责任中心

现在，我带着大家对责任中心财务分析进行一个梳理。首先，各责任中心与负责内容如表6-8、图6-19所示。

表6-8 各责任中心

责任中心	成本	费用	收入	营运利润	投资回报
成本中心	√	√			
费用中心		√			
收入中心		√	√		
利润中心		√		√	
投资中心		√			√

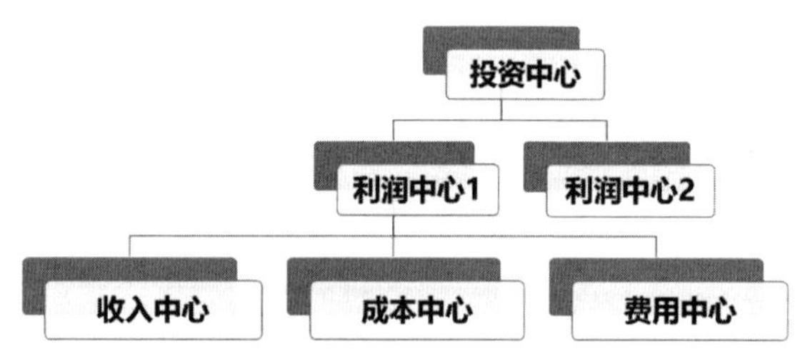

图6-19 责任中心结构图

其次，每个责任中心都对自己本身的费用负责。每个利润中心对其下属的各成本、费用和收入中心的相应考核指标总体上负责；投资中心对其下属的各利润中心的考核指标总体上负责。在设置各责任中心的考核指标时，不要轻易地将杜邦分析中的各项指标简单地拆分和分配给某一个责任中心，最好是给一个责任中心一组相关的考核指标，但各指标的权重不同，使各个责任中心既能有工作重心，又学会综合地考虑问题。

如果仅仅要求销售部门对销售收入指标承担管理责任，而存货周转天数指标简单地归为存货管理部门的责任，就会导致部门之间在工作目标上产生严重冲突，销售部门为了保证拿单会要求存货管理部门大量备货，而存货管理部门为了追求周转速度则会不顾交货速度，降低存货水平。因此，可以考虑给收入中心几个指标进行综合考核。表 6-9 是我给大家做的一个示范。

表 6-9　收入中心考核指标

指标	占比
销售额	30%
应收账款	30%
价格执行	10%
存货周转	10%
市场占有率	10%
CRM 维护	10%

再次，责任中心的经理们往往是非财务人员，因此，财务人员在与他们沟通时，要尽量用图形和表格，而不是文字。财务人员不仅要帮助责任中心经理们分析差异，更要帮助他们找到原因，提出改进方案、行动计划，并定期跟进。财务人员还要主动帮责任中心经理们预测全年的业绩，只有责任中心经理们的目标达成了，整个公司的目标才能达成。

最后，对责任中心进行财务分析时，需要大量的财务数据和运营数据。那么，如何获取这些数据呢？

如果使用ERP系统，而且ERP系统的设置既契合生产经营的特点，又方便财务对销售收入、直接成本、间接费用和期间费用等进行多维度核算，财务就能相对容易地自ERP系统中获取比较准确、相关和及时的数据，并最终能做出对管理层非常有意义的分析和预测。

在ERP实施过程中，各职能部门要相互理解、积极配合，要抱着学习的心态。在ERP实施完成之后，要尽量维持ERP操作团队的稳定，并制度化地进行交叉培训、定期轮岗，以防止人员流失后的知识流失、数据录入延迟和差错。

如果公司没有实施ERP，依靠设置合理的财务软件和设计精巧的管理表格，也能提供相对完整和准确的数据，让财务人员进行责任中心的数据分析。

在设计各个管理报表时，应该将能想到的数据的各个维度都列入报表中。为方便报表的编制和内部共享，最好将报表放在公共盘上。有了维度尽量齐全的管理表格，财务人员只要学会Excel或WPS的一些高级技巧，就能很快地加工出内容翔实的责任中心分析和预测报表。

我给大家分享一个给一家没有ERP的集团企业设计的责任中心、财务分析和考核指标的真实案例。

GN集团企业是国内顶尖的豪华整体家装和优质木门生产企业，拥有4家实体企业，分别位于广东和江苏。

公司老板对员工非常慷慨，给予高管和核心员工团队很高比例的股权激励。员工们在兴奋和感激的同时，也产生了一些疑惑，因为该公司的产品主要是客户定制的非标实木制品，每年有6300多个销售订单，成本核算非常难，这势必导致业绩考核的落实也非常难。但是，金财的咨询老师们在3个月的时间内，帮助该公司设计了责任中心、考核指标、成本计算流程和方法、管理表格等，一举解决了GN集团的困扰。

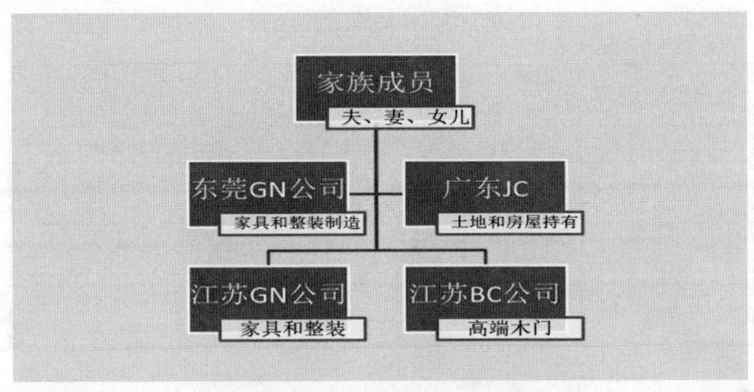

图 6-20　GN公司的股权架构

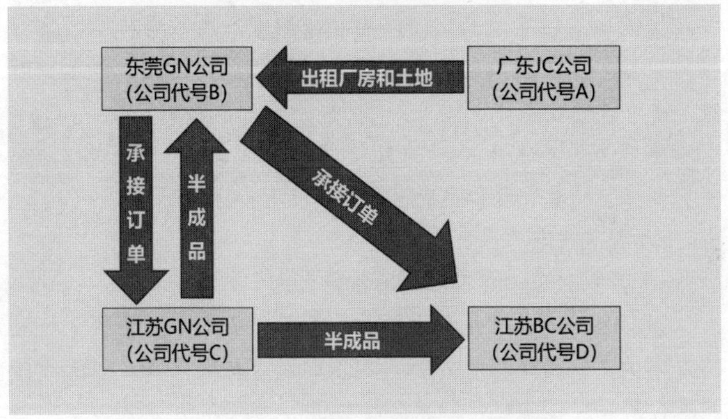

图 6-21　集团内部关联交易安排

GN集团只有一支营销团队和一个备料加工车间，这两个单位要同时为三家公司服务；另外，该公司的部分材料采购也集中在东莞GN公司，其采购的部分材料除了自用，也会卖给江苏GN公司和江苏BC公司。因此，这四家公司之间有大量的关联交易，其责任中心的设置、考核指标的设计和评定相当困难。

于是，金财的咨询师团队就列出了以下的责任中心设置思路：责任中心代码规则是企业代码+职能大类代码+职能细分代码+序号，如表6-10所示。

表 6-10　收入中心考核

指标	权重	起评点（得分 50%）	基准点（得分 100%）	封顶点（得分 200%）	备注
销售收入	60%	XXX 万元	YYY 万元	ZZZ 万元	得分与销售额呈线性关系
销售收入增长率	10%	5%	10%	15%	得分与销售增长率呈线性关系
价格执行率	20%	0.8	0.9	1.05	得分与价格执行率呈线性关系
CRM 数据维护	10%	线上用户增 20%	线上用户增 25%	线上用户增 30%	得分与线上用户增长率呈线性关系

首先，我们来看收入中心的考核思路。收入中心包括线上营销和线下营销团队，因为订单均是定制的，客户必须先预付，并在提货之前付完余款，所以应收账款和产成品周转率不是考核的重点。销售团队的报酬主要靠销售提成，因此，销售费用也不是考核的重点。

然后再看看成本中心的考核思路。成本中心包括各车间、工艺设计、质量管理和供应链团队。参考指标如下：

- 材料成本与产品标准售价之比
- 变动制造成本与产品标准售价之比

因为公司的标准价格主要是参考材料成本和变动制造费用而制定的，这两个指标对公司的盈利能力特别重要。其他考核指标包括：

- 其他可控制造费用实际金额与目标金额之比
- 本年质保成本与上年产品销售成本之比

本年产生的质保成本往往与过去 12 个月的销售订单相关，因此，这个指标的配比在时间上是错开的。因为公司的存货基本上都是按单采购和按单生产的，存货周转天数并不是很重要。

在该集团，其他的支持型职能部门都被定义为费用中心，包括行政、人力资源、财务、研发、采购、售后服务，因为董事会和总经理都是大股东，不参与股份激励，因此，他们所属的部门就不参与责任中心的考核了。上面这些费用中心的考核指标都是四个：

表 6-11 成本中心考核

指标	权重	起评点（得分 50%）	基准点（得分 100%）	封顶点（得分 200%）	备注
材料成本与产品标准售价之比	50%	XX%	YY%	ZZ%	得分与考核值呈线性关系
变动制造成本与产品标准售价之比	20%	aa%	bb%	cc%	得分与考核值呈线性关系
实际可控制造费用与目标可控制造费用之比	20%	104%	100%	95%	得分与考核值呈线性关系
本年质保成本与上年产品销售成本之比	10%	d%	e%	f%	得分与考核值呈线性关系

- 本部门的实际可控费用与目标可控费用之比
- 本利润中心的实际经济利润与目标经济利润之比
- 本利润中心的销售增长率
- 一个本费用中心特有的非财务指标

表 6-12 成本中心考核

指标	权重	起评点（得分 50%）	基准点（得分 100%）	封顶点（得分 200%）	备注
所属部门的实际可控费用与目标可控费用之比	40%	104%	100%	95%	得分与考核值呈线性关系
所属利润中心的实际经济利润与目标经济利润之比	40%	70%	100%	130%	得分与考核值呈线性关系
所属利润中心的销售增长率	20%	5%	10%	15%	得分与考核值呈线性关系
本费用中心特有的非财务指标	20%	X	Y	Z	由董事会直接给定得分

上表中的最后一个考核指标（本责任中心特有的非财务指标），由董事会根据相应的责任中心的核心战略任务的完成情况而定，比如采购可以选择核心材料的采购价格与市场价格指数之间的相关关系；人力资源可以选择核心员工流失比例、关键人才引进数、offer到岗率、面试登门数；财务可以选择管理报表的质量和速度、综合税费率、财务系统建设成熟度、财务人才培养等。

责任中心财务分析三大方法

提到财务分析，财务人员的脑海中就会浮现财务管理课本上介绍的各种指标、比率和计算公式，而实际上，这些指标和比率中的大部分都是给财务报表的外部使用者设计的，而对企业内部管理层有意义的财务指标，需要财务人员和管理层讨论之后着重挑选和重新设计，甚至要跳出课本的思维框架，另辟蹊径。

一方面，常见的财务分析指标有近百个，财务分析的数据来源往往是跨部门的，因此，财务分析相当耗时耗力。更重要的是，财务分析必须要及时和准确，才能给管理决策者和数据使用者带来价值。因此，在进行财务分析之前，首先要明确下面三个问题，以免做无用功。

第一问：为谁分析？

公司管理层和各部门的决策者都是财务的合作伙伴和内部客户，因此，财务分析必须首先面向企业内部管理层和员工，其次才是财务数据的外部使用者。在这方面，业财融合观念淡薄的财务人员往往会走偏。

第二问：分析什么？

既然内部管理层是财务分析数据的需求者，那么财务就要尽可能地提供他们需要的方面的分析数据。例如，车间主任对材料消耗差异、制造费用差异和生产效率更感兴趣；销售经理应该着重关注应收账款账龄分析、销售数量和价格差异分析等指标；而总经理对营业活动净现金流、营业利润率等指标更感兴趣；董事长对净资产利润率、资产负债率等指标更关注。

第三问：如何关联分析数据和KPI？

财务人员不仅要分析各项财务数据，更要将分析数据和各业务部门的KPI关联起来，促使各业务经理们懂得数据、关注数据，并利用这些数据来提高绩效。每个经理甚至员工，都有各自的KPI指标，因此财务分析数据必须关联他们的KPI，必须有助于他们发现差距、识别问题、找到解决方案，达成KPI和提高绩效；否则，分析数据就得不到他们的关注，变成一堆死数据，财务分析也就失去了必要性。

最后，我送给各位老板一句话："利润是设计出来的，现金是设计出来的，收入更是设计出来的。财务也是设计出来的，公司都是设计出来的，想要什么样的公司，就设计什么样的公司，老板就是公司的总设计师！"

工具 杜邦赚钱模型

投资回报率 17.3% 上年 8.7% 同比 +98.7%
总资产净利率 4.7% 上年 3.9% 同比 +19.8%
权益乘数 3.70 上年 2.23 同比 +65.9%
销售净利率 23.5% 上年 13.1% 同比 +78.6%
总资产周转率 19.9% 上年 29.6% 同比 -32.9%
权益乘数 3.70 上年 2.23 同比 +65.9%
净利润 593 上年 318 同比 +86.7%
销售收入 2527 上年 2418 同比 +4.5%
资产总额 12711 上年 8156 同比 +55.8%
权益总额 3437 上年 3658 同比 -6.0%
毛利 1599 上年 1072 同比 +49.1%
营业及管理费用 722 上年 544 同比 +32.7%
其他收支 -79 上年 -18 同比 +331.3%
财务费用 165 上年 123 同比 +34.0%
所得税 198 上年 106 同比 +86.7%
流动资产 1743 上年 2124 同比 -17.9%
长期资产 10968 上年 6032 同比 +81.8%
流动负债 8361 上年 4498 同比 +85.9%
长期负债 633 上年 同比
递延资产项目 -279 上年 8.7% 同比
本年销售收入构成 产品A 产品B 产品C 产品D 合计
本年销售成本构成 材料成本 直接人工 变动制造费用 固定制造费用 合计
本年费用构成 薪酬福利 变动费用 固定费用 其他 合计
本年其他收支 营业税金 20 投资收益 0 补贴收入 0 其他业务收支 -12 营业外收支 -87 合计
本年流资结构 存货 1136 应收款 -428 现金 954 预付 80 其他 0
本年长期资产构成 对外投资 0 固定资产 9513 无形资产 1455 其他 0
本年流动负债构成 欠银行 3250 欠供应商 -184 欠客户 0 欠其他 5295
本年长期负债构成 欠银行 0 欠其他 633

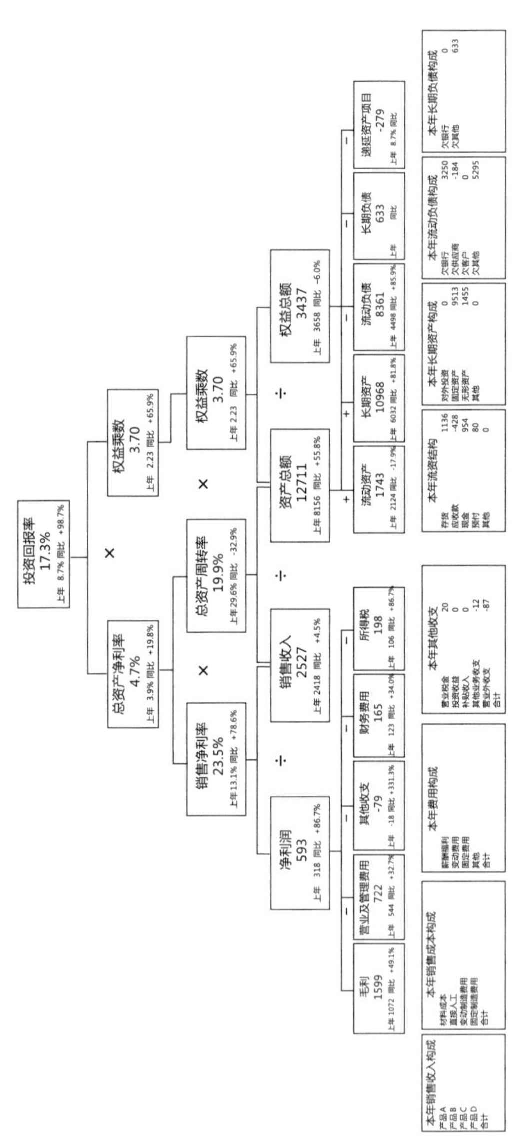

第七章 现金流管控实操方案

如何进行资金预测

很多民营企业的资金效率都非常低。我经常在课上问老板一个问题，你们的企业缺钱吗？每次都有人举手。现在的民营企业普遍都缺资金，而且，融资还比较难。

大家应该都清楚，银行更愿意借钱给国有企业和上市公司，相对来说，民营企业的融资渠道比较窄，因为银行对民企的授信度很低。除此之外，民营企业还有一个典型问题，资金效率很低。

中小企业以财务管理为核心，财务管理以资金管理为核心，资金管理不当是民营企业早年夭折的重要因素。对于民营企业来说，加强资金管理，掌握资金管理方法，提高资金周转速度、加强资金流管理是关键。资金管理是民营企业老板应该，而且是必须考虑的问题。例如：干活前要知道自己家需要多少钱；手头紧的时候，从哪里找钱？手头宽裕的时候，要怎么把钱用出去？钱放在哪里，谁管才最安全？

接下来，我先给大家讲一下关于资金预测当中防止资金链断裂的问题。很多企业的资金链一旦断裂，供应商的钱付不了、员工工资发不出来，导致企业经营陷入困境，最后倒闭、破产。资金链断裂是企业出现问题的一个非常重要的原因，这也是老板在经营企业过程当中必须要去严格防范的一个问题。我先给大家讲几个案例。

山东一家铝合金门窗的公司，老板以很便宜的价格从政府购买了360亩地。拿到地后，就开始盖厂房、办公大楼，大概需要2亿元，但是老板没钱，所以他只能贷款。但是贷款的时候，老板又犯了一个错误——“短贷长投”，就是用短期的贷款做长期的固定资产投资。上一笔资金到期了，企业经营也没有充足的资金，就采取了“还旧债借新债”的方式，这也就意味着，等到资金到期了，他就得借过桥资金，并于一周内还清，如此循环。这家企业在借过桥资金时，找了当地的四家企业做担保。这四家企业就提出了两个条件：一是不让老板娘干涉公司事务，老板为了能拿到贷款，就把老板娘，也就是公司唯一一个稍微懂点财务的人赶回家了。第二个，如果这家公司借过桥资金，贷款方由担保公司提供。

最后，这家本来运营得不错的企业，因为这种担保，差点倒闭。为什么呢？因为正常过桥资金一般都是一个星期或半个月还完，他的过桥资金借了两个月还没到账，担保公司说帮他办银行贷款，但是并没有将材料提供给银行。所以，最后算下来，这家企业一年光过桥资金的利息就7000多万元，但是企业一年的利润也才不过4000万元。

像上面这种案例，我们接触了很多。每次碰到这样的老板，我心里都非常难受，因为不是什么财务问题来找我们，我们都有办法解决的。

我再给大家讲第二个案例，发生在四川。

四川有一家做彩印的企业老板请我做咨询，咨询做到一半的时候，他们邀请我去参加当地举办的私董会。参加私董会的大概有12家企业的老板，加上工作人员总共17个人。开始的时候，每个人都在白板上写3个问题，挂到墙上，然后从里面选一个来探讨解决办法，80%都是财务问题，关于税、资金、股权激励、账务核算、缺钱怎么办、应收账款怎么管理……后来，选到了彩印公司的问题。

这家公司在经营的过程当中，因为同行的竞争压力比较大，老板和老板娘为了进一步提高核心竞争力，就花1800万元买了海德堡的设备和一条生产线。花完这1800万元后，企业就已经没有运营资金了，老板就接了啤酒厂的包装生意，结果啤酒厂需要原材料制造包装物，需要自己垫资金，等到把包装给啤酒厂后，可能需要3个月才能结账。问题是买完设备后，老板已经没有多少剩余资金了，如果再计算资金成本，他发现，还不如直接把这一单外包给别人，这样做的成本比自己印刷的成本还低。但此时还面临一个问题，购买的设备就浪费了！

案例中的这种企业面临的核心问题就是没有做资金预测、投资可行性分析，没有思考企业什么时候需要资金，并做好精确的预算。有些老板在听了我的财务课程后，就跟我说:“张老师，你课上给的那些工具，很有用，公司现在资金运转得很有效率！”

最后，我再重申一下，老板要重视资金链、多学习如何有效地财务管理，企业的资金才不容易出现问题，千万不要等到出问题了以后再思考。换句话说，在你不缺钱的时候也要借钱，在你不口渴的时候就要喝水，在你财务没有出问题的时候，就要学习财务，做到防患于未然。

企业如何不缺钱

企业老板有资金预测的思维还不够，还需要落实到具体的方法上，比如说，如何做到让企业在资金日益紧张的形势下还不缺钱呢？关于资金管控的相关方法，我也总结了案例，并得出让企业如何不缺钱的 7 种方法。

第一，不过度投资。

组织分两类：一类是对外投资，比如成立分、子公司；一类是对内投资，比如购买固定资产、存货等。无论是哪种投资，都需要企业有强大的资金链。

第二，不过度负债。

过度负债本身不是问题，不会导致企业资金链断裂，问题是企业过度投资，或者在运营过程中因为其他原因大量借贷，频繁使用财务杠杆。财务杠杆使用多了，就容易出现问题。在银行融资上，银行经常会执行“先还旧债，然后再贷出新债”，如果有一天企业把欠银行的钱还了，可是银行却说新债贷不出来了，企业资金链就断了。一般情况下，过度负债不一定是过度投资引起的，但是企业过度投资经常会导致过度负债，企业高负债运营是比较危险的。

第三，不过度运营。

财务管理有一个著名的原则“稳健性原则”，说的就是适度。企业的发展也可以适当地放缓速度，不要一下子增长太快。很多企业资金链断裂主要原因之一就是过度运营、过度追求企业的规模扩大。

第四，不过度赊销。

过度赊销指的就是在企业现金并不充足的情况下，放宽信用条件通过赊销扩大收入，从而引起应收账款大于应付账款，出现资金缺口。应收账款的本质就是通过给客户提供“无息贷款”，提升企业市场份额的一种行为。一笔应收款收不回来，十笔业务白做。也就是说 100 万元的应收账款出现坏账，假如按 10% 的纯利计算，要做 1000 万元的业务才能弥补这 100 万元坏账造成的损失。

第五，不过度压货。

有些企业没有控制好原材料和产成品，导致仓库有大量存货，从而占用了企业现金。财务思维认为，存货就是打了捆的钞票放在仓库里，所以存货就等于钞票。

第六，预防经营不善。

有些企业在经营中会出现亏损，亏损本身不会导致资金链断裂，但是亏损时间久了，企业的现金流就会受影响。如果企业一直亏损，那么这种亏损最终都会以现金的形式来买单，所以经营不善也是企业缺钱的一个主要原因。

第七，资金通道畅通。

各位可以思考一下，企业在缺钱的时候融资，还是在不缺钱的时候融资？企业一旦出现资金断链，再去考虑银行或金融机构融资是否来得及？如果我们从来没有与金融机构发生过借贷关系，企业的信用从何而来？没有借过钱的企业是否是有信用的企业？企业界曾经流传这么一句话：“银行一般是晴天送伞、嫌贫爱富。”所以，企业资金正常时，不断借款还款，再借款再还款，通过这种方式打通资金通道，塑造企业的信用，一旦需要资金，就可以保证资金迅速到位。

当然，通货膨胀、环保问题、行业格局、政策变更、突发事件等也是企业缺钱的原因，所以要防范这些问题的发生。

如何打通第二资金通道

企业是要盈利赚钱的，但是，传统买进卖出的赚钱方式，已经不再是唯一的商业模式了。企业在面临激烈的竞争时，可以选择对自己的盈利模式进行创新，开辟第二盈利通道。

企业在赚钱的过程中，会产生不同种类的利润，我把企业利润分成了两大类：一类是小利润；一类是大利润。小利润又分为三种：第一种叫产品利润，第二种叫现金利润，第三种叫税务利润。

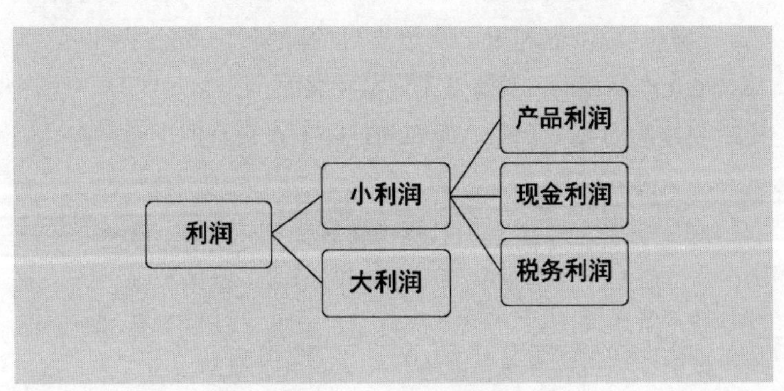

图 7-1 利润的分类

大家赚的最多的利润就是产品利润。举个例子，一瓶矿泉水进价 0.8 元，售价 1 元，赚了 0.2 元，这就是产品利润。但是随市场结构改变，很多企业的市场份额逐渐被压缩，产品利润变得越来越薄了。

我再给大家举一个赚取现金利润的例子。

北京有一个卖水果的老板，开了很多家连锁店。在上第二阶段的财务课的时候，他问了我："张老师，我账上的现金特别多，我打算把这些钱拿出来成立一个小额信贷公司，专门放贷，你觉得怎么样？"

我问一下大家，为什么卖水果的账上现金那么多呢？买水果的时候，大部分人都用什么付钱呢？用现金支付。什么时候给供应商付钱呢？月结。有的是一个月一结，有的是两个月或三个月一结。所以，水果店收到了大量的现金，而供应商可以过段时间再付款。因此，他账上现金充足，现在想把钱拿出来成立一个小信贷公司，专门放贷。

我的第一反应是，万一收不回来怎么办？结果，他马上跟我说："张老师，这个不用担心，我只放款给我供应商，只收一分五的利，最多不超过两分。"

这个水果连锁企业，一边赚卖水果的钱，一边赚资金的利息。也就是说，他利用了资金支付的时间差，赚了两道利润，第一道是产品利润，第二道是现金利润。

我接触的很多企业，他们的扩张不是盲目的，而是有关联性、产业链的。

有一个学员经营了一家婚纱摄影公司，他第一次来上我课的时候，公司一年的营业额才3000多万元。让人佩服的是，这位小伙子在公司规模还很小的时候，就非常注重财务管理。他把代理记账公司的老板，直接挖过来做他的财务负责人。

他在第一次听完课后，就请我帮他的公司做财务辅导。我给他的建议就是，充分利用现金利润。

以前，拍婚纱照都是先交定金，然后开始拍摄，最后取照片，取照片的时候付清全款。我建议他，只要客户确定了拍摄日期，就必须一次性付清全款。在这种模式下，这家公司可以提前收到全款，就可以利用交款到取照片中间的时间差。因为这家公司走的是高端路线，拍摄婚纱照都是上万元的，所以能沉淀在他的公司账上的资金，就非常充足。他可以利用这部分资金去做推广，也可以开拓门店。

后来，这个老板又扩大了公司的经营范围，他租了一栋楼做成了一个专门办婚宴的酒店。在婚纱店拍完婚纱以后，再引流到他的婚宴酒店去，这是成本最低的引流。婚宴酒店，一桌酒席最低是 8888 元，20 桌起订，哪怕一次按 20 桌算，一场婚宴也得有 20 万元。普通餐饮企业的利润可能只有 50%左右，但这个婚宴酒店的菜品是批量生产，利润能够达到 93%，酒席承办日期都已经预定到一年后了。因为这个酒店在预定日子的时候需要客户预付 30%，在结婚前的一个月，把剩下的款全部付清。对于这个公司来说，这笔预付款又是一笔很大的资金，这个模式用的又是“现金利润”的思维。

第一次见到我的时候，他一年的营业额才 3000 多万元，第二年营业额将近 8 亿，第三年营业额将近 20 亿。可以看出来，这个营业额的增长速度是非常快的。所以，如果企业能按照这样的“现金利润思维”去运营企业，提高资金的利用效率，加快资金在产业链当中的流转，我们的利润将有很大的提高。

还有的企业宁愿牺牲产品利润，把利润率做到 0，就靠现金利润来维持企业经营。大家应该看看自己的企业，有没有很好地利用现金利润呢？企业对现金利用效率是高还是低呢？

如何用资金倍增利润

企业运营资金的问题，也是企业老板最关心的一个问题。

我曾经给国内一家生产奶粉的企业的经销商做过培训。

在培训的过程中，有经销商跟我说："我们经销商现在都不愿意扩张，不愿意做得太大。"这家奶粉企业在很多地级市都有独家的经销商，按理说利润很可观，而他的代理商却不愿意扩张，是什么原因呢？根据他们的陈述，我发现，他们把奶粉从厂家提出来卖掉，中间需要30天左右的时间，而且要提前打款，然后把奶粉送到商场、超市等地方，然后等商场、超市把奶粉卖掉了以后，再给奶粉的经销商结账。通常需要90天左右才能拿到货款，甚至更久。

这样算起来，经销商提前30天把钱给厂家，商场、超市给经销商的钱要推迟90天，再加上中间存货周转的30天，资金的占用长达150天。假设，他提前拿货的时间，减少10天，变成20天，资金占用的时间也长达140天。

我们可以算一下，这个经销商的资金缺口是多少，或者说他需要多少资金才能周转开。比如，他一天的销售额是10万元，我们按资金占用140天来算，等于1400万元的资金占用。一天的销售额是50万元的时候，就需要7000万元的资金才能把整个流程运转起来。

这些经销商最开始都是蹬着三轮车起家的，慢慢发展壮大，现在一年销售额能做到两三亿元。但他们依旧觉得不幸福，想要转行。

为什么不幸福呢？因为他的销售额虽然高，但资金拿到手，是滞后的。钱到手后，随着规模的扩大，这些钱又要投入经营，变成了欠条和存货。所以，这些老板在资金的周转中，虽然看起来是有利润的，但始终见不着钱。

假如他原来有7000万元的资金，维持着一天50万元的销量。随着规模的扩大，一天销售额增加到100万元时，就有1.4亿元的资金需求，他缺的钱从哪来呢？对于这些奶粉经销商，借钱是特别不容易的。

第一，他没有不动产可以质押。第二，他也没有生产线、设备等实物资产。他有的只是商场、超市给他的欠条而已。想要把这些欠条拿去做应收账款的质押贷款，是比较难的，尤其是那些小超市、小便利店的欠条。所以，经销商借款的难度非常大。借款一旦有困难，这些经销商就只能控制企业规模，这种情况下，奶粉厂家的业绩也受到影响。结果，奶粉厂家老板也问我："张老师，你能不能帮我们这些经销商解决下他们资金短缺的问题？"我说："这个问题就比较头痛了，因为这是你们行业的商业模式导致的。"

谈到资金需求，我们就必须思考一个问题，企业到底需要多少运营资金？也就是说，我们的资金缺口到底是多少？给大家讲一个资金缺口的计算公式，希望大家牢牢地记住。

现金缺口（运营周期）=存货周转天数+应收账款周转天数-应付账款周转天数

现金缺口或运营周期，即，从使用资金购买原材料到收回资金的时间。企业运营周期越短，说明资产的周转速度越快，企业经营效率越高，管理也就越好。反之，则否。图7-2揭示了企业资金的创造机制。

我们用一个案例来讲解如何使用现金效率公式。

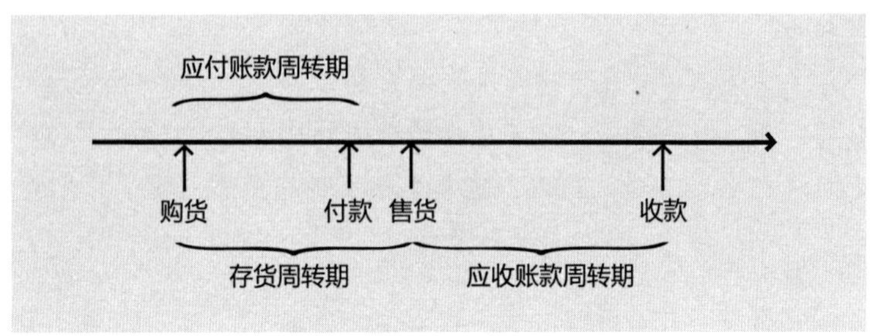

图 7-2 企业资金的创造机制

A企业要购买原材料，购买之后没有及时把钱付给对方，而是过了 30 天才付款；原材料买过来之后，经过生产、加工、仓储等环节直到最终销售花了 60 天时间；把货物发给客户以后过了 30 天才收到货款。那么，这家企业的运营资金周转天数（现金缺口）就是 60 天，如图 7-3 所示。

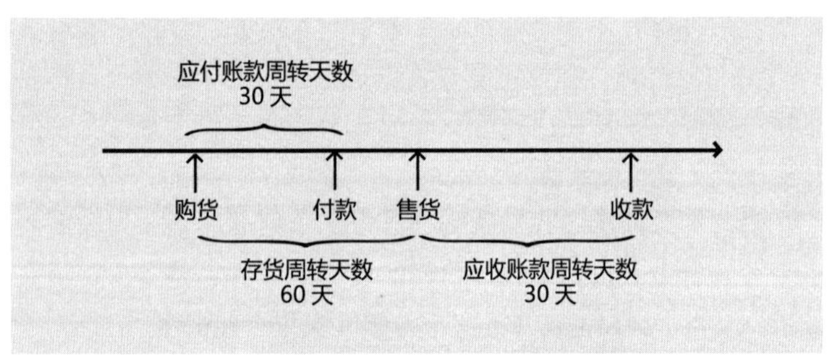

图 7-3 A企业运营资金周转天数示意图

计算方法如下：

应付账款的天数是 30，应收账款的天数也是 30，存货的天数是 60，根据公式：

运营资金周转天数（现金缺口）= 存货周转天数 + 应收账款周转天数 - 应付账款周转天数 =60+30−30=60（天）。

一年有 360 天，按照这个周转速度，这家企业的现金一年可以周转6次。根据公式：

运营资金周转次数或周转率=360÷运营资金周转天数

运营资金周转次数或周转率=360÷60=6

假设这家企业一年的销售额是1.2亿元，在资金一年周转6次的情况下，企业需要的可流动资金是2000万元。根据公式：

运营资金需求量=年度销售额÷运营资金周转次数

运营资金需求量=1.2亿元÷6=2000万元

企业的规模做得越大，营业额越高，企业的资金需求越多。如果这家企业打算明年做到2.4亿元，则需要4000万元的流动资金。根据公式：

运营资金需求量=2.4亿元÷6=4000万元

当这家企业的收入目标是2.4亿元时，在企业管理稳定的情况下需要4000万元的资金，如果企业管理不稳定，应收账款的时间会变长，那4000万元的资金就不够了。除此以外，还要有厂房、生产线投资。

所以，当这家企业的收入目标是2.4亿元，企业只有2000万元的运营资金，那么老板就要考虑如何弥补2000万元（4000万元需求−2000万元已有）的资金缺口。

换句话说，这家企业运营资金的需求要和销售收入成正比，收入规模越大，需要的周转资金就越多。

如果这家企业的销售目标是2.4亿元，但又无法筹集到4000万元的资金，只有2000万元的资金量，我给大家推荐三个可以采用的解决方法：

第一个方法，另行融资。如，股权融资（上市）或债券融资（借款）。

第二个方法，降低销售增长速度。“有多少米煮多少饭”，根据现有的2000万元资金，将销售收入的规模仍然控制在1.2亿元左右。

第三个方法，提高资金的周转效率、周转速度。2.4亿元除以2000万元等于12次，那这家企业明年的资金就要周转12

次，平均每 30 天周转一次。根据公式：

运营资金需求量=2.4 亿元 ÷X=2000 万元

则，运营资金周转次数X=12 次。

根据公式：

运营资金周转次数 12=360÷ 运营资金周转天数Y

则，运营资金周转天数Y=30 天。

当然，有人会说："张老师，我融不到资金怎么办呢？"融不到资金有两种原因，企业融资能力有问题，也可能是企业信用有问题。我的建议这时不要贸然扩大销售规模，要等你的资金变雄厚了，再进行扩张。贸然扩张企业规模，容易出现资金链断裂，加速企业的死亡。

所以，企业运营资金的管理，其核心是要做好三个管理：应收账款的管理、存货的管理、应付资金的管理。如果企业运营资金的管理是不合理的，就需要更多的资金去维持一个比较小的营业额，得不偿失！

有一家做家电的企业，一年的营业额是 2400 亿元。在全国开了很多分店，大家想一下，它需要多少运营资金，才能周转开呢？

前面我们已经讲过了运营资金周期的计算公式：

运营资金周转天数（现金缺口）= 存货周转天数 + 应收账款周转天数 - 应付账款周转天数

像国美、苏宁这样的企业，他们采用的管理方法是"供应商管理库存"，也叫"零库存"，就是所有存货都不是企业自己的，而是供应商的。只有当企业把货物卖出去了，才算企业的。

这家企业同样采取"零库存"的管理方法，不但不付钱，还会收供应商的货架费、进店费等。此外，顾客去这家企业买东西的时候，从来没有赊账行为，所以，对于这家企业来说，应收账款的天数为 0，而企业给厂家结算往往是在销售之后的 90 天。这样算下来，这家企业卖 1 亿元的冰箱，这 1 亿元就在自己的口袋里装90天。如果一年的营业额是2400亿元，按照90天的周转天数计算，需要周转4次，再用2400亿元除以4，等于600亿元，但这600亿元不是负的，而是正的。这意味着这家企业在运转的过程中不但不需要运转资金，口袋里反而多了600亿元。这个资金会不会没有了？不会，因为它的资金永远都是流动的，就像一个水池，有进水的时候，有出水的时候，但进水是大于出水的。这时水就会越流越多，钱也是越积越多。什么时候600亿才会没有了呢？所有的店关闭的时候。

对于这种企业来说，开的店越多，占用别人的资金就越多；占用的资金越多，就有更多的钱去开更多的店，形成良性循环，这就是所谓的“玩资金”。但是，有的企业，在企业运营的过程中，资金却越来越少，企业越来越缺钱。显然，行业不同，商业模式不同，财务管理方式不同，企业的资金需求也就不同。

大家要知道，不仅仅企业的利润是设计出来的，资金也是设计出来的。但这要取决于财务人员用什么样的方式去进行设计，设计得越好，企业的资金就越充足。作为企业老板，资金管控是我们必学的内容之一。

以后有机会，我还会进一步给大家讲企业如何利用资本的力量去实现财富的几何式增长。

工具 本量利分析表

设定	当前预算		
销量	40,000 台		
价格（不含增值税）	3.5 万元		
	总额（元）	单台（元）	%
销售收入	140,000	3.50	100
材料成本	82,674	2.07	59.1
附加值	57,326	1.43	40.9
变动性成本/费用小计	10,197	0.25	7.3
固定性成本/费用小计	29,797	0.74	21.3
成本/费用合计	39,994	1.00	28.6
息税前利润	17,332	0.43	12.4
利息费用	3,003	0.08	2.1
税前利润	14,328	0.36	17.3
所得税	3,582	0.09	6.2
税后净利润	10,746	0.27	7.7

第八章 内部控制设计实操方案

财务管控常见的五大问题

在这一章之前，我们都在讨论如何帮助企业“跑得更快”的问题，但各位老板有没有考虑过，如果企业没有保证措施，是不是发展速度越快，事故就越多？

我有一个学员姓郑，60多岁，从40岁就开始经营一家农业公司，现在年销售额20多个亿，高管团队都是跟着自己很多年的老部下。2019年，他发现跟着自己很多年的采购负责人贪污了100多万元，这个老板很生气，私下找到我，问我应该怎么处理，我的建议就是送监狱。但这个老板表示情面上过不去，毕竟是自己十多年的老部下。但是我坚持认为，这个人做了恶事，就应该承受自己的恶果；而且如果你不把这个人送监狱，公司其他人会怎么看？这对公司文化是一个极大的负面影响。

一年20多亿的营业额，说实话，民营企业中这个体量的公司真的不小！100多万元的贪污款，舞弊者还是老板最信任的人。可见，民营企业的内控是不是失控，不仅仅取决于员工是不是配合，更多的是老板认知是不是匮乏。

我们来看几组调查数据。

数据一：舞弊腐败金额是全球总收入的5%。换句话说，一个企业年营业额1亿元，舞弊腐败损失500万元。

数据二：企业中男性员工舞弊比例为72%，女性员工舞弊比例为28%，其中工龄8年以上的员工舞弊比例达到67%。这说明舞弊者大多都是老员工和男性员工。所以我建议，要想杜绝舞弊，如果老板不完善企业的内控系统，就只能多招女性员工，多辞退工龄 8 年以上的员工了。

这些调查都证明了内控对企业的重要性！所以，我们在经营企业的过程中，不仅要关注企业是否跑得更快的问题，还要解决是否跑得更稳的问题。

有的企业老板觉悟很高，知道主动做内控，但是他们把内控建设全权托付给财务部，这是错误的。在“财务系统”课上，我问学员们：“公司要是做内控，谁应该是项目的一把手？”回答财务人员、高管、老板的都有。对于财务人员和高管来说，有 95% 把工作看成是在打工，目的就是赚钱，只有 5% 把工作看作是终身事业，愿意和老板共进退。但老板就不一样了，90% 多的老板，都是把公司当自己的孩子来养。

所以，内控的一把手还应该是老板自己。

很多企业老板，尤其是民企，他们会问我：“张老师，你看我们企业规模也不大，有必要做内控吗？”有没有必要不是你说了算，也不是我说了算，我们用数据和事实说话。

据官方数据统计，世界 500 强企业的平均寿命 40~50 岁，美国每年新生 50 万家企业，10 年后仅剩 4%；日本存活 10 年的企业亦不过 18.3%；中国民营企业的平均寿命 2.9 年。

民营企业为何大多会夭折？原因有两个，内部管理和外部市场。而内部管理大多是企业内控的缺失。可能还会有老板说，我们企业有内控，不还是一个结果？我想请老板思考一下，你们的内控是真内控还是“面子内控”？我把民营企业的“面子内控”主要分为五类：

第一，单一化：只有没人读的文字制度，没有配套使用的流程、工具。

老板们，如果你开车到一个陌生地方，会看地图吗？看地图你是想看文字版的还是图片版的？还有，如果只有文字、图片，没有语音，你是什么感受？同样的道理，企业内控如果只是文字制度，写出来根本没人看，即使挂在墙上也只是装饰。一个完善的制度，一定要配置详细的流程和落地使用的表单工具，否则就是一张废纸！

第二，僵尸化：搞静态内控，始终不变。

请问各位老板，你们现在还在做营业税的筹划吗？肯定都不做了，因为2016年就已经“全面营改增”了。做内控也是一样，必须得是动态管理，而不能是静态管理，因为企业在发展的过程当中也会慢慢变大，一个18岁的小伙子还能穿着3岁的衣服吗？有一些企业有内控制度，但实际上他们的内控内容陈旧、格式陈旧、工具陈旧，怎么能起作用？

第三，片面化：认为内控就是花钱，看不见内控与效益的关系。

从1997年开始，华为每年要支付数千万元咨询费，请IBM等国际知名管理咨询公司做咨询，改善内控与流程，到2018年，总共花了超过300亿，平均每年15亿。成果就是，华为从1998年10亿美元收入发展到2019年1220亿美元，增长122倍！华为证明了，监督同样产粮食，内控即成本，也能产出大效益。

说到底，华为的内控就是任正非的管理哲学的体现。老板格局大了，公司自然定位就高了。

第四，情绪化：出了问题就搞运动，不出问题就不管。

内蒙古乌海有个老板，经营企业八年，一直都是两套账，交易不论公私，都走个人卡。后来，被别人举报了，税务局到企业把所有的账务和银行流水都拿走了。老板没办法，连夜找到金财，要求三天内赶紧派老师去协助解决。企业都走到这个地步了，老板才想起来变革，就相当于病入膏肓了，才想起来吃药，还有用吗？

第五，碎片化：制度一大堆，条款满天飞，相互起冲突。

某公司的财务和老板说，有笔银行贷款到期了，公司没钱还，怎么办？老板问财务怎么回事，财务说采购付款花太多；老板叫来采购，采购说，销售量增加，客户要货急，要求提前备货；叫来销售一问，销售说今年任务重，开发新客户，全是先货后款的。

从表面看，这几个部门都有错，错在什么地方？他们各自为政，严重缺乏沟通和交流，如果各方能多问几句“为什么”，可能就不会发生贷款还不上的事情了。但是问题的根源还在公司制度流程的不规范，公司没有制度约束各部门的业务活动，缺乏流程去引导各部门的执行对接，这就像开车上新路，但是没有导航，不出错才怪。管理是系统工程，有逻辑有层次有衔接，不是瞎拼积木。

管理失控的本质、套路及表象

1.管理失控的本质

很多企业老板，都已经注意到在企业经营过程中存在着腐败问题。下面我将通过案例，给大家介绍一些常见的企业内控失控情形。

有一个企业的老板在上海成立了一个子公司，这个子公司因为是发展初期，业务也比较少，所以人员配置也不多，总共才四个人：一个是经理，一个是司机，还有一个会计，一个办公室人员。这四个人中，经理负责财务的支出和审核，会计负责日常支出的记录，没有专门的出纳人员。但是一年之后，总部的审计人员发现公司的会计有贪污的嫌疑，调查最后证实，这个会计为了供女儿上学，私自挪用了 57 万元。

大家想一下，为什么会发生这种事情呢？很多的民营企业在初创阶段，企业的人员配置不到位，内控系统也是不健全的，企业完全是靠“人”在治理。类似的案例还有很多。

有一个河南的客户，她来学习财务课程的时候，根据课上讲的舞弊内容对照了自己的企业情况，发现有一个在企业长期存在的，却一直被自己忽视的现象：公司的财务经理依靠她的日常工资收入，是没有办法去支付她平时用的那些包包、服装、化妆品等奢侈品的。经过尽职调查后，查出这个财务经理三年间从公司陆续挪用了两三百万元的资金。

这也是企业的内控出现了问题。换句话说，如果不是这个老板娘来上我们的财务课，她可能还没有注意到这个问题。

汽车4S店为了在地级市进行市场的开拓，会在很多县级市场设立销售网点。网点把车卖掉后，再把钱给4S店，这中间有一个时间差，所以一个销售网点的负责人就利用时间差，把一些富余的资金拿去放高利贷和小额贷款，通过收取利息进行牟利。

这个网点的负责人不仅把自己手中的钱拿去做放贷业务，还把4S店的财务会计拉下水，让财务会计挪用4S店的钱去放贷。这个4S店的财务会计每个月从放贷中分到的利息，要比他的工资高两三倍，所以也非常乐于参与。

后来，网点负责人拿出去放高利贷的钱收不回来了，就打算跑路，他在跑路之前把店里的六台汽车卖掉了。4S店是有一定的内控手段的，它会保留一把钥匙和汽车的合格证，也就是说，虽然4S店把汽车给了网点，但是汽车的所有权还是在4S店的手上。如果没有合格证，即使网点把汽车卖了，这台汽车的所有权，还是归4S店所有的。

这个网点的负责人在跑路之前，跟4S店的财务会计私下说这些车已经卖了，钱明后天就会打过来，让财务会计先把合格证给他。因为财务会计从网点负责人这拿了不少好处，就把合格证给了他。网点负责人拿到合格证后连夜就逃跑了，导致4S店的钱收不回来，一下子损失了好几百万元。

中国有这么多的民营企业，每天都在发生很多类似的事情，我们必须去思考一个问题：企业舞弊的根源是什么？

其实，经营企业有很多的风险，这是不可避免的。对于老板来说，最重要的是知道如何规避和解决这些风险。

虽然有些不可抗力的风险，我们没有办法去规避的，比如地震、洪水等，但对于大多数企业内部产生的舞弊、腐败风险，企业是可以提前进行防范的。建立完善的内控系统，就是用最低的成本避免最大的损失。

2.舞弊的三大套路

很多老板问我:“张老师，舞弊有哪些套路？”我给大家总结了一下。

第一个套路是不入账。不入账在民营企业是常见的现象，其目的是为了少交税或者是为了方便。比如，客户、供应商，返还的佣金或补贴，不对公打款到公司账户，而是直接打款到个人卡，这些私户在使用过程中就容易产生混乱。因此，收入不入账或者资产不入账，就会导致严重的舞弊风险。

第二种套路就是资料造假。资料造假往往出现在招投标的过程当中，明明不符合招投标的条件，但通过一些伪造的资料，满足了条件。其实，在人力资源招聘的过程当中，也会发生资料造假，明明不符合招聘要求，却因学历造假、工作经历造假而蒙混过关。

第三种套路是关联交易。利用关联交易进行利益转移或利益输送。不管是资金还是资产，都会给企业带来损失。比如，利用销售过程中的黑洞，明摆着说要给客户佣金，但实际上有些佣金被他自己截留了，导致企业后面的应收账款的回款出现问题。或者是把给客户赠送的赠品，进行截留，这种现象也是常见的。

以上就是舞弊的三大套路：第一个是不入账；第二个是资料造假；第三个是利用关联交易，进行利益的转移。

3.舞弊的八大手段

前面已经总结了舞弊的三大套路，我再给大家介绍一下舞弊的八大手段。

第一个手段是挪用公款，或者公款私存。天津一家汽车4S

店的员工，没有把卖车和卖汽车配件的钱交到财务部，而是存到个人卡，这就是典型的挪用公款。这种把销售款或者将客户的回款、手续费、佣金，不交到公司的行为也叫挪用公款。我大致梳理了一下，挪用种类约有 40 多种，但目的各有不同，比如有人为了炒股，挪用资金几个月，然后再及时还回来。但如果炒股被套，还钱自然很难。

第二个手段是贪污。贪污指利用侵吞、窃取、骗取等手段，非法占用公司的利益。企业只要有采购，并且采购人员有一定权力，往往都会出现利用职务便利的贪污行为。举个例子，一个部门有五个人，其中一个人辞职，但是部门主管未向人力资源部报备，在财务不知道的情况下，主管私自把工资领走；还有一些员工收回应收账款，据为己有，同时又销毁证据。

第三个手段是受贿。受贿是利用职务便利来获取他人的财物，或者非法收受他人财物。这种情况大家都比较了解，就不多介绍了。

第四个手段是虚开发票、乱报销，通过虚开发票、乱报销的形式进行舞弊。比如，有家销售空调的企业，其员工从京东商城为孩子购买了一张婴儿床以及一些儿童积木等商品，共计 2340 元。他开具了增值税专用发票，并在公司入账，进行抵扣。这种“私账公报”的行为就是内控漏洞的具体表现。这些舞弊行为，对内形成恶劣风气，对外损害企业形象。

第五个手段是私开小金库。这个小金库可能属于一个部门或小团体，他们把本来属于公司的收入，截留下来成为小团体的资金，日后再变相私吞。

第六个手段是贱卖资产，将一些优良资产当作是不良资产予以报废或贱卖。深圳有一个企业的员工，把一批未过期、质量也没有出问题的原材料，以残次品的价格贱卖了，在资产售卖过程中，拿了巨额差价。

第七个手段是关联交易，利用关联交易进行利益转移或输送。前面已经讲过，这里不再赘述。

第八个手段是盗窃，大家可能关注过。比如仓管倒卖原材料，生产车间的员工倒卖半成品或残次品，甚至还有人买通保安，直接盗窃公司产品。这种直接盗窃的行为比较容易调查，但是隐形盗窃就很难了。

以上就是舞弊八大手段，希望对企业的内控建设有所帮助。

4. 内控失效的十大表象

第一个，大事、小事老板签字负责。很多民营企业的老板，什么事都要自己签字，实行“一支笔”的管理模式。

江西有一个经营食品企业的老板，公司报销的所有发票，都要他亲自签字。比如 1 元钱 1 张的公交车票，20 元就有 20 张，出差回来，就要面对满桌的发票。老板也会因为精力有限，没有核实就进行签字，最后误签。

另一方面，对于一些员工来说，老板的签字无异于尚方宝剑。一旦老板签字了，即使财务提出异议，业务人员还可能会说：“老板都签字了，你还管那么多干什么？”所以，老板的“一支笔”的确不是严密的管理方式，反而会造成企业严重的舞弊漏洞。

第二个，过度地依赖业务人员。很多企业的客户档案，都完全掌握在业务人员的手上，业务人员甚至会带走客户资料。这种情况在民营企业中也很常见。

第三个，未定期盘点。很多民营企业对产品的库存或生产原料不做定期盘点。原因可能是，管仓库的人就是老板的亲戚，认为盘点作用不大，所以五年、十年都不盘点。有些存货是有保质期的，有些存货可能已经过期扔掉了，但是账上还保留着。这会导致存货账实不符，如果税务局来查账，就很难说清。

第四个，采购环节记账不明。企业在采购的过程中，因为索要增值税发票，对方会要求加税点。为了节省成本，很多老板决定不要发票，这就导致财务记账不明。没有发票，财务人员就没有准确的参考数据，因此，产生舞弊、腐败也是自然而然的事情。其实，很多民营企业在采购过程中产生的损失比搭建完善的内控系统成本更高。

第五个，关键岗位不轮换。在民营企业中，很多关键岗位不制定“强制轮换”和“带薪休假”制度。只有企业制定了轮岗或是带薪休假制度，才能帮老板抓住舞弊、腐败的黑手。

青岛有一个老板，他的财务十多年来从来没有请过假，也没有休过假。在给他做财务辅导的过程当中，这个财务直接表明：“想查我的账，至少要等到我退休以后。”这个财务现在50多岁了，等到他退休，还得八九年。一个在关键岗位的员工从来不休假，很多老板会认为员工敬业，但这未必是好事。只有适当地调离，企业才能有机会做一个离场测试，看他离岗时，是否会暴露出问题。企业的许多腐败，都是在相关人员离岗期间调查出来的。

第六个，老板主观认为建立内控系统会增加成本。很多老板将降低成本看得很重要，一味地强调降低成本的重要性。他们认为建立内控系统，会导致企业成本的增加，所以，就将“增加效率、降低成本”作为不建立内控的理由。建立企业内控系统在短时间内可能会增加一些成本，但是从长远来说，完善的内控系统更多的是防范了企业风险，降低了企业成本。

第七个，不相容职务未分离。比如，会计、出纳由一人担当，这是创业公司的常见现象。

有一个卖茶叶的老板，在天津成立了一个子公司，因为子公司人员较少，会计和出纳就由同一个人担任。后来子公司的财务负责人酒后打架被拘留了，老板去看守所接他。因为拘留时，东西要寄存，所以，老板在帮财务负责人收拾包的时候，发现了一个几百万元的存折，这和财务负责人的收入严重不符，老板才发现了问题。

第八个，制度形同虚设。不少老板都想建立完善的内控系统，事实上，他们也这么做了，一番周折把制度拟定了出来，但就是不执行。制度一旦被践踏或被逾越一次，基本上就形同虚设，这就是典型的“说一套做一套，制度放空炮。”

第九个，财务胜任力不足。有些公司的财务人员不是应该干什么就去干什么，而是会干什么才去干什么。胜任力问题也是民营企业发生舞弊、腐败不可忽视的原因之一。

第十个，财务人员数量相对不足，与企业发展规模不相符。

有一次，我去深圳讲课，碰到了一个做生产制造的老板，公司年销售额1.6亿元，但只有一个学历是高中的财务人员。这个老板解释外账找代理记账，内账才是这个小女孩做。一个人既管钱又管账，本来就不符合制度，况且这个财务连资产负债表、利润表都做不出来。1.6个亿销售额的生产企业，内账只有一个人负责，企业的财务很难不出问题。类似于这种情况，即使这个企业找我们做财务咨询和辅导，我们都很头痛。因为这需要耗费很大的精力，咨询老师首先需要帮他建立财务团队，这是财务规范的基础。

通过对上述十大内控漏洞的了解，各位必须重新思考一个问题，什么是内控？从某种角度上讲，内控其实是一种思维模式，是老板和员工一同面对企业可能发生的各类风险，然后去控制它。而建立内控的过程，就是企业老板和员工共同学习的过程，也是思维同频的过程。

所以，内控的思维模式可以通过学习来获得。当然还有一种方法，发生损失后，然后再去堵漏洞，但这种方法的成本最高。

内控完善的“三五八”原则

1. 舞弊三角模型

初创阶段的企业，内控系统相当不完善，我们不得不思考，这些漏洞产生的原因是什么？

企业舞弊中有一个著名的模型，叫“舞弊三角模型”。

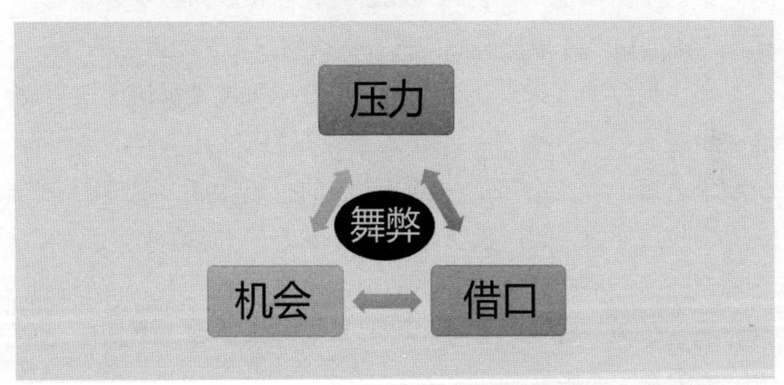

图 8–1 企业的舞弊三角模型

如果企业同时符合这三个角的条件，舞弊、腐败的发生概率就非常高。

第一个角叫压力，也叫需求或动机。大家想一下，现在的员工在企业上班有没有压力？除了婴儿，每个人都面临压力，经济压力、工作压力、晋升压力等。压力不可消除，只能转化和缓解。这些压力就是员工产生舞弊、腐败行为的动机或需求。但值得注意的是，即使员工有动机，也并不意味着，他就一定能够进行舞弊和腐败，还需要考虑其他条件。

第二个角叫机会，也叫条件。有了动机，没有机会，舞弊还是不能成功的。舞弊者需要具有舞弊的机会，舞弊才可能成功。舞弊的机会一般均源于内部控制在设计和运行上的缺陷：公司对资产管理上的松懈，公司管理层凌驾于内部控制之上，可以随意操纵会计记录等都是内控缺陷的表现。举一个简单的例子，一个会计既管钱又记账，在岗位设置方面的体现是既当出纳又当会计。在这种情况下，违规机会特别多，很容易滋生腐败、舞弊。从企业的角度看，这种漏洞其实就是在引诱员工犯罪。

第三个角叫借口，也叫自我合理化。什么叫自我合理化？任何一个人做一件事情前都会在心里找到一个说服自己的理由。对于那些舞弊的人来说，通常的借口有：每个人都这样做，我这么做没有什么不恰当；拿走现金只是暂时的“借”，当投资获利了之后，我就会还上；经理给我的报酬过低，我理所应当获得这些额外的津贴；我没有伤害任何人……有动机、有条件，然后自己又能够找到一个正当的理由，这种情况下，一个企业舞弊的三角模型就已经形成了。一旦同时满足这三个条件，腐败、舞弊发生的概率自然就高了。

要想减少企业腐败、舞弊问题的发生，就需要想尽一切办法减少员工的压力，同时，避免舞弊机会的产生。

企业在经营过程中，一定要依据舞弊三角模型来完善内控系统，以保证其能安全、合规地运行。

2. 内控五要素

针对某一项业务或某一个公司来讲，日常经营都会涉及内控的5个要素，换句话说，不存在哪个业务部门可以说自己的部门只跟控制环境相关，或者只跟控制活动相关。

为了实现控制目标，需要5个要素齐心协力。

下面，我们来逐个分析下5个内部环境要素。

第一，内部环境，内部环境被看作是企业建立内控的土壤。良好的治理结构和环境是基础，其他四个要素都是在控制环境内发挥其功效的。

除了治理结构，我们的环境还包括企业文化、政策与行为准则、机构设置等。内部环境作为企业内控的基础，内容丰富且广泛。如果企业想要建立一个健全而完善的内控，内部环境肯定要放在首位。

第二，风险评估，它被称作是企业的查暗器，不仅影响控制活动，还可能会强调重新考虑信息与沟通或重新考虑企业监控行为。我再用一个故事来给大家说明一下风险评估这个环节对企业的重要性。某动物园管理员发现袋鼠从笼子里跑出来，于是决定将笼子加高10米。第二天袋鼠还是跑出来了，他们决定将笼子再加高10米。没想到，第三天，袋鼠还是跑出来了。这些人大为紧张，决定一不做二不休，直接将笼子加高到100米。结果袋鼠又再一次跑出来了，因为笼子的门从头到尾都没有关过。

如果我们从内控的角度来分析一下故事，事有“本末”“轻重”“缓急”，关门是本，加高笼子是末，舍本而逐末，当然就不得要领了。控制活动建立在全面的风险评估上，如果单凭经验主义，根本无法做到有的放矢。

第三，控制活动，它被称作是企业的“金钟罩”。不管依照哪种原则、哪个方法，内控最终还是要落实到一个个流程和行为活动。内控活动包括两个方面：一是建立防控机制，包括预防性机制、检查性机制、纠正性机制、补偿性机制。二是采取控制措施。其实，内控的逻辑就是“定目标，查风险，有措施”。在企业的经营活动中，风险无法有效识别、量化，企业的风险承受程度无法衡量。同时我们还需要考虑成本效益，企业承受风险遭受的损害和规避风险的投入之间的比较，一般会对企业的决策产生很大影响。

第四，信息与沟通。信息与沟通贯穿风险评估和控制活动的全过程，如果没有这个要素，再好的机制要么不能发挥作用，要么适得其反。但在信息与沟通过程中，我们要确保收集和传递信息的及时性和准确性，通过制度明确收集范围和方式，利用流程表单建立内外部沟通的渠道。

第五，持续监督，它被形象地比作“东厂、西厂”。明朝期间，“东厂、西厂”是皇帝亲立的特务情报机关，替皇上监察百官和锦衣卫。监督也很重要，因为监督要素保证了内控5个要素的闭环，如果所有这一切不在监督之下，别的要素即便做得再好，也是白搭。

3.内控建设八大要点

内控的八大要点始终贯穿在内控的建设当中，我为大家简单地介绍一下。

第一，不兼容岗位设置。

这一要点的应用随处可见，上到国家治理——立法、执法和司法的三权分立，下到公司治理——董事会、监事会、股东会和经理层的相互制衡。

设计任何流程最先考虑的就是岗位设置的不兼容性，否则流程就会出现“bug”。最好做到在搭建任何流程时，都要明白流程有哪些关键节点和关键职责，它们是相容的吗？如果不是，一定要分离开。

在这里，我给大家列出几个岗位设置的原则：第一，管钱、管物、管账一定要“三足鼎立”，相互牵制；第二,一项经济业务的处理程序至少包括规划、审核、执行、记录和复核5个步骤，每个步骤必须严格区分，不允许“一人包打天下”；第三，授权与执行、执行与审核、执行与记录、保管与记录相分离。例如，授权批准与业务经办，业务经办与审计监督，业务经办与会计记录，财务保管与会计记录，财产保管与会计记录。

第二，授权审批。

企业规模大了，就必然需要借助系统管理，在系统的设计和运行中，公司领导就要把相应的职权授予到各个节点。出于“抓大放小”的考虑，又会把授权分为“一般授权”和“特殊授权”。

授权一定是基于流程或系统的，换言之，授权后要靠流程或系统去管控和监督事项，没有流程或系统管控的授权不能叫授权。对于授权审批，老板一定要界定清楚：第一，授权的范围要包括所有的经营范围；第二，授权的层次也要划分清楚，事项要按照重要性的大小排列，金额也要按照从高到低的顺序排列。授权责权也要明确，谁承担什么责任，谁享受哪种权力。授权程序也要有所保证，避免越级或漏级。

第三，预算控制。

企业的成本与收入，要用预算手段来进行控制。预算控制与PDCA模型有异曲同工之妙：从计划（事先控制）、执行（事中控制）、检查监督（事后控制）到反馈优化，然后进入下一个循环或下一期间的预算滚动。但预算控制有几点必须要注意：第一，预算一旦制定和审批，就变成冰冷的数据，绝不能随意改动。这就是有情的领导、无情的管理和绝情的制度。第二，从严从简、厉行节约、责任明确、严格执行。第三，根据业务收入情况确定费用额度，原则上不允许突破，预算总额内分项可调使用。

第四，运营分析。

公司运营会产生大量的数据，这些数据之间存在逻辑，企业可以利用这些逻辑罗列出运营的关键指标并进行分析。通过这些运营分析，可以发现很多隐藏的管理问题。

第五，流程表单控制。

做事要有激励思维，管理公司或团队要有系统思维，每个系统都是由一个个流程构成，每个流程会有一个个关键的节点，每个流程一般都会配置相应的表单，每个表单记录不同节点和不同岗位职责的履行情况。

一个企业表单乱，则账乱；账乱，则财务乱；财务乱，则企业乱。所以我们把这个称为表单穿透原理。

财务和业务怎么融合？就是要通过两个点：一是流程；二是表单。在流程和表单中嵌入财务人员和业务人员都需要的数据，通过汇集各自需要的报表，彼此反馈。内控的审核，很大一部分也是通过流程和表单。当然，随着业务、规模的发展需要，流程和表单也要定期升级。

第六，绩效考核。

先给大家讲个故事。有一个年轻人，不小心将酒店的地毯烧了两个洞，退房时服务员说，根据酒店规定，每个洞要赔偿100 元。于是，年轻人点燃烟头将两个小洞烧成一个大洞。大家想一下，按照这个酒店的赔偿标准，如果把地毯全部烧完，该赔多少钱？很显然，这个酒店的标准仅仅是破洞的数量，结果就是小洞变成大洞，大洞还可能变成“没洞”。

道理很简单，企业想得到什么，就要去考核什么。只有控制和检查，但没有考核，控制和检查会失去力度。只有考核，但没有控制和检查，考核会失去依据。

第七，现场查验和实物控制。

现场查验就是直接现场去检查实物，并与账目核对，这是力度最强的。一般有两点：第一，接近控制，就是不让到现场去看：严格限制无关人员对资产的接触，只有经过授权批准的人员才能接触资产。比如，保险箱中的现金，只有出纳能接近。第二，盘点控制，就是要到现场去看。对于一些特殊资产，必须要去仓库或实地进行盘点才能达到检查和控制的效果。比如，可以如数清点的存货和现金。

第八，建立反舞弊机制。

一是惩防并举。事前有告知，事中有制度，事后有检查。二是重在预防。三是反舞弊（渎职）的监督手段，举报、审计、内部和外部调查、舞弊行为的处理和补救，坚持“调查中立和利益回避原则”。四是建立、完善举报投诉制度。五是由公司法务、财务、内审、行政人事等职能部门组建联合机构，专门调查内部员工舞弊行为。

以上谈到的这八个要点，将一直贯穿于我们整个内控的系统。

资金内控的漏洞、风险及落地方案

这一节我们主要谈一谈民企的资金内控。自从2014年开始，民营企业的资金境况越发艰难，虽然国家也在持续出台政策，以帮助中小企业缓解资金困境，但还是远水解不了近渴。

民企的生死存亡和资金息息相关，对于资金维护，除了重视外部融资渠道，我们还要关注企业内部的资金安全管理。本节，我们将以资金管控为重点，对相关内容展开讲解。

1.资金的特点

资金包括现金、银行存款等。

大家知道现金有哪些特点吗？第一，真金白银，容易让人见钱眼开，造成风险。第二，现金有提取、运输、保管、清点、移交等环节，这意味着其风险环节也增多。第三，现金的流动性强，收益性也不好，企业还要专人负责看管，这就导致现金的管理成本高。

银行存款有哪些特点呢？第一，受到国家金融政策的监管和约束，因为它涉及多种工具，比如票据、凭单、背书、网银等。第二，一旦发生舞弊行为，涉及的金额一般都较大，企业的损失也就越大。

知道了资金的特点，我们来了解一下资金管理存在哪些漏洞。

2. 民企资金管理典型漏洞

（1）管理用亲戚，以为就安全

某广东机器设备制造公司，出纳是老板娘的侄子，从20岁开始干，27岁谈了女朋友，开销增大，偷偷挪用公司资金，花掉600多万元，从此，亲人变仇人。

（2）关键岗位员工十分固定

Y公司是国内首批A+H两地上市的大型国有控股公司，主要产品为工业中间品。作为上市公司，公司一向重视各项管理制度的建设，尤其对财务制度更是严格。

但2017年，一名普通的营销部会计人员李某的案件却暴露了公司看似严格的财务管理存在的漏洞。李某任职于Y公司营销部，利用经手公司销售货款的便利条件，在6年的时间内，以“蚂蚁搬家”的方式非法挪用公司货款5000余万元，参与股票、期货投资，损失近4000万元，大部分损失款项难以追回。

Y公司未能严格执行会计轮岗制，李某在同一会计岗位工作了近16年，充分掌握了客户及业务活动的详细信息，从而为其实施犯罪行为提供了可能。

此外，这个公司没有充分重视应收票据的管理。接受票据与记账及查对往来账的会计是同一人，负责保存票据的出纳并不知道业务人员实际交给会计的票据数量，为会计人员截留票据留下了漏洞。

光了解资金风险还不够，如果企业想要防止风险，还必须要知道风险所存在的环节，以便对症下药。我将资金风险主要归结为三类：一、收款环节。比如，收款被截留、资金被侵占、收入不入账等。二、付款环节。虚付，也就是说，实际没付出去，但告诉你支付了；虚报，实际支付金额高于应该支付金额；诈骗，支付款项被骗取等。三、存量资金。现金、存款、票据，容易被私自挪用。比如，股东占用资金用于非经营性活动、违规担保。

如果是上市公司股东违规占用资金，根据《中华人民共和国证券法》及《中华人民共和国刑法》相关规定，根据情节严重程度，予以相应的处罚，甚至可能要承担刑事责任。

综合业内众多企业失败案例，公司的内部控制失效是引起腐败的关键诱因之一。内部控制是企业为控制经营风险，实现经营目标而制定的各项政策与程序，能够帮助企业完成既定目标，同时将风险降低至合理范围内，保证企业资产安全。

内控管理也并非是万能的，需要通过与企业内部各项经营活动配合起来，才能提升内控管理的可靠性，有效防范各种舞弊活动。

（3）违背职责分离原则

因为没有市场监督，并且大多数民企股东也不会对企业实施监督，导致他们的岗位设置极不规范。例如，出纳负责银行对账、同一人保管所有的支付印鉴、印鉴和票据同一人保管、出纳兼任收付款凭证制单、缺乏独立于保管人的第三人对资金管理进行监管等。

2007年4月14日，河北省邯郸市某银行金库被盗，5100余万元巨款连同两个管库员一同失踪。两个银行管库员，监守自盗5100余万元，警方的通缉令发出不到三天，两个管理员便双双落网。

按照程序，打开金库的门锁需要三人：主钥匙、副钥匙、密码。但有一次，二人利用喝酒的机会，将掌握密码的银行工作人员灌醉，套出了密码。

2008年3月31日，他们被河北省邯郸市中级人民法院执行死刑。

（4）货币资金支付审批程序设置不合理

审批程序不合理通常有以下几种类型，比如未设置清晰的支付权限、缺乏临时授权机制，导致负责人离岗时不能有效支付、支付审批审核环节不严密；或流程先后顺序不合理，缺乏有效控制、未建立签字人员样本表存档以便于核对等。

某日，在公司上班的小蔡突然接到一条QQ好友申请，对方自称是公司的老板“蔡总”，说他在外面开会，让蔡小姐和广东的“曹总”联系，因为合同修改问题有一笔78万元的款项要退还，并提供了一个电话号码。

蔡小姐和“曹总”联系后，对方说本来已经和蔡总谈好合同并将78万元的合同款汇给蔡总了，但今天曹总公司董事会提出合同的第三项需要修改，所以还不能正式签订合同。

与此同时，蔡小姐的QQ收到了“蔡总”发来的消息，称他自己会在周五和对方当面协商，蔡小姐只需把78万元退还给对方即可，并发来之前的汇款单。

蔡小姐通过网银，给“曹总”账户汇进了78万元，但过了一会儿又察觉不对劲，才想起和老板电话确认，这才发现被骗，并第一时间报警。

其实，有很大一部分民营企业，他们的出纳一般是老板的亲信，并同时承担多项工作，根本没有职责分离，也没有审批和复核，这种情况的风险很高，一旦出错，就无法弥补。

（5）资金与票据核对，盘点机制缺失

常见的几种现象有：未定期与银行对账或对账程序不合理、未对票据和库存现金进行定期或不定期盘点、对账和盘点未留下书面记录、银行余额调节表超过1个月未达账项不及时找原因和处理、执行银行对账或盘点职责与资金保管职责未有效分离。

（6）往来款对账方法有误

常见的情况有四种：第一种是双方财务对账。单纯的双方财务对账缺少内部对账的部分，不一定能保证内部所有数据的一致性。特别是财务对于业务的情况不一定很了解，在一些问题上可能只是追求数字上的“平”而已，并没有追溯到具体业务的进展情况。并且有些企业客户数量较多，地域分布较广，而财务人员人数及时间有限。

第二种是双方业务对账，然后业务再跟财务对账。有部分企业的对账是由熟悉双方的业务牵头，先由双方的业务进行外部对账，再由业务和财务进行内部对账。这种方法最大的问题是业务经办与稽核检查属于不相容职务，由双方业务牵头，可能存在舞弊的风险。并且业务缺少财务知识，在对账方法的准确性和科学性方面有些不足。

第三种是内部财务跟业务对账，然后业务再跟业务对账。该方法由公司财务牵头，先跟内部的业务对账，确认好数据后，再由业务和业务进行对账。为降低业务员对账风险，财务对业务员对账结果首先需要将对账单上所盖印章与财务所保管的客户预留印章函上印章进行比对，以防止客户无效盖章或业务员私刻客户印章；其次对客户进行电话回访检查，了解业务员是否与客户真实对账；重要客户的对账工作，则由财务亲自完成。

第四种是ERP对账。现在很多企业大多采用了ERP管理，在应收模块或应付模块中，财务和业务的资源是共享的。业务部可以即时地查询到各个客户的实际应收款情况。应收模块的主要操作部门也是业务部门。同时，除了过去的函证方式，现在为方便客户及时核对往来账目，企业还可以对客户开放ERP部分权限，使其能登录ERP，查询其与公司的业务往来明细，做到自主对账。这些新的对账方法，都让我们的往来对账更加的方便、安全。

3.资金风险总结

资金风险虽然看似冗杂，但实际上也就三类，我把它们归结为流失风险、占用风险和贬值风险。

什么是流失风险？举个例子，企业购买一项资产，或者办理一项业务，明明只需要花 100 元，却花了 1000 元，远远超出了资金的最佳使用量。如何杜绝这种情况的发生？我们最先应该保证程序是合规的，企业内部没有舞弊行为，最有效的措施就是实行预算，如果我们能提前规划好资金的预计使用情况，就能对资金使用情况进行跟踪，即使某一次发生了差错，资金被错付，也会以此为鉴，杜绝下一次错误的发生。

什么是占用风险？这种情况一般是职责未分离引起的，企业员工可以利用岗位优势或职位特权，在未经公司允许的情况下，擅自偷盗、挪用、占用公司财产，来为自己谋私利。人都是逐利的，如果无法用道德约束，那么成本效益最大的方法，就是制度约束，利用内控的手段，将企业规范化、制度化，能很大程度上约束员工的行为。

什么是贬值风险？国际环境变幻无常，对于大多数企业来说，都没有很好的应变能力，尤其是民营企业，一旦经济环境下行，出现利差现象，他们多是抵挡不了。为了抵御这种贬值风险，最有效的防范措施就是利用闲置的资金进行投资，利用时间差为企业谋收益，但是以防资金过度使用，企业要事先进行资金测算，也就是预算，以满足企业的正常经营。

4.资金内控的落地方案

在开始干一件事情前，我们要先确定什么？目标。内控也一样，根据收款、付款及存量环节设定相应的控制目标，我把它叫作资金管理的“九无”，即：收款环节，无迟收、无少收、无漏收；付款环节，无早付、无多付、无错付；存量环节，无挪用、无盗用、无侵占。

有了目标，要怎么才能看好公司的钱？首先要看好人，对于重要岗位，要做好背景调查，对于岗位设置，一定要遵守不相容职责分离的原则，防止一人多岗，利用职权侵占公司财产；

对于关键岗位，一定要实行强制休假、轮岗的制度，防止长时间在某一岗位任职，利用岗位漏洞实施舞弊行为。

其次，看好流程，这种方式能很好对资金使用情况进行跟踪，以防资金被非法利用；授权审批流程，是防止多人串通，从而产生资金挪用的风险；此外，还有实时监控、运营分析等，这都是从不同角度来对风险进行控制，减少企业的损失。

再次，看好账，例如，入账的完整性、及时性，防止有人利用时间差盗取公司资金；盘点、对账等方法是一种事后手段，以做到及时发现风险，最大限度地挽回企业的损失。

最后，看好实物，比如，尽量不用现金；银行账户、印鉴等也要做好管理，防止其被盗用从而对公司造成损失。

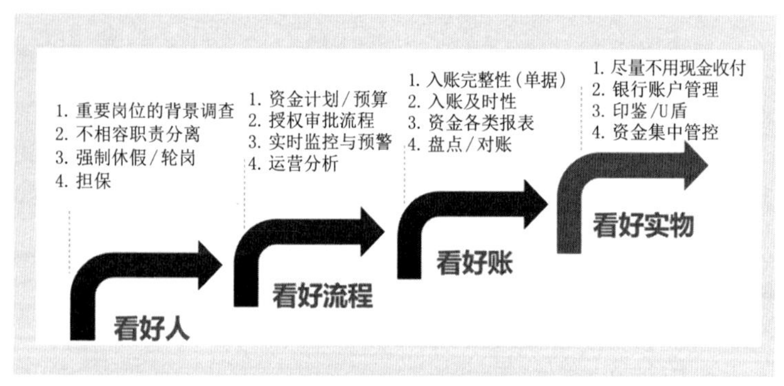

图 8–2 资金内控原理

下面，我将从三个角度来给大家讲解内控的落地方案，分别是事前、事中、事后。

（1）事前控制机制

第一，关键岗位必须职责分离，设置牵制机制。比如，出纳管收款付款，会计管记账，定期或不定期盘点核对；出纳、会计、付款审批人三者分离；根据不同的付款业务属性，设置不同的付款审批人，一般是总经理或其授权人；出纳保管现金，会计负责盘点，财务经理负责监督。

第二，招聘合格的财务人员，有能力胜任工作，必要时要求出纳人员提供第三方担保；聘用专业的财务人员，掌握票据、印鉴、工具的管理和使用专业技能；建立培训机制，制定业务规范，及时掌握新的技能；对财务人员做背景调查。

第三，配置点钞机、保险柜等必要的安全设备。

第四，制定管理制度，明确流程，配置工具，明确管理内容、要求、流程、权责等。对现金规定使用范围和限额标准，以采购付款管理为例。

范围：金额超过500元以上的付款，必须使用银行转账方式，直接向供应商支付

授权：30000元以下（含）的预算内采购付款由总经理终审

审批流程：申请人—采购部负责人—财务审核人—总经理—董事长

附件要素：付款申请单原件、发票原件、合同复印件、入库单原件、验收报告原件、订货单复印件

附件形式：纸质

流程审批时限：24小时内

审批方式：线下审批

签署要素：意见、签名、日期

付款确认：银行付款凭据、盖“银行付讫”章印

权责举例：采购部负责人

A.对采购业务的真实性执行监督——监督采购业务是否真实发生，是否有真实的货物将采购入库

B.对采购业务的合理性负责——评估货物的品牌、规格型号、质量、数量、价格、到货时间、到货方式、到货地点等要素符合常理，符合公司要求

C.有权拒绝签署其认为不合理的采购申请，有权对采购业务签署意见，并以此作为免责条款

第五，制定稽查、奖惩措施，培育宣讲内控文化，这个机制既有软约束，也有硬约束，一方面从道德层面督促员工，另一方面从机制层面约束他们。

（2）事中控制机制

第一，现金收付业务，必须当日完成会计记录，做到日清。

第二，通过网银，每日核对账户余额；检查账户的使用、资金的出入是否正常，防止出借、被用于洗黑钱。

第三，定期或不定期检查相关岗位履职情况，做出绩效考评。例如，部门内交叉检查+跨部门检查+专项检查。

第四，出纳、会计等关键岗位轮岗换岗，定期休假。

职责分离后，为防止串通，还要定期换岗轮岗。员工离岗时的工作交接会受到他人监督，那么他实施并掩盖舞弊的机会将大大减少。对一些关键岗位，应建立强制轮换或带薪休假制度，既可以提升员工的工作能力，同时也是防范和发现舞弊的一项有效措施。

（3）事后控制机制

第一，日清月盘，编制现金盘点表，及时追查异常情况。

第二，会计定期编制《银行余额调节表》，对账核查。

第三，要求保管人员定期更换保险柜、U盾等安全工具的密码，及其他关键信息，并检查其执行。

第四，定期查漏补缺，升级维护制度流程。

第五，持续进行内控纪律宣讲，强化内控环境，减少舞弊机会。

我们的企业最好从事前、事中、事后三个角度设立机制，才能最大限度地完善内控制度。

工具 企业内控工具

一、不相容职责分离表

编号	业务	不相容职责
1	货币资金（出纳不得兼任）	收入、支出、费用、债权债务等账目的登记
		稽核监察
		会计档案保管
		支票的保管和签发
		银行账户的开立和注销
		银行存款余额调节表的编制与核查
		现金和银行存款总账的登记与核查
2	成本费用	成本费用预算的编制与审批
		成本费用支出的审批与执行
		成本费用支出的执行与相关会计记录
3	采购与付款	采购与审批
		询价与确定供应商
		采购招标与评标
		采购合同的订立与审计
		采购与验收
		采购、验收与相关会计记录
		付款审批与付款执行
		付款及与供应商的往来款项核对
4	存货	存货的采购、验收与付款
		存货的保管与清查
		存货的销售与收款
		存货处置的申请与审批、审批与执行
		存货的实物管理与相关会计记录
5	固定资产	固定资产投资预算的编制与审批
		固定资产取得的审批与执行、执行与会计记录
		固定资产的取得、验收与款项支付
		固定资产投保的申请与审批
		固定资产的保管与清查、保管与会计记录
		固定资产处置的申请与审批、审批与执行
		固定资产业务的审批、执行与相关会计记录

二、利益冲突申报表

员工姓名：________________ 部门：________________

工资编号：________________ 职位：________________

甲部：由员工填写

致：人力资源部

本人已细阅公司关于利益冲突方面所指定的政策，并明白其内容。

以我所知所信，我及或我的直系亲属（姓名：　　　，关系　　　　）可能有以下所述的利益冲突，现申报如下：

(1) 那些与公司有竞争或商业往来的商户或机构中，任何直接或间接的财务利益。

(2) 任何与公司有商业往来的商户或机构所提供的补偿、贷款、礼物、好处或特别款待。

____

□ 与本人职务上有直接业务往来的公司名称：

____

□ 与公司有业务往来但与本人职务上没有直接往来的公司名称：

本人或本人之直系亲属与上述公司有关的职务概要

申报人　职位________________ 姓名________________

工资编号________________ 日期________________

三、公司内部审批权限表

目的：本内部审批权限适用于公司各职能部门，目的在于提升公司统一流程化管理水平，强化内部管理，规范经营行为。

要求：本权限一方面表现为费用的审批流程，另一方面表现为不同职级对各笔发生费用的权限，各职级应当围绕着财务部费用管控办法严格执行费用审批流程，健全公司的内控制度。

原则：1. 对费用发生具有控制权或费用归属部门的负责人行使审批权。
2. 费用归属部门或费用管控人（非报销人或经办人）的上级领导行使审批权。
3. 在权限范围内行使审批权、超出权限者需逐级上报。
4. 财务总监对资金流转具有严格的审批权，对不符合公司制度或损害公司利益的行为有向董事长建议反馈的义务，且在紧急情况下具有否决权。

管理中心负责人审批权限一览表

单元格内空格的表示此处不需签字					金额	审批流程及权限						
分类	支付项目	说明		环节		复核 1	复核 2	复核 3	审核 1	审核 2	审批 3	备注
工资奖金福利	工资、奖金	所有薪酬福利制度内的项目		报销时	不论金额	人事主管	人事经理	行政总监	会计	财务总监	董事长	
	社保费	员工社保申请及缴纳		报销时	不论金额	部门主管	部门经理	事业部总监	行政总监		董事长	
	福利费	指薪酬制度之外的福利，如节日福利、年终福利、礼金等			500 元（含）以下	人事主管			会计	会计主管		
					500~1000 元（含）	人事主管	人事经理		会计	财务经理		
					1000~3000 元（含）	人事主管	人事经理	行政总监	会计	财务总监		
					3000 元以上	人事主管	人事经理	行政总监	会计	财务总监	董事长	
会务费	中秋晚会、年会、启动会总结会等全员性质的会议	必须有书面审批的预算单、超出预算者必须提供预算增补单	预算内	报销时	500 元（含）以下	部门主管			会计	会计主管		
					500~1000 元（含）	部门主管	部门经理		会计	财务经理		
					1000 元以上	部门主管	部门经理	行政总监	会计	财务总监		
			预算外	报销时	不论金额	部门主管	部门经理	行政总监	会计	财务总监	董事长	

四、企业内部控制流程表

资金支付业务流程与风险控制
业务风险
不相容责任部门/责任人的职责分工与审批权限划分
总经理
财务总监
财务部经理
财务部
相关部门
阶段
如果资金使用违反国家法律、法规，企业可能会遭受外部处罚、经济损失和信誉损失
开始
1
拟定资金支付业务管理制度
审批
审批
审批
2
明确资金支付要求
D1
如果资金未经适当审批或超越授权审批，可能会产生重大差错或舞弊、欺诈行为，从而使企业遭受损失
填写“资金支付申请单”
审核
3
审批
4
审批
审批
5
核实“资金支付申请单”
D2
如果资金记录不准确、不完整，可能会造成账实不符或导致财务报表信息失真；如果有关单据遗失、变造、伪造、非法使用等，会导致资产损失、法律诉讼或信用损失
6
支付资金
7
相关部门按要求使用资金
资料存档
结束
D3

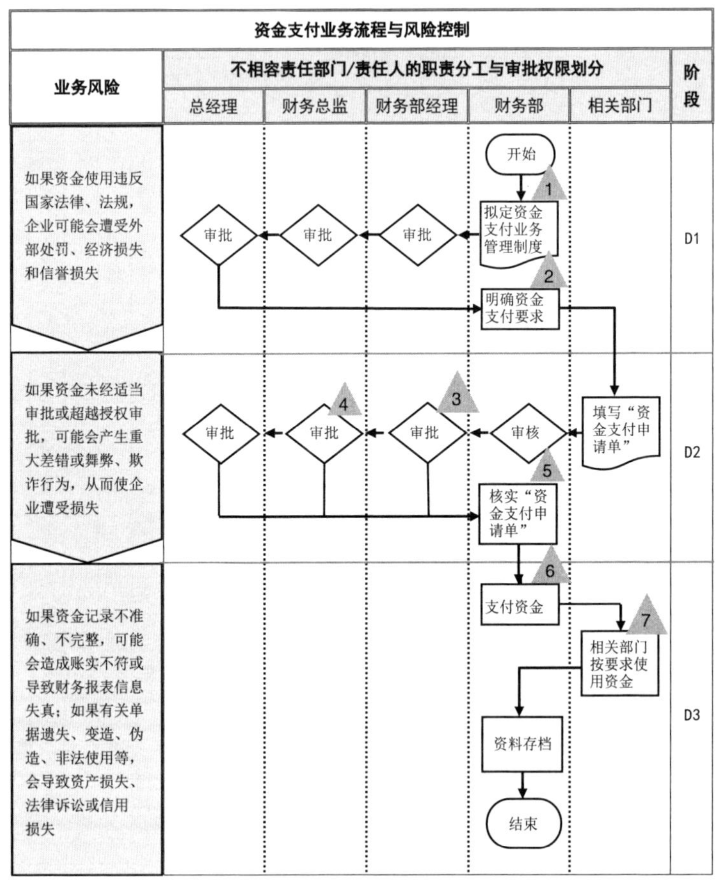

五、资金支付业务流程控制表

<table>
<tr><th colspan="2">控制事项</th><th>详细描述及说明</th></tr>
<tr><td rowspan="3">阶段控制</td><td>D1</td><td>1.企业财务部要根据国家法律、法规并结合自身情况，拟定资金支付业务管理制度
2.财务部根据资金支付业务管理制度的相关规定，进一步提出资金支付的相关要求</td></tr>
<tr><td>D2</td><td>3.财务部经理根据其自身审批权限审批相应的额度，审批额度超出自身审批权限的，需要由财务总监审批
4.财务总监根据其自身的审批权限审批相应的额度，超出自身审批权限的，需要由总经理审批
5.审批人签署“资金支付申请单”后，资金专员要核实申请单是否符合企业的相关规定</td></tr>
<tr><td>D3</td><td>6.通过资金专员审核之后，根据“资金支付申请单”上批准的额度，出纳支付资金给申请部门
7.资金申请部门按照要求使用资金</td></tr>
<tr><td rowspan="2">相关规范</td><td>应建规范</td><td>资金支付业务管理制度</td></tr>
<tr><td>参照规范</td><td>《企业内部控制应用指引》
《企业会计准则——基本准则》
《内部会计控制规范——货币资金（试行）》</td></tr>
<tr><td colspan="2">文件资料</td><td>“资金支付申请单”</td></tr>
<tr><td colspan="2">责任部门及责任人</td><td>财务部、相关部门
总经理、财务总监、财务部经理、资金专员</td></tr>
</table>

六、资金授权审批流程与风险控制表

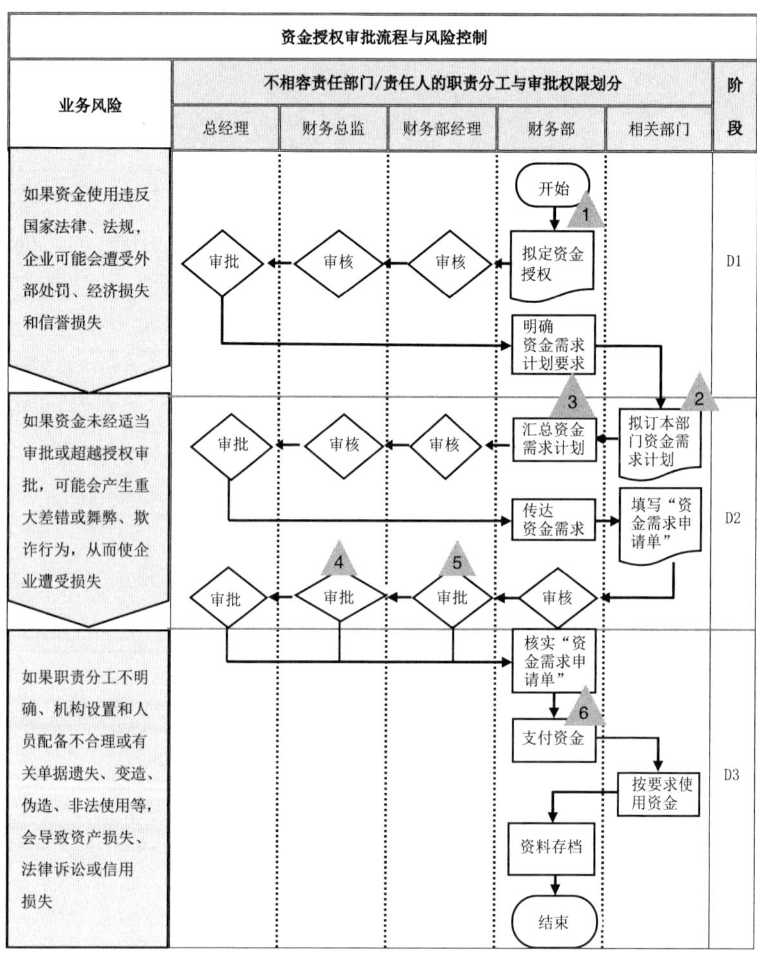

七、资金授权审批流程控制表

<table>
<tr><th colspan="2">控制事项</th><th>详细描述及说明</th></tr>
<tr><td rowspan="3">阶段控制</td><td>D1</td><td>1.企业财务部要根据企业内部控制的相关规范并结合自身情况，拟定资金授权审批制度</td></tr>
<tr><td>D2</td><td>2.企业各部门制订出本部门的阶段性（1 年、半年、季度）资金需求计划并上报财务部门审核
3.财务部汇总各部门上报的资金需求计划，并上报财务部经理、财务总监审核，由总经理审批
4.相关部门申请资金的额度超过财务部经理审批权限的，需要由财务总监审批
5.相关部门申请资金的额度超过财务总监审批权限的，需要由总经理审批</td></tr>
<tr><td>D3</td><td>6.根据“资金需求申请单”批准的额度，出纳支付资金给申请部门</td></tr>
<tr><td rowspan="2">相关规范</td><td>应建规范</td><td>资金授权审批制度</td></tr>
<tr><td>参照规范</td><td>《企业内部控制应用指引》
《企业会计准则——基本准则》
《内部会计控制规范——货币资金（试行）》</td></tr>
<tr><td colspan="2">文件资料</td><td>“资金需求计划”
“资金需求申请单”</td></tr>
<tr><td colspan="2">责任部门及责任人</td><td>财务部、相关部门
总经理、财务总监、财务部经理</td></tr>
</table>

八、借出款项审批流程与风险控制表

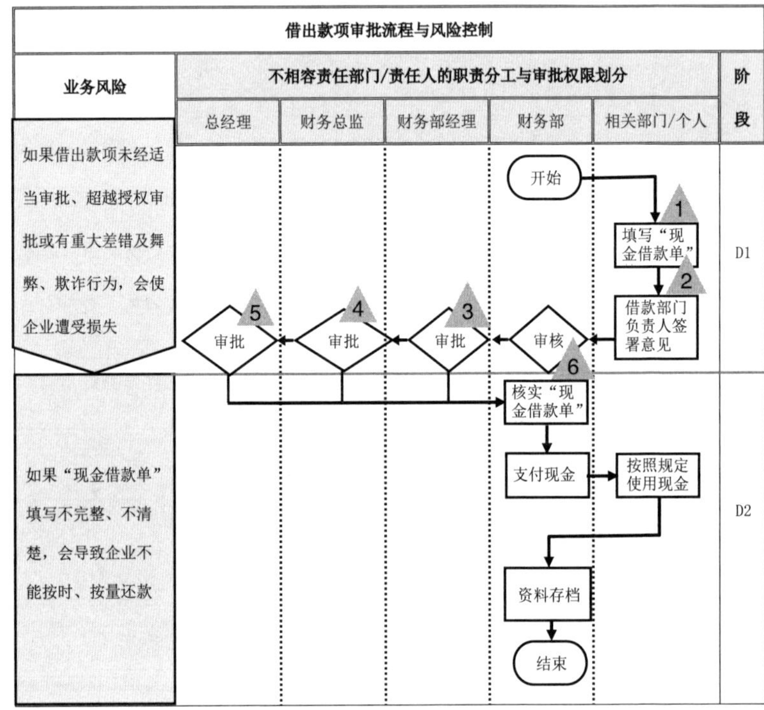

九、借出款项审批流程控制表

控制事项		详细描述及说明
阶段控制	D1	1.借款人按照规定填写"现金借款单"，并签名、盖章 2.借款人所在部门负责人在借款单上签署意见，并签名、盖章 3.财务部经理在其审批额度内审批，借款数额在_____元内，财务部经理具有审批权限 4.财务总监在其审批额度内审批，借款数额在_____元～_____元，财务总监具有审批权限 5.总经理在其审批额度内审批，借款数额在_____元以上_____元以内的，总经理具有审批权限
	D2	6.借款人应根据签字手续齐全的"现金借款单"到财务部办理借款，经审核人员审核后交由出纳支付现金
相关规范	应建规范	资金支付业务管理制度
	参照规范	《企业内部控制应用指引》 《企业会计准则——基本准则》 《内部会计控制规范——货币资金（试行）》
文件资料		"现金借款单"
责任部门及责任人		财务部、相关部门 总经理、财务总监、财务部经理、出纳、相关部门借款申请人、相关部门负责人

十、银行账户核对流程与风险控制表

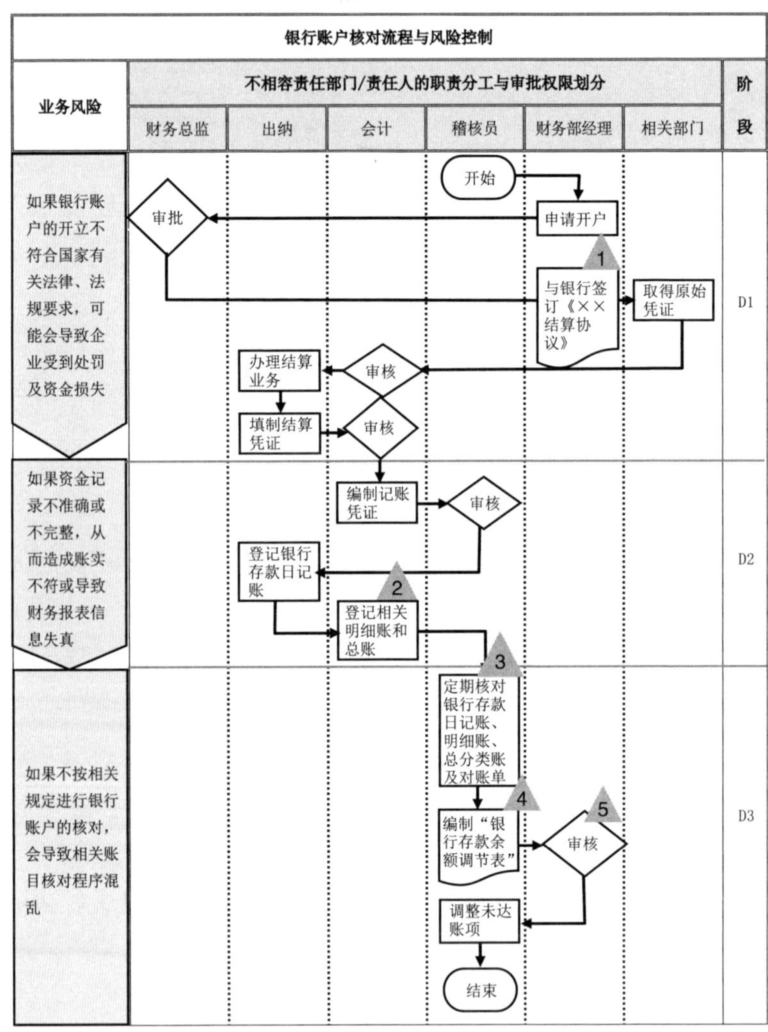

十一、银行账户核对流程控制表

<table>
<tr><th colspan="2">控制事项</th><th>详细描述及说明</th></tr>
<tr><td rowspan="3">阶段控制</td><td>D1</td><td>1.由财务总监授权财务部经理与银行签订《××结算协议》</td></tr>
<tr><td>D2</td><td>2.会计根据收付凭证登记相关明细账；总会计登记总分类账银行存款科目，并在记账凭证上签章</td></tr>
<tr><td>D3</td><td>3.稽核员应定期核对银行账户，每月至少核对一次，并应签字盖章
4.稽核员编制“银行存款余额调节表”，并调整未达账项
5.财务部经理指派对账人员以外的其他人员进行审核，确定银行存款账面余额与银行对账单余额是否调节相符。如调节不符，应当查明原因，及时处理</td></tr>
<tr><td rowspan="2">相关规范</td><td>应建规范</td><td>银行存款管理制度</td></tr>
<tr><td>参照规范</td><td>《企业内部控制应用指引》
《企业会计准则——基本准则》
《内部会计控制规范——货币资金（试行）》</td></tr>
<tr><td colspan="2">文件资料</td><td>《××结算协议》
“银行存款余额调节表”</td></tr>
<tr><td colspan="2">责任部门及责任人</td><td>财务部、相关部门
财务总监、财务部经理、会计、出纳、稽核员、财务部其他相关人员</td></tr>
</table>

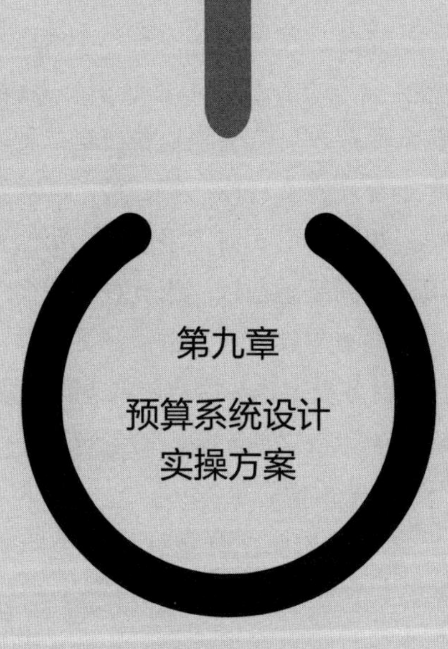

第九章 预算系统设计实操方案

民企必须做预算的四大理由

在开始讲解预算前，我想先问大家一个问题：到底什么样的企业才需要做全面预算？我简单总结了一下，主要有六种：第一种，老板鞠躬尽瘁，员工轻轻松松；第二种，企业内部数据混乱，无法制定合理发展目标；第三种，老板觉察到企业存在大量损失浪费，却不知道如何下手解决；第四种，老板对资金的分配不合理，全凭经验花钱；第五种，账面上很赚钱，但实际资金紧张，钱不知道赚到哪里去了；第六种，老板觉得财务结账太慢，嫌弃财务报表是马后炮，希望财务做事前诸葛亮。各位老板可以对比一下自己的企业，看看自己是哪一种，看看自己的企业需不需要做预算管理。

可能有老板会问，我连预算是什么都不知道，怎么做判断？我先给大家讲个故事。

李总最近很头疼。公司规模做大了，他就提拔了几个核心高管来分担自己的压力。这些高管确实都不错，把自己负责的业务梳理得井井有条。但让李总烦恼的是，每个高管对公司的发展都有自己的想法，研发总监希望李总多投些钱做研发，生产总监不断跟李总反映要改造生产线，销售总监则一直强调要快速扩张销售团队抓住市场机会。高管们的想法都有道理，但是，真要按他们的要求把钱都投下去，李总觉得自己的老底肯定会被掏空。

李总找了一个做财务的朋友请教，朋友告诉李总得做预算。

李总以前听说过预算，不过，听朋友解释了半天预算编制的流程、预算表格的做法，李总觉得做预算应该是公司财务部的工作，而且还是不知道预算能怎么帮他的忙。

大部分老板可能和故事中的李总一样，根本不了解预算。聘请的专业人士动动嘴皮子就让花钱做预算，可老板自己连预算是什么都不知道，应该怎么做？接下来，我们主要解决预算是什么、能干什么的问题。

首先，我们用一幅图来描述一下企业各个部门眼中的预算是什么，如图 9-1 所示。

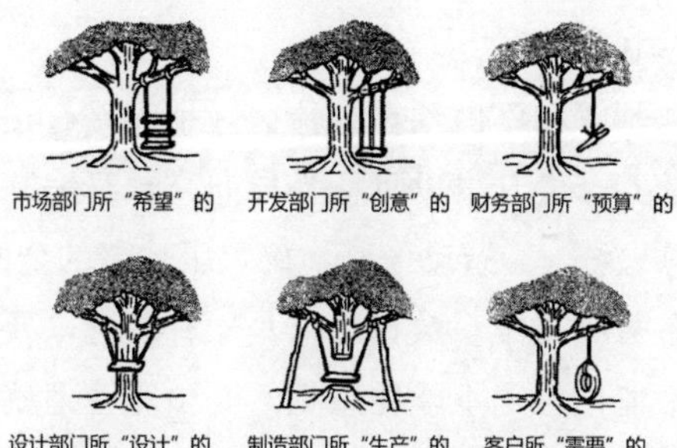

图 9-1　不同部门眼中的预算

全面预算的官方定义是这样的：全面预算管理是一种将计划、协调、控制、激励、评价等诸多功能融为一体的、综合贯彻企业经营战略的管理工具（见图 9-2）。但是，一千个读者就有一千个哈姆雷特，对于不同岗位的员工来说，大家眼中的预算各不相同。

计划　协调　控制　激励　评价

图 9-2　全面预算管理

1. 全面预算是老板战略目标、经营计划的具体呈现

我认为，全面预算就是老板战略目标、经营计划的具体呈现。能具体到什么程度呢？各个部门知道老板希望干成什么样，各个部门清晰地计划好了要怎么干，大家各司其职但又配合紧密，各个部门仔细确认了可调配的人、财、物能够支撑部门的工作目标和老板的战略目标实现，各个部门知道该如何应变。这就相当于你策划一个旅游出行，你要明确自己去哪儿，怎么去，与谁同行。要是开车的话，油够吗？不够的话，去哪儿加油？遇到爆胎、堵车、事故的时候，要怎么办？每一件事情我们都要做到心中有数。

那么，做预算和不做预算有什么区别呢？有预算管理的企业是什么样的？一、凡事以目标为导向。预算编制的成果就是目标明确、思想统一、行动统一，确保了战略的全面落地。二、决策管理具备数据思维。数据思维是一种理念，要求管理工作必须定量，不能定性，不能凭感觉，而预算管理就是数据思维的具体应用。三、行为活动要先算后做。先算后做，以终为始，减少失误，避免盲目和损失。四、纠错机制。通过预算管理执行过程中的检查评估，随时纠偏，保证预定目标的达成。

那没有预算管理的企业是什么样的？一、迷失方向。公司的发展方向不清晰，无法保证战略的落地。二、经营活动过程中资源浪费严重。资源配置效率低下，大投入，小产出，股东价值没有实现最大化。三、员工行为散漫。由于没有目标，绩效管理没有依据，员工没有积极性、创造性，作风懒散。

其实，全面预算的编制、执行、分析的过程就是老板带着团队集体不断思考、密切协作，反复复盘、持续进步的过程。企业想要跑起来，老板想要慢下来，就需要拓展自己的能力边界，要有用起来灵活方便的左膀右臂，而预算就是老板和团队

之间的连接器。

全面预算、老板和团队三者之间的关系如图 9-3 所示。

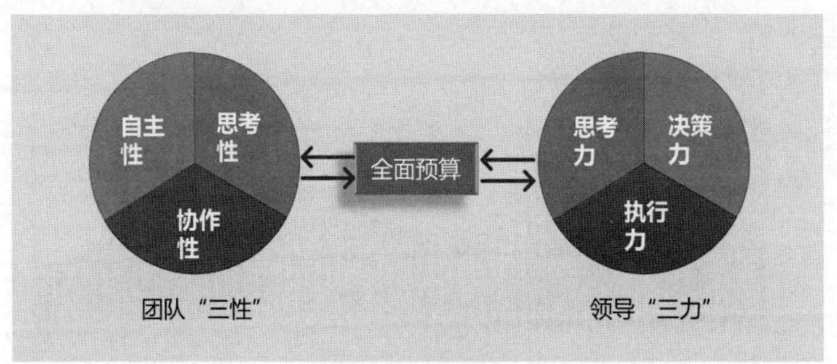

图 9-3 全面预算

2.预算管理是一个分布式控制系统

我们还可以把预算管理看作是一个分布式控制系统，由规则系统、价值系统、反馈系统构成。规则系统就是把企业的整体目标分解为简单、可以执行的规则，指导员工如何做事；价值系统就是提供统一的价值的组织，用于奖惩，保证每个人愿意服从规则；反馈系统就是观察人的行为，和规则系统做对比，再反过来服务于价值系统。

3.预算管理是一个适应快速变化的应急机制

根据标准普尔 500 指数的数据，在 20 世纪 60 年代，一个企业的平均寿命大约在 60 年，而到 2010 年的时候，平均寿命已经变成了 15 年左右，如图 9-4 所示。

全面预算管理通过规划未来的发展指导当前的实践，因此在一定程度上具有战略性，能够帮助企业在快速变化的市场环境中，更好地生存。

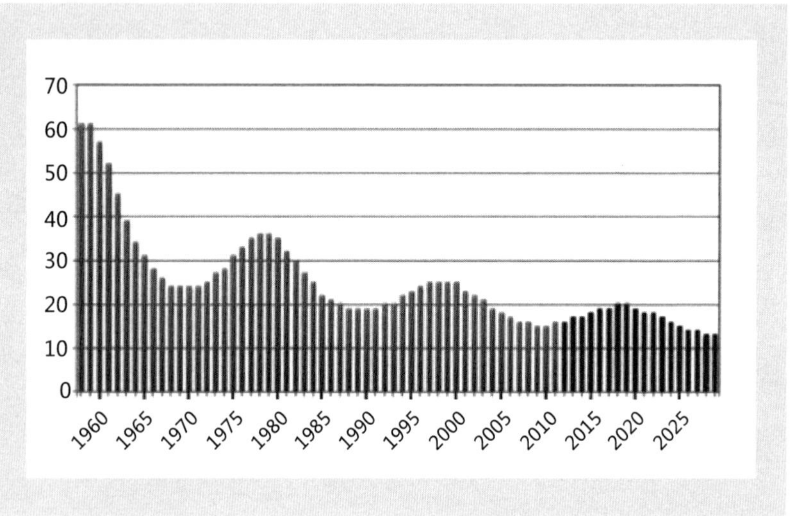

图 9–4　企业平均寿命变化趋势

最后，我们再来总结一下企业需要做预算的几大理由。第一，利润是设计出来的，做企业，要控制过程，才能保证结果。第二，用分布式控制系统激活全员，让企业的发展超出老板的能力边界。第三，打造出快速响应外界变化的能力，才能适应快速变化的世界。

4.我的预算不是真预算

可能有的老板又要说了，我们已经有预算了，但是一点效果都没有！在这里，我要为预算正名一下，此预算非彼预算，你们做的预算可能只是“假”预算！

什么是“假”预算？第一种情况是，财务部门“闭门”编制的预算。财务认为业务部门乱编预算，自己直接帮忙填个数字；业务也认为财务只是按前一年的比例砍数字，没有必要自己报。第二种情况是，财务部门基本不问业务背景，只是基于实际执行和预算的数据差异来决定对业务的干预措施。第三种情况是，预算被当成费用使用额度。第四种情况是，预算被当成固定业务目标。

这种“假”预算有多大影响?

第一，可能会倒逼业务部门将预算数字的达成作为工作目标，导致业务部门对外部环境变化反应迟钝或不做反应，丧失市场机遇。

第二，公司把重点放在降低成本费用，重视节流却忽视开源，不关心能力的提升和价值创造。

第三，“假”预算是在怂恿预算过程中的赌徒心态和游戏行为。

第四，片面强调控制业务，脱离公司战略、组织目标、计划管理和运营管理。

第五，业务部门总有理由抱怨预算编制不合理、控制僵化，导致业务部门抵触抵抗、设置障碍。

第六，业务部门将预算看作是束缚自己的枷锁，并试图摆脱它。

全面预算管理必备的四个能力

1. 算大账的能力

到这里，可能很多老板已经意识到全面预算管理的重要性了，但是预算是说做就能做的吗？

首先，老板要有“算大账”的基础能力。什么是算大账呢？还是听我先讲个故事。

王总的公司越做越大。以前公司小的时候，王总对公司赚不赚钱、赚了多少钱还是心里有数的。但是现在，王总觉得心里有些没底了。他问财务要数据，财务总是回答要月底结完账才有准确数据。好不容易拿到数据，王总却怎么看都觉得不太对。财务也很委屈，数字反复核对过好多遍了，老板总说不对，到底是哪里不对，又说不出来。

对于这种情况，我得出三个结论：一是，精确的细节数据组合在一起并不一定是正确的财务报表；二是，学会总结经营规律，算大账，本量利分析是企业必须掌握的方法之一；三是，不在细枝末节上浪费时间才能快，及时、相对准确的报表比精确、不及时的报表有价值得多。

因为前面的章节我已经介绍过本量利模型了，这里就不多赘述了。接下来，我们主要介绍如何通过本量利模型来帮助老板算大账。

第一步，通过分析历史数据，确定材料成本率、变动费用率、固定费用金额；第二步，对销售做出预测；第三步，将以上数据输入表格，表格会自动计算，刷新结果；第四步，通过预测、执行、回顾、下轮预测循环持续提升预测规划能力，设计未来；第五步，每次同时编制三个版本：预测、预测+、预测-，永远有B计划；第六步，计算。当业务复杂时，有遗漏重要细节的可能，可以通过“算细账”印证。因为预算的意义并不在于做准，而在于做准备。最后的操作结果如图 9-5 所示。

金额单位：千元	实际	盈亏平衡	预测-	预测	预测+
销售收入	52.356	51.685	55.000	60.000	65.000
材料成本率	63.6%				
变动费用率	12.9%				
边际贡献	12.308	12.150	12.930	14.105	15.281
%	23.5%				
固定费用	12150	12150	12150	12150	12150
经营利润	158	-	779	1.955	3.130
%	0.3%	0.0%	1.4%	3.3%	4.8%

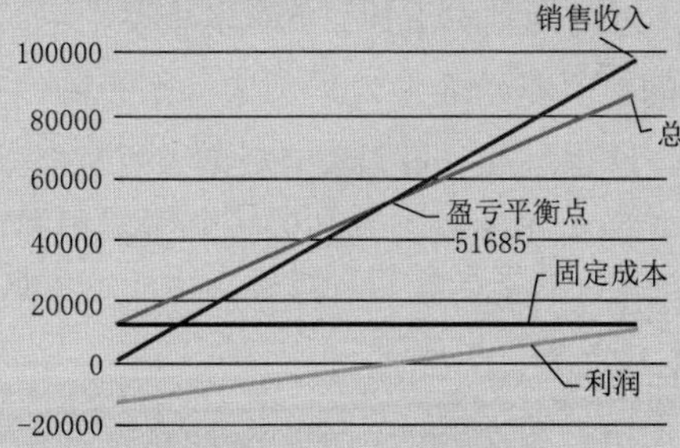

图 9-5　本量利分析结果

天下功夫，唯快不破。能够利用本量利分析模型作为基础，对经营业绩进行快速规划、设计，是老板、财务总监导入全面预算之前应该学会的第一项必杀技。

2.战略规划的能力

战略规划对公司意味着什么？它是公司前进的方向盘，没有战略，企业发展无异于摸着石头过河，危机四伏。提到战略的重要性，我必须给大家说一个案例。

我有一个学员，是贵阳一家企业的老板。公司初创时，赶上市场红利，挣了不少钱，虽然是粗放式管理，但一年营业额也能做到差不多2亿元。后来，他带着财务来上我的课，觉得我们的模式特别好，回去又开始进行大规模的投资，房地产、制造业、文化传媒、零售……基本上是看什么赚钱投什么。财务劝他说这样做太冒险，很可能导致资金链断裂，可老板不听。最后老板因为不懂战略、乱投资，导致企业预算严重超标，资金链断裂，只能宣告破产。

显然，这个公司是一个战略不清晰、发展方向不明确的典型案例。就因为前面企业预算工作不充足，导致后期资金链断裂，造成企业倒闭的惨状。看到这样的企业，我还是比较心痛的，这是老板意料之外、企业意料之内的结果。可见，预算对企业有多重要，战略规划对于预算就有多重要。

战略规划的意义是给企业发展划定一个正确的方向，救企业于危难之前，这也是我一再强调老板要重视战略规划的原因。接下来，我会介绍关于战略规划的四大利器，以帮助各位老板更快、更准确地制定战略。

（1）战略地图

我们先来看看什么是战略地图。战略地图是由罗伯特·卡普兰和戴维·诺顿提出的，是以一种更系统、完整的角度来审视企业的战略，用一种更直白的语言向员工解释什么是公司战略，以一种更简单的方式将战略渗透到老板、经理和员工之间。

战略地图以平衡记分卡的四个层面目标为核心，也就是财务层面、客户层面、内部层面、学习与增长层面，通过分析这四个层面目标的相互关系而绘制的企业战略因果关系图。我们可以先来看看美孚的战略地图，如图 9-6 所示。

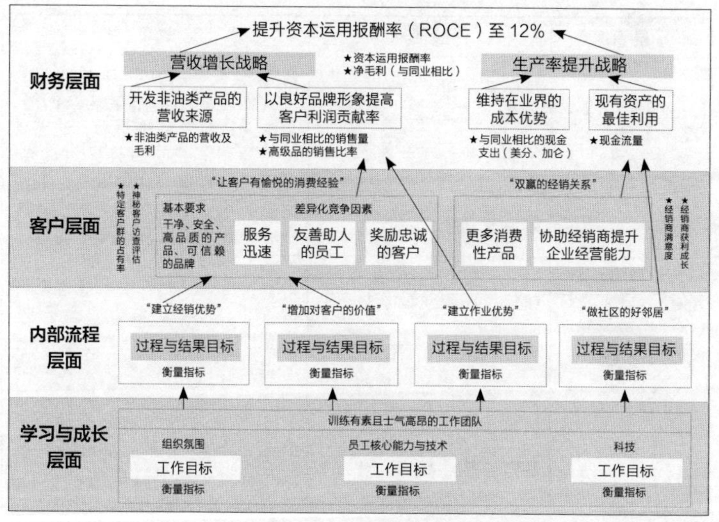

图 9-6 战略地图

对于那些没有做过战略地图的企业来说，这张地图看起来比较复杂。而且就算一些企业想要制作这种规划，如果没有方法，一时也难以下手。所以，我从财务、客户、内部流程、学习与成长四个方面总结了十二个问题，企业依据这十二个问题，画出、画好战略地图并不是一个难题。这十二个问题的详细信息，如表 9-1 所示。

表 9-1 战略地图绘制十二问

层面	关键问题	说明
财务（战略地图的起点）	对未来发展有什么期望？	也是企业战略设计的起点。
	有什么新的业务增长点？	
	如何发展才能达成目标？	
客户（战略地图的焦点）	谁是我们的客户？	不管企业在财务层面的战略重点是什么，财务目标的达成必须依赖客户购买或消费企业的产品和服务，所有的战略都必须通过客户的参与才能实现。
	为什么购买我们的产品或服务？	
	什么因素对客户是最重要的？	

续表

<table>
<tr><th>层面</th><th>关键问题</th><th>说明</th></tr>
<tr><td rowspan="3">内部流程
(战略地图
的重点)</td><td>我们必须擅长什么?</td><td rowspan="3">内部流程解决如何满足客户需求，实现自己的承诺这个问题，是企业的价值创造活动，这些活动将驱动客户层面目标的达成，进而实现财务层面的目标。拥有竞争对手难以复制的资源和能力平台，就能长期获得竞争优势。</td></tr>
<tr><td>我们必须加强什么?</td></tr>
<tr><td>如何控制经营成本?</td></tr>
<tr><td rowspan="3">学习与成长
(战略地图
的基点)</td><td>如何提高组织的能效?</td><td rowspan="3">对企业的一切价值创造活动提供支持，企业的能力来源于此。组织的持续学习与成长，企业的基础管理平台才能不断地得到完善和提高，企业的能力才能不断满足客户的期望和企业的发展战略要求，从而最终实现企业财务层面的目标。</td></tr>
<tr><td>如何提高员工的执行力?</td></tr>
<tr><td>要学习哪些知识和技能?</td></tr>
</table>

(2)波特五力分析

五力分析模型是迈克尔·波特在20世纪80年代初提出的，主要用来做竞争战略的分析，可以有效地分析客户的竞争环境。

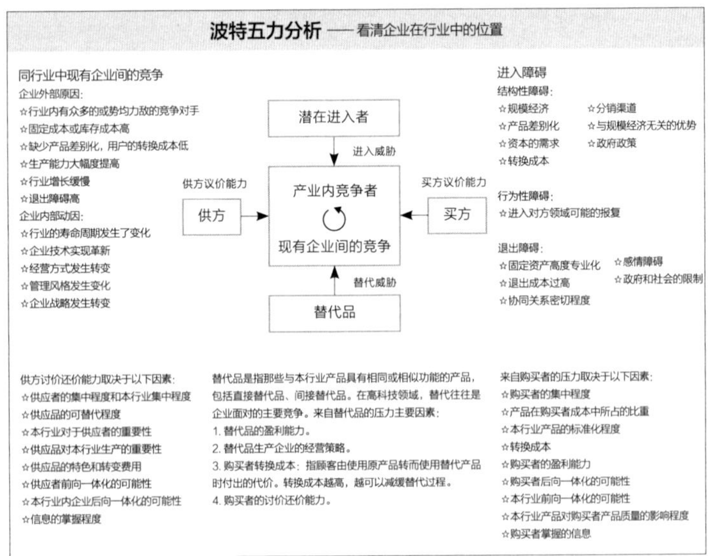

图9–7 波特五力分析模型

供应商的议价能力、购买者的议价能力、潜在竞争者进入的能力、替代品的替代能力、行业内竞争者现在的竞争能力，五种力量的不同组合变化最终影响行业利润潜力变化。波特五力分析的模型的使用目的就是帮助企业看清其在行业中的位置。

为了方便大家的理解，我以老板财税培训行业为例对波特五力分析进行讲解，如图 9-8 所示。

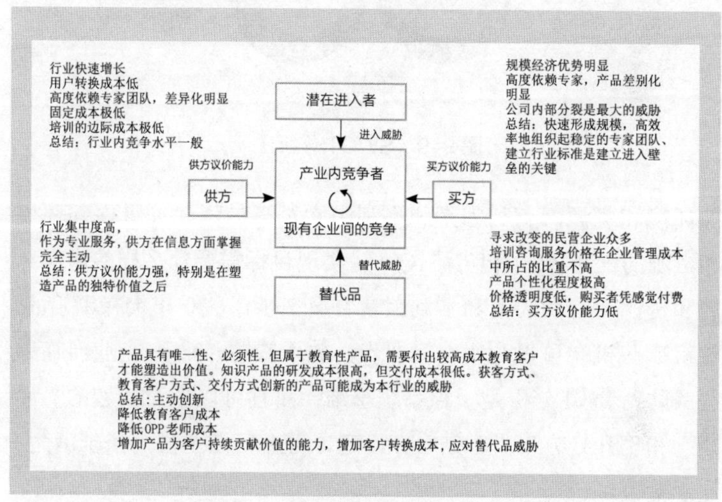

图 9-8 老板财税行业战略分析

（3）SWOT分析

SWOT分析法是20世纪80年代初由美国旧金山大学的管理学教授海因茨·韦里克提出的一种战略分析方法。S是Strength，代表企业目前的优势；W是Weakness，代表企业目前的短板；O是Opportunities，代表企业目前面临的机会；T是Threatens，代表企业目前面临的威胁。运用SWOT分析可以帮助企业看清自己，发挥优势，弥补短板，抓住机遇，消除威胁。

我们可以把SWOT分析简化为四步规划：第一步，关于外部环境和资源的优势（S）和劣势（W）：实现目标需要什么样的外

图 9-9　SWOT 分析法

部环境和资源，有利因素和不利因素？第二步，关于内部环境和资源的优势（S）和劣势（W）：实现目标需要什么样的内部环境和资源，有利因素和不利因素？第三步，关于机会（O）：企业有哪些机会可以利用？第四步，关于威胁（T）：企业面临哪些威胁？SWOT 分析是一种系统思维，而且可以把对问题的“诊断”和“开处方”紧密结合在一起，考虑问题全面，条理清楚，便于检验。

下面，我们使用SWOT 分析法对金财进行分析，以助于大家对这种方法的理解，如图 9-10 所示。

（4）波士顿矩阵

20 世纪 70 年代初，波士顿咨询集团提出了波士顿矩阵（BCG）。BCG 矩阵的发明者、波士顿公司的创立者布鲁斯认为“公司若要取得成功，就必须拥有增长率和市场份额各不相同的产品组合。组合的构成取决于现金流量的平衡”。

波士顿矩阵认为一般决定产品结构的基本因素有两个：市场引力与企业实力。市场引力包括整个市场的销售量增长率、竞争对手强弱及利润高低等，这是决定企业产品结构是否合理

图 9-10 金财的SWOT分析

的外在因素。其中销售增长率是最能反映市场引力的综合指标。

企业实力包括技术、设备、资金利用能力等，而市场占有率直接显示出企业竞争实力，最能从内在要素角度反映出企业产品结构是否合理。

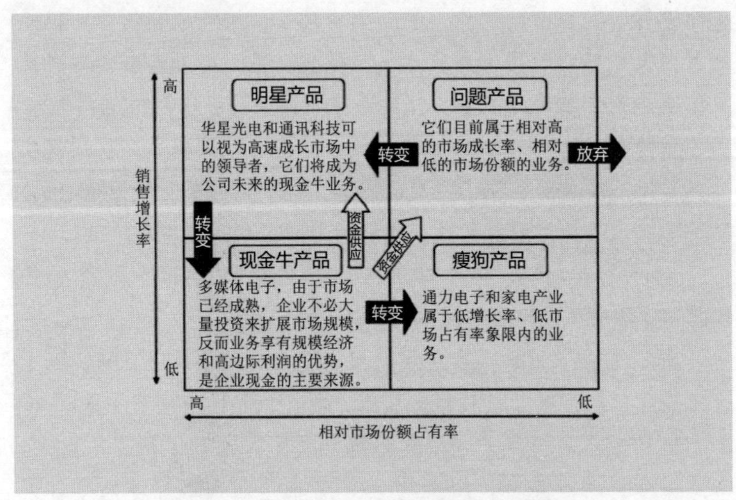

图 9-11 ×集团业务板块波士顿矩阵分析

销售增长率与市场占有率既相互影响，又互为条件。市场引力大，市场占有率高，可以显示产品发展的良好前景，企业也具备相应的适应能力，实力较强；如果仅有市场引力大，而没有相应的高市场占有率，则说明企业尚无足够实力，则该种产品也无法顺利发展。相反，企业实力强，而市场引力小的产品也预示了该产品的市场前景不佳。我们以X集团业务板块为例给大家展示波士顿矩阵分析，如图9-11所示。

3.算细账的能力

一般情况下，企业打算做预算，需要老板和CFO（财务总监）一起算细账，这项能力是为了弥补前面算大账的不足，保证预算能在各方面发挥最大的效应。

李总听了一堂课，觉得全面预算管理不错，回到企业就开始投入。没承想，刚刚开完动员会，财务总监就和其他高管吵起来了。

财务总监："财务部把预算作为咱们今年的重中之重，加班加点地进行了各种基础工作，制度也明确了，培训也到位了。但是到了上报预算的时间节点，要么不提交，要么交上来全是各种低级错误，完全是敷衍了事。打电话催促，全以工作忙推脱。"

销售总监："现在这个市场一天一个变化，预算做完就脱离实际，不如不做。而且我们提交的预算，你们财务总是砍来砍去的。反正要砍，不如你们自己做。我们还是多花点时间去拿单吧。"

生产总监："没有明确的销售预算，我们没法做生产预算……"

研发总监："预算其实对我们部门没什么用。做项目嘛，到了时间节点，要么继续投钱做出成果，要么做不出来项目中止。"

这种吵架的情况已经发生过好几次了，预算还是做不出来。李总被吵得心烦意乱，心里嘀咕："看来全面预算管理只适合大企业，不适合我们这种小民企。"

大家说说，他们的问题在哪？首先，老板和高管们都太急于求成，而没有想到全面预算的投入是个循序渐进的过程。其次，业务部门的参与虽然很重要，但他们也需要一个在实践中学习的过程，如果他们能在预算投入的初期积极参与，要比结果更重要。不仅他们，财务人员、老板也需要一个学习过程。对于想尝试做预算的中小型民营企业，我的建议是，在公司的预算文化没有完全渗透之前，更适合如图 9-12 所示的体验级的预算管理模式。

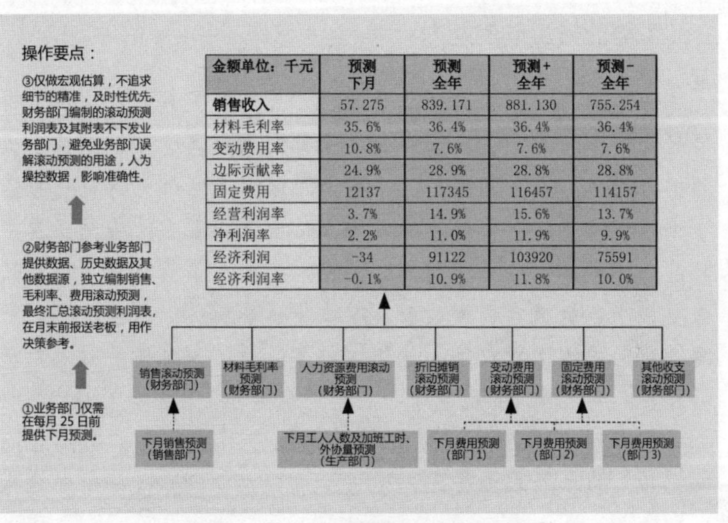

金额单位：千元	预测下月	预测全年	预测+全年	预测-全年
销售收入	57.275	839.171	881.130	755.254
材料毛利率	35.6%	36.4%	36.4%	36.4%
变动费用率	10.8%	7.6%	7.6%	7.6%
边际贡献率	24.9%	28.9%	28.8%	28.8%
固定费用	12137	117345	116457	114157
经营利润率	3.7%	14.9%	15.6%	13.7%
净利润率	2.2%	11.0%	11.9%	9.9%
经济利润	-34	91122	103920	75591
经济利润率	-0.1%	10.9%	11.8%	10.0%

图 9-12　体验级预算管理模式

体验级的预算管理模式有几个特点：第一，业务部门只是有限参与进来，不能因为他们的过度参与而降低预算的推进速度。第二，从业务到财务，再到老板，这属于一个单向沟通，这种自下而上的沟通方式虽然在数据的准确性上存在一些欠缺，但是也是一种对效率的保证。第三，财务部门“闭门”编制预算，这时有的老板可能会问：“张老师，你前面不是还说，闭门预算都是假预算吗？”在这里我要强调一下，这个方法只针对预算投入初期的企业，一旦企业能够适应预算管理，这个方法就需要升级了。第四，仅服务于老板，用来向老板呈现不同战略选择对应的经营结果，辅助老板做出战略决策或战略调整。第五，主要有收入、费用两个关键业务端口，通过详细计算和整体对比分析，确保没有错漏，提升预算精准度。第六，不适合用来控制业务部门的行为和资源分配，因为这种方法仅限于为老板提供数据参考，还是有一定的局限性的。

4.与业务互动的能力

周总的公司做预算好几年了。才开始做预算时大家都觉得很兴奋，不管怎么说，能够通过预算向老板表达一下对业务资源的诉求也蛮好。问题是，几年做下来，大家都觉得自己看懂了，所谓预算，就是每年想各种方法向老板要人头编制、费用额度。至于其他的数字如何，不重要。费用预算、人头预算只需要按上年的数字稍微改改，基本上就能过关。超出明显，就会被打回来重做。有些人已经在抱怨，说“预算还是财务自己做算了，反正我们报的数字不符合财务要求，财务就会让改”。

上面这个案例的问题就在于整个公司都是为了做预算而做预算，我把这种现象叫作杰克·韦尔奇死结。这种现象是预算最致命的问题，大家把做预算看成是一场游戏，年初“抢指标”，年末“抢花钱”，日复一日，年复一年，成本费用越抢越大，驴子变成了大象。这个预算死结，曾经也死死地套住了美国通用的CEO，更是套住了中国许多企业。

很多企业在做预算之前，根本没有弄明白预算的本质。它是根据公司及部门目标做出业务规划和资源配置，也就是业务路径和资源路径。预算不是仅仅为了控制费用而设立的制度，它更侧重于事前预算。此外，我们将事后的实际额与预算额进行对比，其目的不是秋后算账，而是反向纠正。预算就是一种通过预测、执行、回顾、下轮预测循环来持续提升预测规划能力、设计未来的管理制度，这也与我们上文中提出的“利润是提前设计出来的”观点不谋而合。

当企业发展到业财融合的阶段了，我们的预算就不能再是前面所提到的体验级别的了。所以，接下来，我们就开始讲解业财融合级的预算管理，如图 9-13 所示。

不知道大家有没有看出这个阶段的预算管理有什么特点？第一，业务部门需要全面参与，公司各部门、各层级都要密切沟通，这样才能保证数据的准确性。第二，财务部门不再闭门编制预算，而是转变身份，去组织大家编制预算，最后汇总。第三，此时的预算服务的对象不再局限于老板，而是面向企业的各个层级。第四，这个阶段的预算是以战略作为起点，将整体目标作为已知变量输入，即从目标出发，讨论实现目标的方式和需要的资源。

如果业务部门想要公司给他们合理的资源支持，就必须给他们提要求。首先，你得能讲故事、讲好预算故事。为什么呢？因为在这个阶段的预算管理，业务需要充分参与，所以预算编制的过程，也是一个培养业务部门负责人思考习惯的过程。能够讲清楚以什么方式、以多少资源来实现其未来目标和任务的管理者，才是称职的管理者。也许你会问了，预算故事要怎么讲才最好？我告诉大家，讲好预算故事就把握一个原则，“四个问题、两个正确”。哪四个问题呢？一是为什么这件事需要做？二是为什么需要花这个金额的钱？三是有没有可能花更少的钱，达到同样的效果？四是钱如果花得不到位，会产生什么问题？其实，如果我们注意一下，就会发现，第一个问题是在自我提问，我们是不是在做正确的事？后面三个问题是在自问，我们是不是在正确地做事？

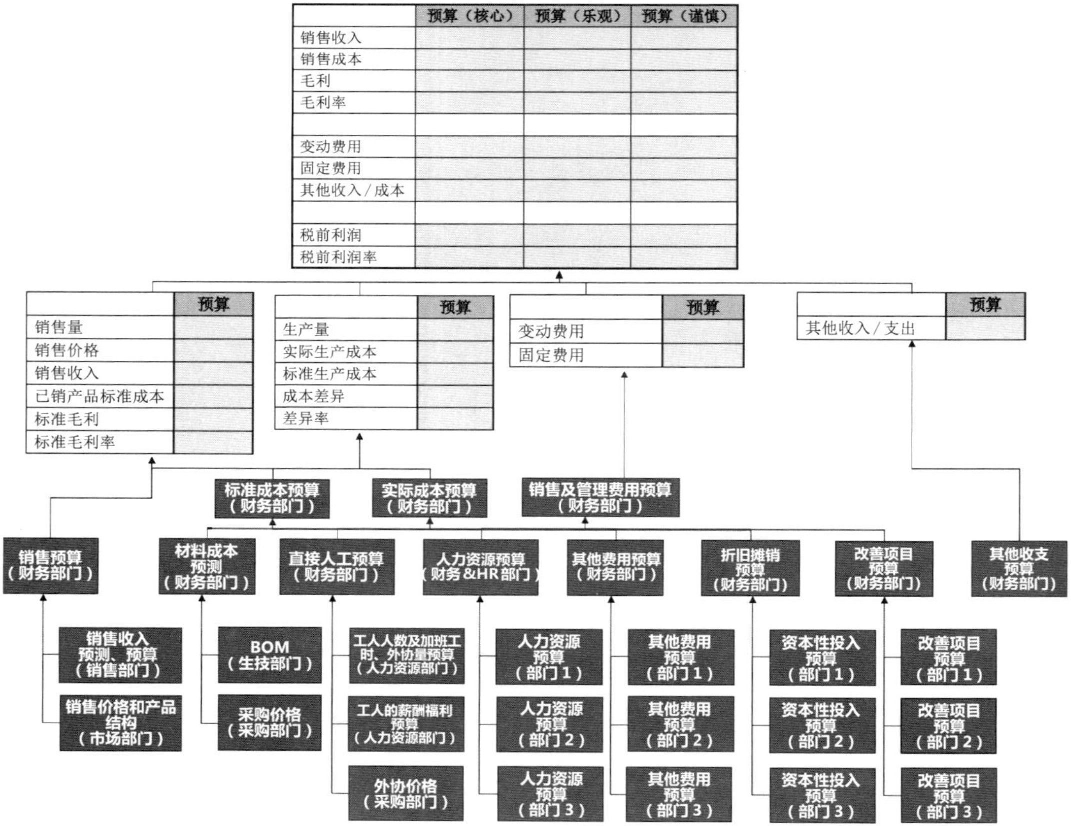

	预算（核心）	预算（乐观）	预算（谨慎）
销售收入			
销售成本			
毛利			
毛利率			
变动费用			
固定费用			
其他收入 / 成本			
税前利润			
税前利润率			

	预算
销售量	
销售价格	
销售收入	
已销产品标准成本	
标准毛利	
标准毛利率	

	预算
生产量	
实际生产成本	
标准生产成本	
成本差异	
差异率	

	预算
变动费用	
固定费用	

	预算
其他收入 / 支出	

标准成本预算（财务部门）
实际成本预算（财务部门）
销售及管理费用预算（财务部门）

销售预算（财务部门）
材料成本预测（财务部门）
直接人工预算（财务部门）
人力资源预算（财务&HR部门）
其他费用预算（财务部门）
折旧摊销预算（财务部门）
改善项目预算（财务部门）
其他收支预算（财务部门）

销售收入预测、预算（销售部门）
销售价格和产品结构（市场部门）
BOM（生技部门）
采购价格（采购部门）
工人人数及加班工时、外协量预算（人力资源部门）
工人的薪酬福利预算（人力资源部门）
外协价格（采购部门）
人力资源预算（部门1）
人力资源预算（部门2）
人力资源预算（部门3）
其他费用预算（部门1）
其他费用预算（部门2）
其他费用预算（部门3）
资本性投入预算（部门1）
资本性投入预算（部门2）
资本性投入预算（部门3）
改善项目预算（部门1）
改善项目预算（部门2）
改善项目预算（部门3）

图 9-13　业财融合级的预算管理

如果重要资源的投入仅仅在报表中填一个数字，那这不能算是“预算”。业务部门学会讲预算故事是为了帮助他们理解，并理性地做出决策的。这样的决策有可以依据的业务路径，也就是，有具体的行动计划。例如，图 9-14 所展示的项目计划。

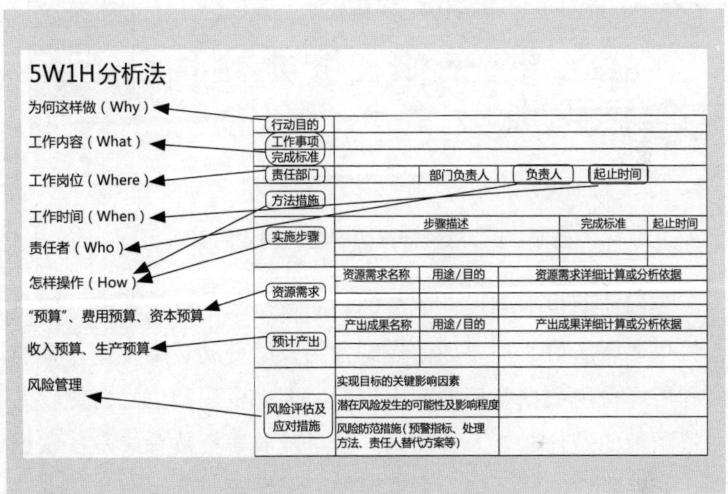

图 9-14　XXXX项目行动计划

其次，要求业务部门能算对账。大家都知道，业务部门的一个主要特点就是能花会赚，他们一般被看作是影响利润的最直观的因素。如果企业要做好全面预算，就要将公司层面的净利润分解到各责任中心层面，因为业务部门是利润的主要影响因素，所以他们的配合十分重要，这就要求业务部门必须会算账、算对账。

从图 9-15 中，我们可以看出，总资产报酬率的三大来源分别是净利率、资金占用和营业收入增长，而构成这三大来源的指标也是责任中心利润表的主要内容。从图中可以看到，业务部门需要对销售收入、责任毛利、责任利润及它们的构成项目有一个比较清晰的判断，以便后期对资源的投入有所准备。

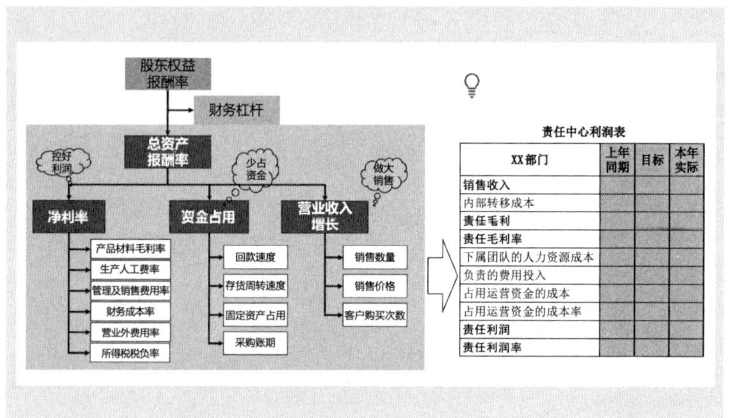

图 9–15　总资产报酬率与利润表的关系

我们前面也提到过，业务部门的特点之一就是花钱，但是花钱也要有所值。那要如何控制费用？以变动费用为例，企业要利用好费用数据背后的两大资源，人力资源和信息资源。人力资源指的是什么？人和团队。公司发放薪资被看成是在做投资，如果我们能够了解人力资源的分配情况，就会清楚让谁花钱会更赚钱，从而让资源得到有效的配置。信息资源指的是什么？数据。业务费用是因为业务活动而产生，有大量多维数据可以挖掘管理价值，例如时间、地点、客户、项目、目标市场等，搞清楚这些数据信息，我们就能明明白白地知道。企业在什么时候、什么地方会更赚钱。

有一句是这样说的："谈钱伤感情，谈感情伤钱，但是谈怎么一起赚钱可以增进感情。"预算过程就是和团队一起讨论如何赚钱的过程。

讨论完怎么赚钱，就要从怎么赚钱的角度出发开始编制预算，这就相当于我们先找到方向，再开始讨论路径，这样才能快、准、狠地赚钱。我们可以看看表 9-2，先找到变动费用之间的关联关系以及它们的驱动因子，再逐步将它们分解，找到驱

表 9–2 变动费用的驱动因子

销售活动	产出	投入	具体分析指标示例
线索获取	线索数量	线索获取成本	新增线索数量、 每条线索平均获取成本
	X		
客户转化	转化率	客户转化成本	预约客户拜访次数、拜访客户次数、每次拜访成本、业务招待次数、客户人均招待消费、赠送客户礼品次数、赠送客户礼品金额
	X		
客户维护	复购次数	客户维护成本	预约客户拜访次数、拜访客户次数、每次拜访成本、业务招待次数、客户人均招待消费、赠送客户礼品次数、赠送客户礼品金额
	X		
客户价值挖掘	客单价	产品成本	产品组合选择(产品组合对毛利的影响)、价格策略设计(价格差异)
	=		
	销售收入		不同期间影响因素分析

业务活动	需要投入资源					
	资源名称	计量单位	数量	单次平均成本	金额	理由说明
客户拜访	差旅费	次数	150	3000	450000	
	小礼品	人次	200	50	10000	
	宣传资料	份	300	20	6000	
商务宴请	餐费、酒水	人次	200	80	16000	
节日公关	节日福利	份	100	300	30000	

办事处边际贡献分析

办事处	销售额	毛利	毛利率	销售人力成本	人力成本占比	业务费用	业务费用占比	边际贡献	边际贡献率
北京办	26419	10836	41.0%	1924	7.3%	115	0.4%	8797	33.3%
成都办	21972	8115	36.9%	2401	10.9%	204	0.9%	5510	25.1%
广州办	53734	18421	34.3%	3557	6.6%	183	0.3%	14681	27.3%
贵阳办	1229	545	44.3%	348	28.3%	200	16.3%	−3	−0.2%
杭州办	34404	10972	31.9%	2821	8.2%	550	1.6%	7602	22.1%
惠州办	5452	1836	33.7%	464	8.5%	5	0.1%	1367	25.1%
南昌办	3815	1217	31.9%	516	13.5%	138	3.6%	564	14.8%
南京办	22213	6987	31.5%	2359	10.6%	81	0.4%	4546	20.5%
沈阳办	17441	5833	33.4%	1186	6.8%	119	0.7%	4529	26.0%
苏州办	7092	1831	25.8%	739	10.4%	175	2.5%	917	12.9%
武汉办	31939	9280	29.1%	3627	11.4%	197	0.6%	5455	17.1%
长沙办	1923	955	49.7%	298	15.5%	114	5.9%	544	28.3%
郑州办	15087	5087	33.7%	2378	15.8%	441	2.9%	2268	15.0%
大客户	11278	2181	19.3%	1072	9.5%	157	1.4%	951	8.4%
总计	253997	84096	33.1%	23689	9.3%	2679	1.1%	57728	22.7%

动因子和利润的对应关系，这样才能精准找到赚钱的发力点。

提到业务部门编制预算，我们必须知道一个公式：

收入=单价×数量×购买次数

我们为什么要提到这个公式呢？因为业务部门所编制的销售收入预算，是预算的起点，我们在编制过程中必须同时思考如何实现收入倍增。收入倍增有三大法则，首先是大额法则，我们要考虑如何提高单价。例如，卖高附加值的产品、卖高单价的产品、提高下手价格等。其次是大众法则，我们要考虑如何卖更多产品给客户，如何卖给更多客户。例如，新产品研发、客户拓展、市场拓展等。最后是黏性法则，我们要考虑如何提高复购率。例如，客户留存、客户满意度、客户价值挖掘等。如果各位老板能够搞懂这个收入倍增的法则，我相信，企业赚钱的速度会发生巨大飞跃。

预算落地的六大操作秘诀

看到这里，有的老板可能会说："张老师，你一直都在说假预算，那到底什么才是真预算？有没有什么标准？"答案很简单，只要你的预算能够做到"三全"，即"全员、全方位、全过程"，并且能够做到上下一体，横向贯通，那基本上就是真预算了，这个程度的预算一般被称作"战略级预算"。

战略级预算是围绕公司战略目标设定、战略实现、资源分配进行的全员参与的沟通互动过程，它站在企业战略的高度来进行资源的规划和配置，被看作是一种"大财务系统"，因为全面预算系统也是老板驱动全员做大企业价值的超级武器。"大财务系统"的详细信息如图 9-16 所示。

从图 9-16 可以看出，"大财务"系统是将战略目标、预算执行与公司价值管理融合在一起，形成一个整体的系统。

首先，我们看看什么是"5V 驾驶舱"。企业就是一架交通工具，规模在 500 万元以下的时候，可以把企业看成是一辆自行车；规模在 2000 万元以下的时候，企业是一辆汽车，这时就要开始有仪表盘，包括油门、安全带、胎压、发动机等配件；规模在 2000 万元以上的时候，企业就是一架飞机，如果仪表盘的数据全都是错的，飞机能实现平稳飞行吗？

图 9-17 是针对老板设计的驾驶舱，用 7~13 个关键数据或指标反映企业的风险、问题、状况，给老板以警示，促使企业

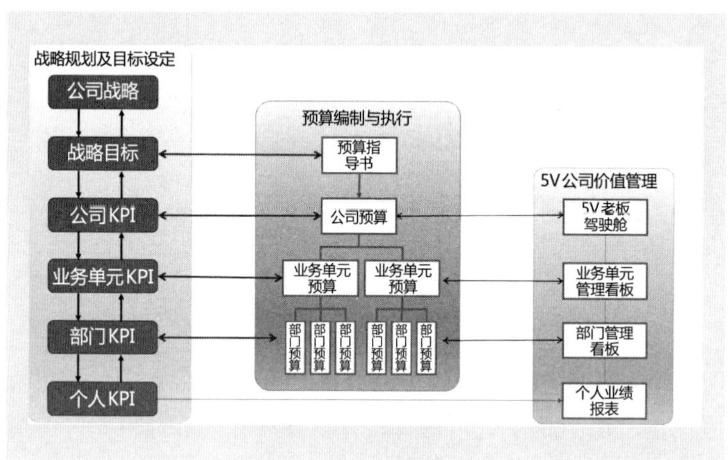

图 9-16　大财务系统

做出正确判断。我们可以看到，在图 9-17 中，企业的盈利情况、资产周转情况、资金使用情况等一目了然。

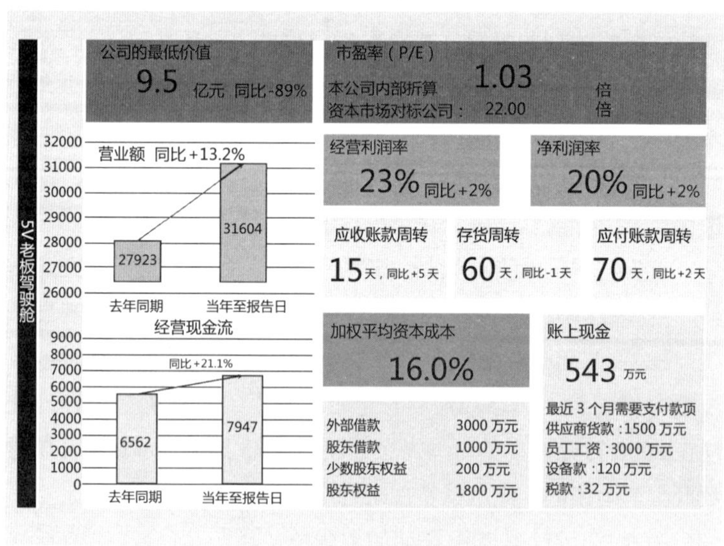

图 9-17　5V老板驾驶舱

接下来，我们再看看“大财务”系统中计划与预算之间的关系，我们可以把这三者之间的关系具化成图 9-18 的形式。

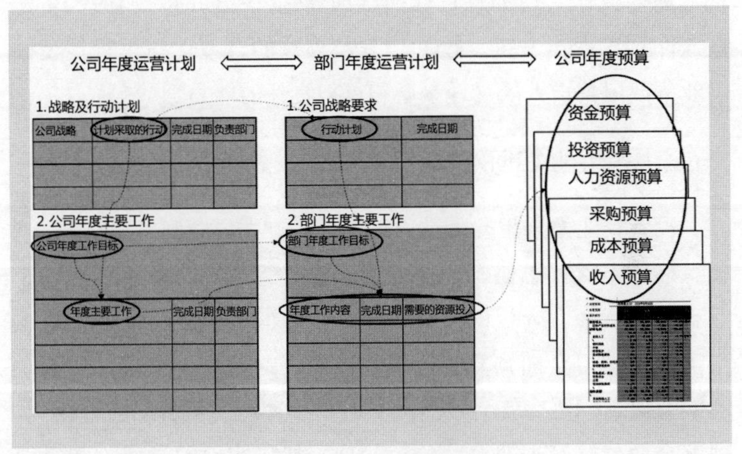

图 9-18　计划与预算的关系

1.全面预算管理的组织

在做全面预算管理时，老板只需管三件事，就能参与到管理的各个环节：一、别拆台，这就要求老板得懂预算，成为预算管理的行家；二、说了算，担任预算答辩的主考官；三、发红包，担任预算执行考评的评委。

财务总监主要负责四件事：组织协调、汇总平衡、监督执行和分析控制，这样才能统筹好预算管理的整个工作。但是如果只有老板和财务负责预算，还远远不够，真正的预算还需要业务部门的充分参与，有三个理由：第一，业务部门最了解本部门业务，又承担着明确的目标和任务，最清楚实现目标和完成任务的资源需求，因此业务部门编制的预算会更切合实际。第二，业务部门是实现目标的执行机构，为确保目标实现，需要各执行机构自己去寻找清晰的、具体的实现路径并予以证明，预算则是业务部门实现目标的资源路径。第三，公司整体战略目标经过分解后，由各个业务部门负责实现。业务部门及其负责人需要设计实现分解目标的行动计划，并同时对相应的资源投入即预算做出安排，行动计划及预算的合理性与可行性反映了业务部门负责人的管理素质和承担责任的能力。

2. 民营企业如何破冰

民营企业如果想要引进预算管理，首先要做到“四有”：老板有格局、财务总监有职业能力、核心管理层有基本素养、企业有外部资源。老板的格局决定了公司的大小，所以老板应该主动投资学习全面预算管理课程。对于财务总监来说，要么主动学习提高，要么就会被淘汰。而核心管理层至少都应该认同、理解全面预算管理对公司价值管理、战略实现的必要性和重要性，明白自己身上的价值创造责任，所以最起码要学会基本的预算概念、财务管理方法。至于外部资源，“外脑”更容易对企业内部原有思维模式、工作习惯形成冲击。世界500强、国内优秀企业在自己已经拥有大量优秀人才的同时，仍旧大量利用“外脑”来推动变革。

当以上条件都符合，企业通常就具有利于预算管理运作的良好环境了。然后，我们就要着手预算的准备工作。首先，老板和财务总监、部门经理是预算管理的第一责任人。对于一些小型企业来说，也没有设置专门预算管理机构的必要，正因为没有专门的机构，我们才需要通过培训的方式保证部门负责人能具备专业的预算管理能力，从而保证预算管理在企业产生效果。

3. 预算管理过程中的会议

如果不考虑特殊情况，预算管理有三个标志性会议。一是预算启动会，它标志着年度预算工作要正式开始了，领导层也要借此机会，给每个参与者上上“紧箍咒”，统一大家的思想、凝聚各方的共识、明确预算的要求。

二是预算答辩会，这个会议的目的是将各部门召集起来，对各自所编制的预算提出疑问，并做出解答，保证预算数据的准确性，实施相互监督的效果。

三是经营业绩分析考评会，每一个预算责任人汇报经营业绩，分析目标完成情况、偏差原因，提出改进措施及落实情况，总经理逐一进行评价。这个会议的目的就是，总经理和各预算负责人共同复盘、探讨、纠偏，保证预算能按照预期的方向发展，并发挥相应的效果。

4.全面预算的编制

首先，预算编制必须要有预算日历。由于预算是环环紧扣，每个环节不断动态调整、不断相互影响的过程，因此，需要编制预算日历去协调编制进程，同时要求所有部门必须按日历交付成果，不能延迟。此外，还要准备好B计划，因为总会出现意外，不能因某个环节不能交付预算成果，而让整个预算进程停滞等待。表9-3是我做的一个预算日历表，供大家参考。

其次，任何不能落地的规划、制度，都是空想。要想预算能够落地，必须要有工具，但是由于预算数据是从各部门汇总过来的，工具的使用对象，就是各不相同的业务部门，所以，企业不必使用统一格式收集各种不同类型的数据，要尽量使用业务部门习惯的方式和语言编制。只有业务部门很擅长使用的表格，才能让他们充分表达，讲好预算故事。只要稍加培训，财务将不同格式报表中的数据转化成为便于汇总的数据并不会耗费太长时间。按不同方式和语言编制的数据报表如表9-4、表9-5所示。

表 9–3 预算日历表

工作项目	截止日期	输出	说明	责任人
销售快报 （当年估计、下年预算）	9月8日	Excel文件	包括数量差异影响和价格差异影响	曾XX、陈XX
管理层批准销售预算	9月16日	无	通过邮件正式通知	
按产品类别分解的销售数量、价格、收入预算（第1版）	9月25日	Excel文件	包括数量差异、价格差异影响因素	刘XX、曾XX、陈XX
按产品类别分解的销售数量、价格、收入预算（第2版）	10月11日	Excel文件	包括数量差异、价格差异影响因素	刘XX、曾XX、陈XX
人员编制及人力资源成本预算（第1版）	9月25日	Excel文件	除直接人工、外协人工和销售团队之外的所有部门	徐XX、华XX
薪资增长预算报批	9月30日	Excel文件	报送管理层批准	徐XX
人员编制及人力资源成本预算（第2版）	10月13日	Excel文件	直接人工、外协人工和销售团队数据确定	徐XX、华XX
其他费用预算	9月25日	Excel文件	除变动费用之外的其他所有费用	宁XX、各个部门负责人
市场推广投入专项预算	9月30日	Excel文件	报送管理层批准	刘XX、宁XX
资本性支出预算（第1版）	9月25日	Excel文件	包括每个投资项目的详细信息	李XX、各个部门负责人
资本性支出预算（第2版）	9月30日	Excel文件	报送管理层批准	李XX
信息系统投入专项预算	9月30日	Excel文件		
材料采购指数预测	9月23日	Excel文件		三X、仝XX
材料采购价格预算及采购成本节约计划（第1版）	9月30日	ERP输入/Excel文件		王X、仝XX
材料采购价格预算及采购成本节约计划（第2版）	10月15日	ERP输入/Excel文件		王X、仝XX
制造人工、制造费用预算	9月25日	Excel文件	除直接人工、外协人工和销售团队之外的所有部门	丁XX、宁XX、华XX
直接人工/外协、变动制造成本预算	10月13日	Excel文件	包括自制/外协分析	丁XX、李XX、仝XX
各个虚拟利润考核中心的利润表	10月15日	Excel文件		丁XX
制造成本预算（第1版）	10月19日	Excel文件	包括成本改善计划	丁XX、李XX、仝XX
标准成本预算	10月22日	Excel文件	包括与上年标准成本的对比	丁XX、李XX、仝XX
当年估计和下年预算利润表（第1版）	9月30日	Excel文件	发给管理层第1版利润表并与他们讨论	黄XX、曾XX
基于9月份结果更新的当年估计和下年预算利润表	10月14日	Excel文件	尽可能完整	黄XX、曾XX
当年估计利润表确定	10月24日	Excel文件		黄XX、曾XX
下年预算利润表确定	10月28日	Excel文件		黄XX、曾XX
预算编制完成(财务报表、市场分析、长期发展计划)	11月6日	Excel文件	最终截止日期	黄XX
预算PPT及附件	11月11日	PPT文件+Excel文件		黄XX
预算会议	11月17日			公司管理层

表 9–4 按推广活动编制的推广费预算

项目名称	项目内容	需要投入资源（不包括人力资源）			
		资源名称	数量	单价	金额
公司形象重塑	外聘 1 家专业调查公司，对北上广深进行市场调查	外聘专业调查公司	—	—	50,000
	配合、跟进调查公司服务	市场部差旅费	—	—	20,000
	电视广告片 2 部制作	广告制作	—	—	300,000
	广告片投放	广告费	—	—	3,000,000
	40 页产品样本	印刷费	15,000	45	675,000
	6 页集团介绍	印刷费	10,000	12	120,000
上海欢乐家庭日公关活动	租用XX商场中庭及游乐场举办欢乐家庭日活动	场地租金			20,000
	小礼品	宣传礼品	3,000	10	30,000
	游戏券	宣传礼品	3,000	50	150,000

表 9–5 按业务活动编制的销售费用预算

业务活动	需要投入资源					理由说明
	资源名称	计量单位	数量	单次平均成本	金额	
客户拜访	差旅费	次数	150	3,000	450,000	
	小礼品	人次	200	50	10,000	
	宣传资料	份	300	20	6,000	
商务宴请	餐费、酒水	人次	200	80	16,000	
节日公关	节日福利	份	100	300	30,000	

最后，预算编制还有一个很重要的环节——沟通，如果各部门闷头干，和闭门造车没区别。预算编制过程是一个多层次、多维度、全方位的沟通过程，持续沟通本身就在对业务创造价

值。同时，保持持续沟通和信息交互也能避免无谓的预算编制返工。如果财务部门能用业务语言提供一些历史数据给业务部门，会非常有助于加快预算编制。如果内部人员缺乏沟通，很容易出现图 9-19 这种敷衍了事、临阵磨枪的尴尬场面。

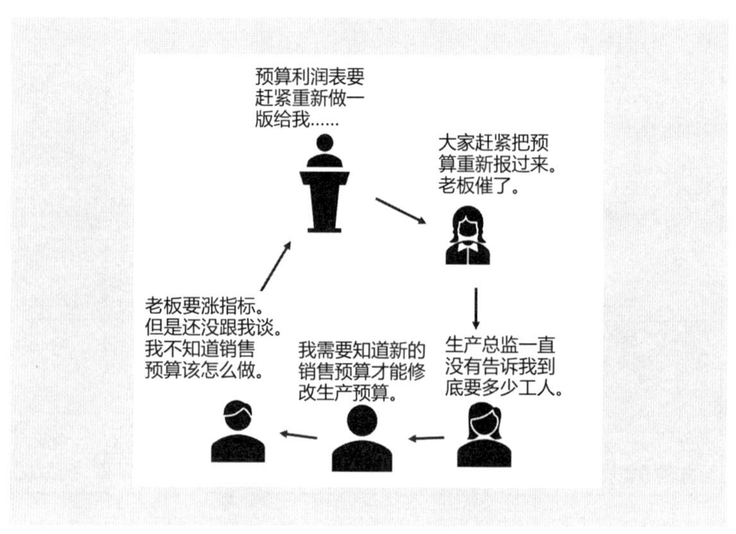

图 9-19　预算编制沟通环节

5. 全面预算的执行

哪种管理最有效？有所放，有所控。适当地将权力下放给下属，老板不能“一支笔”，但主要控制权还要抓在手上。

我们在业务执行控制的过程中，要坚决做到“三不”：一是不要用预算代替审批；二是预算不能被用作费用额度；三是预算不是花钱的理由，这样能保证预算控制有的放矢，既不会因预算的执行让费用的雪球越滚越大，也不会因预算的限制导致业务部门裹足不前。

此外，对于重大项目，要有特殊规定，例如，逐级审批，这个审批程序要参考三个原则：一是“三个为什么”，即：为什么要做这件事？为什么是现在做？为什么是这个金额？二是“五个方面”，即：时点是否合理？业务是否真实？业务是否必要？业务度量是否合适？资金需求是否匹配？三是“项目盈利分析”，即：投资总额X万元；投资回收期XX年；投资报酬率X%。但对于一般事项，要选择适当放权，将权力分别赋予相关的负责人，既保证审批环节的效率，又能相互制约。

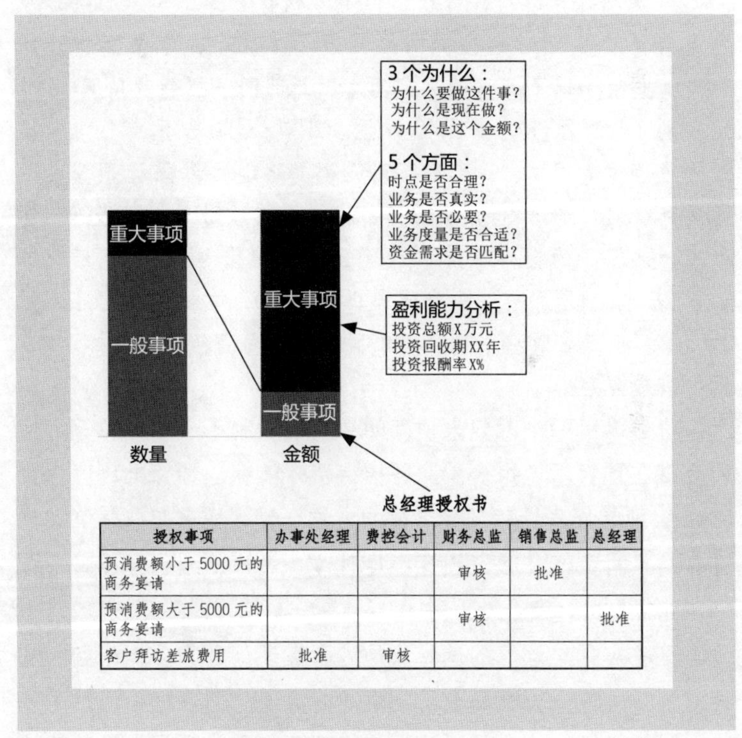

总经理授权书

授权事项	办事处经理	费控会计	财务总监	销售总监	总经理
预消费额小于5000元的商务宴请			审核	批准	
预消费额大于5000元的商务宴请			审核		批准
客户拜访差旅费用	批准	审核			

图 9–20　预算执行的原则

6.全面预算考核

没有考核的预算，就没有灵魂。考核的目的有两个：一是评估事情的进度，就像老话说的“预算过半，进度过半”，随时纠偏；二是预防浪费，做到精打细算，在框定的额度内完成工作。想要实现这两个目的，过程考核与结果考核不可偏废。如果没有考核，预算有可能出现抢资源、狮子大开口、出问题时推卸责任的情况。还有的企业，虽然有考核，但考核方向错了，导致出现南辕北辙的效果，就像下列几种情况。

（1）考核预算准确度

某公司打算做预算考核，但是考核什么呢？思来想去，几个高管开会决定考核预算的准确度。年底了，考核工作开始了，就发生了以下几种情况：情形一，部门一招待费预算 50 万元，到了 11 月份花掉了 40 万元，还剩余 10 万元，公司考核预算准确度为 80%。该部门费劲心思想各种办法来让预算准确度达到 100%，例如想办法花掉、找张发票让财务先记账等。情形二，部门二的招待费预算为 50 万元，但是 11 月份已经花掉了 50 万元，12 月来一拨重要客户考察工厂，准备签 2000 万元的大单。但是带这些人到公司外面去吃饭喝酒估计得花掉 10 万元。该怎么办？

对于以上两个部门来说，如果他们编制下一年的预算，他们应该在预算里填报多少业务招待费才能保证预算准确度达到 100%？很明显，这种预算考核的方法会带来很多问题，例如预算有结余时突击花钱、预算不足时停止做事、编制预算时不顾一切地争指标、留余地。

比较实际与预算的差异只是为了发现问题、分析问题、解决问题。考核预算准确度只会驱使业务部门用各种手段抹平差异，掩盖问题，违背了全面预算管理动员全员参与、推动持续改善、提升公司价值的初衷。

（2）奖励预算节约

什么是奖励预算节约？就是你省的越多，你得到的就越多。例如某部门差旅预算 10 万元，实际花了 8 万元。公司规定预算节约的30%可以作为奖金发给部门员工。因此，按公司规定，这个部门的员工可以分得6000元的预算节约奖励。员工很开心。如果你是这家公司的员工，下一年怎么才能得到更多奖金？部门规定，以后出差都要想尽办法节约费用，可不可以？做预算时，找各种理由让老板批准15万元预算，可不可以？少出差，尽量不去拜访客户，通过电话、微信与客户保持联系，可不可以？……奖励预算节约会导致员工抢指标或不做事，就是一个馊主意。正确的做法应该是鼓励员工寻找节约成本的机会、主动推动成本改善，可以直接比较成本改善方案实施前后的差异、通过分析确定改善方案带来的节约额来进行奖励。

我建议大家，在制定考核标准时，一定要多维度考虑，而不是想当然，仅仅为了“奖优罚劣”，倒逼出一份“好”预算。其实，考核只是我们企业的一种手段，它的目的是引导员工将来的工作行为，实现企业战略。

最后，我们再来复盘一下全面预算的导入过程。对于老板、财务总监来说，他们的角色就是统筹预算管理工作，主要以基本理论学习、算大账实战、算细账实战、业财融合实战为抓手；对于总监、中层领导来说，他们的角色就是上传下达，主要以基本利润学习、报预算、讲好预算故事为抓手；对于“外脑”来说，他们主要负责指导和辅助企业开展工作，以培训和咨询为抓手。全员齐动，打好全面预算在企业的应用战。

从某种意义上来说，导入全面预算就是一次变革，这不仅仅意味着要打破原有文化环境、制度标准、行为习惯，还要重塑一个新的系统，对有些企业来说，相当于脱胎换骨。

对于企业来说，预算变革需要具备五个方面的要素，愿景、技能、激励、资源以及行动。愿景代表企业要先明确目标，并告知团队为何要变；技能代表企业要预判团队所需技能和知识，通过培训等方式来赋能团队；激励代表老板要舍得给钱、舍得授权，还要及时认可员工，并树立标杆；资源代表企业要引入外部专家资源，上层领导要给予支持，平行部门要协同合作；行动可以用PDCA表示，代表企业要有灵活的规划(Plan)、到位的执行(Do)、有力的监控（Check)、不断完善的纠错闭环(Action)。以上五点即为预算变革所必备的五要素，企业可进行自查，看看自己的预算是否合格。

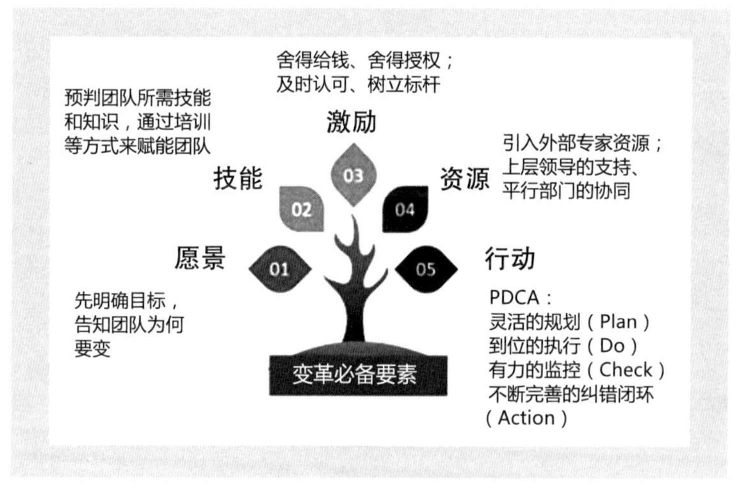

图 9–21　企业变革五大要素

最后，借用任正非的一句话，希望能唤醒大家对预算管理的重视。“我们永远强调在思想上艰苦奋斗，思想上艰苦奋斗是勤于动脑；身体上艰苦奋斗只是手脚勤快。那么，如何建立一种长效机制让华为的高管、中层和员工都能自动自发地勤于动脑？这种长效机制就是预算系统，我们企业就要通过这种预算机制让全员跑起来！”

工具 财务岗位职责与工作节点汇总表

北京××公司财务部岗位职责汇总说明书

岗位	岗位职责	报表	完成时间点	岗位责任人
成本会计	1.负责编制企业产品成本核算方案，编制当月各批产品的实际成本核算表，组织产品成本核算工作。 2.负责产品的核算与管理，每月月底对产品进行盘点。 3.负责产成品的入库账务处理，协助销售会计完成存货管理与盘点。 4.负责报价模型维护与报价支持。 5.复核材料单价的准确性。协助财务经理完成成本预测控制。 6.成本核算相关原始凭证的审核，相关内部控制的执行。 7.每月准备成本分析表材料，协助财务经理组织召开成本分析会。	1.各盘点表 2.各车间考核表 3.辅助生产成本分配表 4.各品种成本计算表 5.成本台账、成本分析表 6.制造费用简报	1.每月最后一天 2.每月2日前 3.每月6日前 4.每月6日前 5.每月13日前 6.每月7日前	
费用会计	1.核算管理费用、财务费用、营业费用，并负责相关费用支出原始凭证的审核工作。 2.负责费用管理报表的制作，并对变动比较大的费用进行分析说明。 3.负责其他应收款、应付款、银行借款核算，每月核对其他应收款往来。 4.负责核算所有者权益、无形资产、递延资产及相关资产核算、管理。 5.负责各部门费用预算控制。 6.负责执行相关内控制度及相关合同的管理。	1.三项费用明细表 2.各车间(部门)办公费用、邮电费、业务招待费、低耗品明细表(费用执行表) 3.内部往来余额表 4.半年度出具一次其他应收款账龄分析表 5.各统计报表	1.每月7日前 2.每月10日前 3.每月7日前 4.每半年度次月15日前 5.各统计要求时间	
材料会计	1.负责材料核算及相关原始凭证的审核。 2.对已付款而发票或货物未到的，应及时通知经办人处理。及时追讨发票，并做好发票移交登记工作。 3.及时审核进仓单与发票。 4.每月末组织原材料的盘点。其他材料每半年全盘一次(贵重的其他材料每月抽盘)。每月末协助成本会计到车间盘点生产线原材料，并敦促车间办理退料、领料手续。 5.及时跟踪采购合同，了解材料单价及运费情况，做好暂估入库核算。 6.复核成本会计制作的各车间原材料消耗考核表，配合成本会计做好成本分析。 7.负责采购数量、单价的预算控制。 8.负责相关应付账款和预付账款的核算与管理，并及时与相关部门核对。 9.及时对账，保证物流管理子系统与总账系统相符，因特殊情况造成两系统不符时，填制子系统对账不符情况说明。 10.配合费用会计完成内部往来余额表。 11.负责执行相关内控制度及采购合同的管理。	1.盘点表 2.原材料库存表 3.常用物料采购明细表 4.进出仓单领用明细表 5.内部往来余额表 6.配合销售会计完成内部销售情况表 7.子系统对账不符情况说明表	1.每月最后一天 2.每月6日前 3.各车间(部门)领用、交回时 4.每月5日前 5.每月6日前 6.每月6日前 7.对账不符月份	

续表

岗位	岗位职责	报表	完成时间点	岗位责任人
销售会计	1.按品种、规格、型号核算产成品，及时对账，保证物流管理子系统与总账系统相符，因特殊情况造成两系统不符时，填制子系统对账不符情况说明表。 2.做好销售台账的登记，按产品品种、规格、型号核算销售收入、成本、毛利。 3.据实开具销售发票，经复核后交开票申请人，并做好发票的登记工作，不得套开、虚开发票。 4.负责应收账款管理，做好应收账款的登记工作，每月与经营部核对应收款余额，做好账龄分析。 5.负责执行相关的内部控制制度及销售合同的管理。 6.配合财务经理完成信用控制工作。 7.负责收入计划控制。	1.产成品盘点表 2.产品库存表 3.产品销售报表 4.内部销售情况表 5.销售发票开票清单 6.应收款账龄分析表 7.子系统对账不符情况说明表	1.每月最后一天 2.每月6日前 3.每月6日前 4.每月6日前 5.每月开票时 6.次月10日前 7.对账不符月份	
固定资产会计	1.做好固定资产的卡片登记与入账工作，同时与工程部配合落实各固定资产所在位置。 2.负责固定资产的报废和销售的核算。 3.审查借出、转让的固定资产手续是否完整、准确，手续不完整的不得办理出厂单。 4.按规定计提折旧，并做好相关的账务处理。 5.在建工程应按项目进行明细分类核算，跟踪在建工程进度并及时取得完工验收的报告。 6.负责固定资产管理，每年组织一次固定资产盘点。 7.保证固定资产子系统与总账系统相符，因特殊情况造成两系统不符时，填制子系统对账不符情况说明表。 8.负责执行相关的内控制度及相关合同的管理。 9.负责资产计划预算控制。	1.固定资产账实对应表 2.固定资产盘点表 3.子系统对账不符情况说明表	1.每月新增固定资产时 2.固定资产盘点月 3.对账不符月份	
出纳	1.负责公司的现金收付，根据已经核准的现金付款凭证付款，冲销往来款项的要及时开具收款收据并交给当事人。及时登记现金日记账，每日核对账实是否相符，月末与总账核对，保证账账相符、账实相符。 2.加强现金管理，将超过规定限额的现金及时送存银行账户，不得以白条抵库，不得挪用公款，个人现金不得与公司现金混用。配合报表会计或财务经理指定人做好现金盘点工作，并出具现金盘点表。 3.根据审批手续完整的付款通知单付款，对已付及已收货款应及时通知经办人，并及时登记银行存款日记账，月末与银行对账单核对，对未达账项应及时查询，保证账账相符、账实相符，及时将收付款单分发给相关会计做账。 4.每天下班前将资金报告表发送给财务经理。 5.负责凭证装订、账套拷贝工作。 6.负责本部门考勤统计与伙食补贴计算工作。 7.负责相关内控制度的执行。	1.资金日报表 2.固定电话费用明细表 3.部门考勤表 4.部门伙食补贴发放表	1.每天下班前 2.每月缴完话费日 3.每月3日前 4.每月3日前	

续表

岗位	岗位职责	报表	完成时间点	岗位责任人
税务会计	1.全面负责公司税务工作，包括税款计算、复核、统计。 2.负责办理公司税务申报工作；所有申报表需经本部门经理审核后再盖章申报；及时填制公司上缴税情况表。 3.负责对公司纳税情况进行分析评估，执行税务风险控制制度。 4.协助财务经理做好公司税务规划及纳税筹划工作。 5.负责税收政策搜集工作，并及时向本部门其他员工通报相关税收政策的变化。 6.负责相关税务备案工作。 7.负责增值税发票的采购、保管与复核工作。 8.负责会计档案管理。 9.负责相关内控制度的执行。 10.负责配合税务审计、税务检查工作，协助财务经理、总监进行外部关系管理。	1.公司上缴税费表 2.各税种纳税申报表	1.每月缴税完成日 2.每月5日前	
总账会计	1.协助组织会计核算，保证会计核算的真实、及时、完整；协助落实和检查公司相关制度。 2.定期或不定期对出纳经管的现金进行盘点，审查是否账实相符、账账相符；审查支票使用情况，负责编制银行存款余额调节表。 3.管理收款收据的领、用、存工作。 4.审核其他岗位制作会计凭证；负责会计档案的稽核检查工作。 5.负责组织安排完成结账工作，完成对外、对内报表的收集、生成。 6.负责相关内控制度的执行，负责各项预算计划执行的总体控制。 7.负责配合财务审计，监管部门检查、资料准备及报送、备案等工作，负责统计工作。 8.负责会计信息系统的维护、运行。	1.收款收据领、用、存表 2.月度相关对内、对外报表 3.现金盘点表 4.银行存款余额调节表	1.领用、收回时 2.每月7日前 3.盘点当日和每月最后一日 4.下月6日前	
财务经理	1.协助财务总监建立并完善企业财务管理体系，对财务部门的日常管理、财务预算、资金运作等各项工作进行总体控制，提升企业财务管理水平。 2.根据企业中、长期经营计划，组织编制企业年度财务工作计划与控制标准。 3.根据企业相关制度，组织各部门编制财务预算并汇总，上报财务总监、总经理审校。审批后组织执行，并监督检查各部门预算的执行情况。 4.组织会计人员进行会计核算和账务处理工作，编制、审核、汇总财务报告并及时上报。 5.负责信用控制管理工作，监控、预测现金流量，监测企业各项财务比率，确定合理的资产负债结构，建立有效的风险控制机制。 6.负责组织企业成本管理工作，进行成本预测、控制、核算、分析和考核工作。 7.负责评价公司全部业务模式对纳税的影响，对公司全面纳税情况进行评估和税务筹划工作。	1.财务分析报告、管理报表 2.经营跟踪指标分析 3.各业务部门分析报告 4.投资分析	1.每月10日前 2.每月10日前 3.每月10日前 4.计划日	

续表

岗位	岗位职责	报表	完成时间点	岗位责任人
财务经理	8.及时汇报企业经营状况、财务收支及各项财务计划的具体执行情况，为企业决策提供财务分析与预测报告，并提出支持性的建议。 9.根据企业经营方针和财务工作需要，合理设置财务部组织结构，优化工作进程，开发和培养员工能力，对员工绩效进行管理，提升部门工作效率和员工满意度。 10.负责本部门内关系管理、工作协调，负责组织安排参加经营分析会。 11.负责组织公司其他部门的财务培训。 12.负责执行相关内控制度及合同审计工作、组织公司全面风险管理。 13.协助财务总监进行外部关系管理，负责组织安排外部审计、检查工作；负责组织安排资质、证照年检、变更等工作。	1.财务分析报告、管理报表 2.经营跟踪指标分析 3.各业务部门分析报告 4.投资分析	1.每月10日前 2.每月10日前 3.每月10日前 4.计划日	
财务总监	1.管理公司战略；根据公司发展战略，组织制定、执行财务规划。 2.对公司股权架构和公司治理结构进行维护，推动完善公司治理结构和管理变革。 3.负责指导财务部门制定和完善财务政策和管理制度；组织监督各项财务制度的执行情况。 4.参与本企业重大财务事项、业务问题的决策，包括参与制订企业年度经营计划和财务预算方案，参与重大投资等业务问题的谈判、决策等。 5.支持编制年度资金使用及运作计划、信贷计划，拟定资金筹措方案；执行所有资金调度工作，检查计划实施情况；定期编制资金运作分析报告。 6.根据企业经营目标，指导相关人员编制财务预算；审核财务预算、成本计划、利润计划，监督企业整体预算执行情况；指导财务部定期组织财务决算。 7.定期对企业经营状况进行阶段性财务分析与财务预测，并提出财务改进方案；向董事会提供财务分析预测报告，提出合理化建议或意见。 8.组织制订年度审计工作计划，根据规定组织实施年度财务收支审计、经营成果审计、企业领导离职审计及重大财务违规审计工作，并提出处理意见。 9.总体负责金融机构、税务等财务部门对外关系的管理。 10.总体负责财务部门与其他部门的关系管理、工作协调；负责组织安排、参加公司经营会议和商务谈判。 11.负责授权范围内的收支、合同签订审核批准。			

后记

我能为你做点什么

老板的五大高频问题

第一，企业想做股权激励，年终给高管分钱、分利润，用内账报表还是外账报表？如果用内账，高管立即获得举报老板的把柄。如果用外账，数据不全是真的。

要想股权激励，先要财税规范。

第二，老板想学稻盛和夫的经营理念，想要阿米巴经营、量化分权、独立核算……但是财务是混乱的，账也是糊涂的，如何阿米巴经营？

要想阿米巴经营，先要财税规范。

第三，老板想做绩效考核，启动绩效管理。考核指标来自财务数据，但财务数据是一笔糊涂账，该如何做考核？

以销售人员考核指标为例：销售额、毛利率、回款率、费用率、新产品销售占比、客户满意度。要想绩效考核，先要财税系统规范。

第四，公司想上市或被并购，走向资本市场的最大障碍是什么？账务混乱与偷税问题。要想上市或并购，先要规范财税系统。

第五，老板想传承，少帅要接班，是传承一个风险公司，还是传承一个财税系统规范的公司？

少帅的想法：工作时间“955”、双休、公私分明。一边钓鱼，一边打高尔夫，还要把公司做得比之前大两倍。要想科学管理，系统授权，先要规范财税系统。

民企老板关心什么

老板不懂财务或只重视业务而忽视财务，导致企业在财务领域出现损失，比如运营低效、利润率降低、投资回报率减少、风险增加、资金紧张、投融资困难……这些问题都是企业经常遇到的并令老板感到苦恼的。

财务管理的三大主题：增加利润、降低风险、增加现金流，这些都是老板关心的。但是问题如何解决呢？老板在经营管理过程中应该有一套怎样的思维系统？从哪找一套解决问题的系统工具？谁能帮老板做财务流程和系统的构建与执行？

总的来说，要实现上述三大目标，老板需要三个“一”：一套完善的财务系统、一名优秀的财务总监、一支胜任的财务军团。

我们要做什么

专注于财务管理实践，致力于财务技术的应用与开发，因为“爱财务、爱生活”的理念，我们一群从事财务工作的热心人士，在 2005 年创办了“中国财务技术网”。

财务技术网创立的前三年时间内，一直在做沙龙活动、高端财务课程研发等工作。数百场沙龙与课程研发的讨论，几十位财务高手的共同参与，研发了 60 多个财务课程专题。

2012 年，我们重新成立了“金财咨询”，并在原来的基础上，总结形成了后来带来数亿元销售收入的“企业财务系统”。

2009~2019 年间，累计培训了十多万位老板、高管和财务人员。在这些培训过程中，也进一步升级了民企财务管理的课程系统。财务系统构建是民企成长中的必经之路。构建基于企业经营、管理需求的“大财务”，而不是建立应付税务局的“小财务”或“糊涂账”。

在帮助企业建立财务系统的过程中，我们发现企业老板普遍缺乏财务基础。老板懂财务是企业建立财务系统的基石，老板喜欢财务、有财务思维、擅长运用财务工具、知道向财务人员提要求、习惯数据化决策，是决定企业财务系统构建顺利的关键因素。

财务人员的胜任能力，决定企业的财务系统能否得到强有力的落地和执行。财务人员的专业技术、综合素养、职业经理的能力都至关重要，为企业打造一支“来之能战、战之能胜”的财务铁军，是 5000 多位历练过“财务军团”训练营的财务人员所共同奋斗的目标。

“苗好，土壤也要好！”企业的高管环境决定财务与业务的一体化程度，高管有财商，能用财务的思维去思考业务，打通财务与业务的壁垒，用财务数据指导业务运营的方向，财务系统方能得以真正落地和通畅运行。

基于以上逻辑，我们设计了一个企业财务升级金字塔模型，如图后 -1 所示。

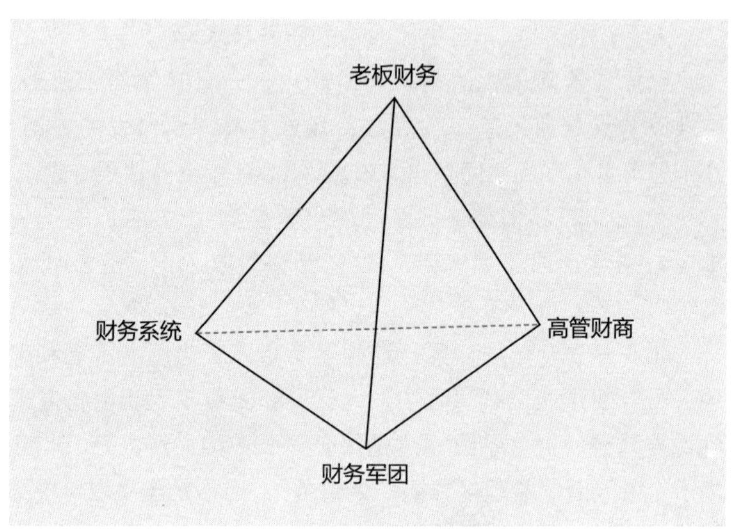

图后-1　企业财务升级金字塔模型

我们能做什么

近20年来，我一直从事财务工作，包括财务分析、ERP信息化咨询、审计、IPO上市、财务治理等。这一路走来，特别是创办财务技术网、金财咨询以后，我始终坚持团队制胜的运作方式，建立了我们的课程系统、咨询系统和人才系统。

1.财务升级之课程系统

一个懂财务的老板。“老板利润管控”课程主要起到财务的启蒙与普及作用，是一堂通俗易懂的老板财务学习项目。涉及内容包括：股权、税务筹划、利润提升、财务规范等。客户收获有：轻松看懂报表、实现利润增长、打通财务与业务壁垒等。

一套完善的财务系统。“财务系统”，一个专门帮助企业建立完善财务管理系统的咨询式课程。“老板+财务人员+财税咨询师+电脑+方案工具”，全面为企业梳理、建立财务五大系统和方案：财务战略与支撑系统、账系统、税系统、钱系统、财务管控系统。

一支强大的财务军团。“财务军团”是专门帮助老板训练其财务部门全体人员胜任能力的课程，结合了数百家企业的财务咨询经验，总结了300多条财务人员应该会却不会的技术绝招，提升财务技术、效率、忠诚度，重塑财务角色与使命，使其成为一名优秀的财务人员或一支强大的财务团队。

一个有大财商的高管团队。“总裁财税思维”是专门训练各部门经理、高管财商的课程。从财务运营的角度，提升利润率、加快周转率、管控财务风险。课程内容包括营销财务、采购财务、生产财务、研发财务、人力财务、运营财务、总经理财务等。业务人员懂财务，企业财务流程数据化系统将产生巨大效能裂变。

2.财务升级之咨询系统

财务系统建设咨询，包括股权架构设计咨询、账钱税系统咨询、预算系统咨询、内控系统咨询、ERP信息化咨询、税收筹划咨询、并购重组与IPO上市辅导咨询等。

财务强则企业强，企业强则中国强。“金财”是我们的道场，财务是我们的手段，课程与咨询是我们“敬天爱人”和“普度众生”的媒介，我们已经做好了准备——用财务为客户创造价值。不敢言大，但求专精。将毕生精力投入企业大财务管理升级之中，这是我们可以做到的。

财务创造美好生活，爱财务，爱生活！